JN439442

어둠이 짙어야 별이 빛난다

함세천 칼럼

함세천 칼럼

어둠이 짙어야 별이 빛난다

초판 인쇄 2020년 4월 5일
초판 발행 2020년 4월 10일

지은이 함세천
펴낸이 이정란
펴낸곳 이인북스

등록번호 2007년 12월 14일 제311-2007-36호
주소 (03442) 서울시 은평구 증산로17길 6-27, 301호
전화 02-6404-1686
팩스 02-6403-1687
이메일 2inbooks@naver.com

ISBN 978-89-93708-61-5 03810

값 15,000원

● 이 도서의 국립중앙도서관 출판예정도서목록(CIP)은 서지정보유통지원시스템 홈페이지(http://seoji.nl.go.kr)와 국가자료종합목록 구축시스템(http://kolis-net.nl.go.kr)에서 이용하실 수 있습니다. (CIP제어번호 : CIP2020013547)

⬢ 프롤로그

언제부터인가 우리 살아가는 아름다운 세상을 한 권의 책으로 엮고 싶었다. 소년의 품성으로 아니 소녀의 감성으로 황순원의 「소나기」 같은 글을 쓰고 싶은 욕망이 가슴에 가득 차 있었다. 마음에는 늘 하얀 약병을 들고 개울을 건너던 소녀의 모습이 영상처럼 떠올랐다. 그래서 가끔씩 서재의 책을 들추어 읽어보고 자서전을 조금씩 써내려가기도 하고, 여행지에서는 그 지역의 풍습과 풍광을 그린 즉흥시를 메모지나 여행수첩에 적어 놓는 그야말로 글 쓰는 사람의 습성을 버리지 못하고 살았다.

10년 전 미얀마를 여행하면서 미얀마를 흐르는 이와라디 강의 저녁노을과 가난하지만 눈망울이 아름다운 미얀마의 어린 소년 소녀들이 열대의 강물에서 발가벗고 목욕하는 모습을 저녁노을과 함께 지켜보면서 힐긋 눈물을 감추던 생각이 난다. 히말라야 설산에서 발원하여 가난한 나라 미얀마를 가로지르는 바다처럼 넓은 강 이와라디. 그 넓은 강폭에 몸을 씻는 미얀마의 가난한 어린이들. 저들의 눈물보다도 작은 이와라디 강에 흐르는 강물을 보면서 여행의 묘미를 알고, 그들의 가난함에 함께 울어주던 대한민국의 가난한 글쟁이를 생각하며 저녁노을에 황금빛 눈물을 미얀마의 가난한 아이들을 위해서 흘려주던 그때가 생각난다.

글을 쓰면 행복하다. 가슴에 살아 있는 이야기를 화가가 하얀 캔버스를 물감으로 색칠하듯이, 나는 아무것도 보이지 않는 설원의 흰 눈이 쌓여 있는 곳을 눈보라를 맞으며 혼자 걸어가는 기분이 든다. 그 넓은 설원에 찍힌 나만의 발자국을 보면서 살아온 지난날의 이야기를 보는 기분에 휩싸이는 것이다. 지나온 인생을 그리고 추억을 나의 가슴에 나의 옆자리에 놓아두고 한 장씩 들추어보는 것이 인생이 아닌가. 그래서 매일매일 글을 쓰는 것이다. 수많은 이야기를 그리고 우리 살아가는 아름다운 세상을 글로써 책으로 남겨 놓고 싶은 것이다.

초근목피의 시절 필자는 부잣집의 아들로 아버지가 5대 독자인 그야말로 금자둥이 은자둥이로 태어났다. 그래서 모든 것이 말만 하면 다 되는 줄 알고 황금의 유년기를 보냈다. 아버지는 내가 원하는 것이면 무엇이든지 다 해주는 요술방망이 같은 존재였다. 그런데 그런 아버지를 위해서 단 한 번도 잘한 일이 없었고, 아버지의 칭찬을 받으며 아버지께 기쁨을 주지 못하였다는 사실이 마음 아프다. 그야말로 아버지가 나로 인하여 파안대소하는 행복한 모습을 돌아가시는 날까지 한 번도 보지 못한 불효자인 것이다. 만약에 아버지가 저 세상에서 5분만 나를 만나러 오신다면 나는 아버지를 붙잡고 아버지 고맙습니다, 그리고 사랑합니다, 잘못했습니다,라고 아버지를 품에 꼭 껴안고 이 세상 눈물을 모두 다 흘리는 상상을 한다. 그런데 나의 아버지는 하늘나라에 계신 걸 어찌하랴.

이렇게 인생은 빠른 것이다. 유년기를 생각하는 것도 학창 시절을 생각하는 것도 그만큼 내가 나이 먹어 그런 것이 아닌가 생각한다. 하지만 나는 아직도 내 나이가 70이라는 생각을 부정하고 산다. 마냥 소년의 감성으로 살아가고픈 철없는 70세를 살아가는 것이다. 내 나이가 어때서 사랑하기 딱 좋은 나인데,라는 가요의 한 구절이 생각난다. 인생은 짧다. 아니다, 인생은 아주 긴 여정이다. 그래서 나이를 잊고 사는 것이다.

한 권의 책을 엮는 것은 쉬운 일이 아니다. 이 책을 낼 수 있었던 것은 나의 아버지와 어머니가 훌륭한 교육을 시켜주었고, 나의 가족들의 헌신적인 봉사가 있었기에 가능한 일이다. 그것이 없었다면 나는 이 책을 출간하지도 글을 쓸 엄두도 내지 못했을 것이다.

사랑하는 나의 가족 이름을 불러본다. 아름다운 처녀 시절에 나를 만나 지금까지 세 아이를 훌륭히 키워준 나의 사랑하는 아내 오영옥, 그리고 큰딸 나리, 자랑스러운 우리 아들 상현이 그리고 나의 손녀딸 혜리, 그리고 나의 소중한 막내딸 시내, 그리고 그의 영원한 동반자 이창훈. 사랑을 하고도 더 사랑을 주어도 모자라는 나의 가족들이다. 또 나를 꽃보다도 더 사랑하던 지금은 하늘나라에 계신 나의 큰 누님(언니) 함인숙의 재롱둥이 강민정. 모두 다 그리워 불러보는 사랑하는 사람들이다.

이 책을 보면서 혹시 왜 내 이름이 빠졌을까 생각하는 모든 사람들의 이름을 나열하지 못함을 용서하고 이해해주기 바란다. 함세천을 아는 우리 가족 친지 이름을 모두 다 마음속으로 부르며 사랑합니다,라는 이야기를 전한다. 사랑보다 더 아름다운 것이 이 세상에 어디 있으랴. 이 책이 나오기까지 사랑으로 나를 감싸준 모든 이들에게 이 책을 바친다.

2020 경자년 봄

가평신문 서재에서

차례

제❶부

제❷부

차례

제❸부

제❹부

제❶부

여자를 사랑할 줄 아는 사람이 사랑을 받는다

여자를 사랑할 줄 알고 여인을 보호할 줄 아는 사람이 여인들로부터 사랑을 받는다. 다른 말로 표현하면 아니 정치적으로 표현하자면 국민을 사랑하는 사람이 훌륭한 정치인이라는 이야기이다. 이것을 또 우리가 사는 가평군에 빗대 말하자면 군민을 사랑하고 주민을 사랑하는 사람이 군민들로부터 사랑을 받는다는 말이 된다. 정치란 이렇게 어렵고 여인을 다루는 것 또한 어렵다는 이야기이다. 여기에서 여인은 유권자를 뜻한다. 여인은 자기만 알고 배신과 배반을 밥 먹듯 한다. 좋은 서방을 만나면 다행이지만 그렇지 못하고 어렵거나 별 볼일 없는 서방을 만나면 등을 돌리고 발길을 돌리는 것이 여인이다.

이렇게 여인과 같은 유권자를 상대로 하는 정치인은 참으로 불행하다. 조금만 잘해주면 하하호호 하다가 조그마한 일로 등을 돌리고 다른 서방을 찾아가는 것이 여인(유권자)이다. 이렇게 속 좁은 여인을 상대하자니 남편(정치인)들의 고충은 이루 말할 수 없다. 정치인들은 예쁘지 않은 여인을 사랑해야 하는 고통을 가슴에 묻고 살아가야 하는, 슬픈 운명을 가지고 살아야 하는 것이 정치인들의 고충이다. 미운 놈 떡 하나 더 준다는 속담처럼 이러지도 저러지도 못하는 정치인들의 속내를 어느 정도는 이해하여야 한다.

날씬하고 미모를 겸비하고 얼굴이 아름다운 여인은 가시가 있고, 장미 가시에 찔리지 않고는 아름다운 그 꽃을 꺾을 수 없다. 또한 호박꽃도 꽃이라고, 자기를 꺾어다 화병에 꽂아달라는 호박꽃의 이야기를 모른 척할 수가 없는 것이 정치인의 숙명이다. 꽃이 피는 것은 삶이 즐거워서가 아니라 숙명이라는 진리 때문에 운명을 타고났기에 피는 것이다. 소나무가 오래 산다고 꽃을 피우는 것은 아니다. 하찮은 들녘 풀숲에서도 꽃은 핀다. 운명처럼 꽃을 피우는 것이 들녘의 꽃이지 낙락장송(落落長松) 소나무는 꽃을 피우지 못하는 숙명을 안고 태어났다.

정치인은 피우지 못한 꽃을 피우기 위하여, 호박꽃이든 장미꽃이든 가리지 않고 그들을 품고 살아가는 슬픈 운명을 타고난 것이다. 이러한 고충을 숙명처럼 받아들여야 하는 정치인들이 우리 가평군에서 수없이 많은 정치 활동을 하고 있다. 아니 정치 지망생들 역시도 선배 정치인들을 배우며 그들의 뒤를 답습하고 있다. 그래서 그들은 행사장 이곳저곳을 찾아다니며 장미꽃 호박꽃 도라지꽃들을 만나고 다닌다.

기왕이면 다홍치마라고 아름다운 장미꽃들과 시간을 함께하고 그들의 사랑을 듬뿍 받고 싶지만 장미에 빠져 있다가는 호박꽃들이 날벼락을 내리니 이럴 수도 저럴 수도 없이 이 꽃 저 꽃을 찾아다니고, 벌 나비가 되어 날아다니다가 마지막에는 그래도 사랑을 나누어줄 줄 아는 호호백발 할미꽃으로 달려가서 잠시 숨을 고르는 것이 정치인들이다. 그래서 호박꽃도 꽃이고 할미꽃도 꽃이란 이야기를 하는 것이다.

하지만 지금은 할미꽃의 위력도 만만치 않다. 양지바른 산소에만 피어 있던 할미꽃이 어느 사이에 마을 곳곳에 뿌리를 내리고 장미보다도 호박꽃보다도 더 많은 지역을 점령하고 있기에 이제는 할미꽃이 장미보다도 우선인 것이다. 수적으로 할미꽃이 더 많이 뿌리를 내렸다는 말이다. 그만큼 노령화에 접어든 시대를 우리는 살아가고 있다. 그러니 정치인들이나 정치 지망생들이 할미꽃을 위하여 수많은 선심성 공약을 늘어놓는 것이다. 마을에 효도 잔치를 벌여주고 노인들의 관광을 부추기며 그들의 표심을 잡기 위하여 경로당으로 효도 관광지로 따라다니며 할미꽃 만세를 부르는 노령화 시대에 우리는 살고 있다.

지금의 가평군은 노령화 시대이다. 마을에는 젊은이는커녕 어린아이를 볼 수가 없다. 얼마 전에 필자의 선배 한 분이 길을 가다가 어린이들이 어린이집 선생님의 손을 잡고 지나가는 것을 보고 차를 세우라 하고, 어린이들의 손을 잡아보고 싶은 마음에 차에서 내려서 귀여운 어린이들에게 시원한 아이스크림을 사 먹이라고 어린이집 선생님에게 작은 성의를 표하는 아름다운 모습을 보았다.

이렇게 어린이 보기가 어려운 세상을 우리들은 살아가고 있다. 핵가족을 떠나서 이제는 나 홀로 가족이 인구의 절반을 넘어서는 때가 도래하였다. 이웃도 없고 친척도 없고 형제자매가 없는 세상 삭막한 세상을 살아갈 우리의 후세들에게 애처로운 마음이 든다. 여자를 사랑할 줄 아는 사람이 사랑을 받고 어린이를 사랑할 줄 아는 사람이 이 세대의 진정한 어른이리라. 내년 6월에 치러질 지방선거를 뛰는 정치인들이나 정치 지망생들에게 과연 무엇이 가평을 사랑하고 군민을 주민을 위하는 일인지 깊게 생각하는 여름이 되길 부탁드리고 싶은 마음이다.

암탉이 울면 집안이 망한다

참으로 맞는 말이다. 암탉이 울면 집안이 망한다는 말을 듣고 자랐다. 어릴 적부터 정말로 암탉이 우는지 궁금했었다. 하지만 닭의 조건상 암탉은 울지 못한다는 것을 학교에 들어가서야 알았다. 그런데 요즈음 박근혜 정부가 망한 것을 두고 암탉이 울어서 나라가 망했다는 이야기를 자주 듣는다. 정말로 그러한지 집안이 망하고 나라가 망하는 징조가 보이는 것이다. 원전이 중지되고 전교조가 부활이 되고 나라가 엉망이 되어가고 있다. 세계 3위의 원자력 기술력을 가진 원전 강국 대한민국이 지도자의 독선으로 끝없이 날개도 없이 추락하는 것을 보면서 가슴이 아프다.

정권 창출을 도운 대가로 전교조가 부활되고 죄 없는 원전이 하루아침에 공중분해되는 무서운 세상을 우리는 살아가고 있다. 전 박근혜 정부를 무조건 죄인으로 취급하고 몰아가는 끝없는 보복이 지금 계속되고 있다. 암탉 한 마리를 우리에 가두어 놓고는 그의 깃털까지도 속속들이 자르고 뒤집어가면서 박근혜 정부를 조사하고 있다. 엄청난 정치적 보복으로 한 평 닭장 안에 갇힌 박근혜는 꼼짝 못 하고 과거 울던 시절을 그리워하고 있을 것이다.

이제 그 암탉의 시대는 끝이 났다. 그 암탉을 지지하던 수많은 사람들이 그의 배반에 등을 돌리고, 자기 닭장 하나를 관리 못 하여 이 나라 대한민국을 좌파정부에게 넘겨준 미운 오리 새끼 미운 암탉으로 그를 영원히 닭장에 가두어 놓아야 한다는 보수 세력들의 주장이 닭장에 있는 암탉을 더욱 미워하고 있다. 닭장에 있는 암탉이 문재인의 독선에 빌미를 제공해주었다는 것이 보수들의 마음이다. 그래서 닭장에 가두어진 암탉을 미워하고 그를 사랑하였던 모든 이들이 그를 배신의 아이콘으로 생각하고, 문재인의 독선을 보며 그를 점점 더 미워하는 것이다. 미움에도 끝이 없고 사랑에도 끝이 없다. 미움이 깊으면 증오가, 증오가 깊으면 원한이 되어 영영 헤어나올 수 없는 것이 우리 사는 인생이며 사회적인 구조이다.

지금의 대한민국 사회는 구조상 날이 갈수록 친문과 반문으로 영원히 갈라서 서로 대립하고 또 전라도와 비전라도로 갈라서서 봉합할 수 없는 지경으로 맹렬한 속도로 브레이크 없이 쾌속 질주를 하고 있는 기관차이다. 브레이크 없는 기관차 같은 대한민국 열차에 몸을 실을 수밖에 없는 우리들의 운명이 너무나 비참하고 불행하다. 마치 싫어하는 사람과 한방에서 잠을 자고 함께 먹으며 여행을 하는 것이나 다름없는 것이 지금 대한민국의 현주소이고 현실이다. 지금도 대통령 선거에 앙금이 깊게 남아서 문재인 대 홍준표로 지역 그것도 가평의 감정이 가라앉지 않고 있다. 사이가 좋았던 친구들도 이웃들도 반문 대 친홍준표로 완전히 등을 돌리는 모습을 보고 느끼며 살고 있다. 소주 한잔을 기울이면서도 친문과 반문으로 갈려 서로를 미워하고 경계하는 것이 지금 가평의 정서이다. 선거가 끝이 나도 이렇게 서로간의 앙금이 깊은 역대 어느 선거에서도 볼 수 없는 현상이 지금까지도 계속되고 있다.

방어 체계 무기인 사드를 민간들이 길을 막고 통제하여 사드의 수리나 원유 공급까지도 막아버리는 이러한 세상이 계속되면 우리 대한민국의 미래도 대한민국의 존립도 어려울 것이다. 홀로 아리랑처럼 우리의 자주국방이 요원해진다. 핵으로 무장한 북한이 핵전쟁을 일으키면 그야말로 남한 전체가 불바다가 될 것이다. 그런데 이러한 핵으로부터의 자유로움 아니 핵 공격을 막아줄 사드를 반대하는 정부를 믿고 어떻게 살아야 하는지 참으로 안타까운 현실이다. 그들의 주장대로 사드를 철수하고 미군이 철수하면 잘살 수 있다는 말은 북의 주장이다. 고모부를 기관총으로 사살하고 전 인민을 공포의 도가니로 몰아넣는 북한을 보면서도 그들의 주장을 앵무새처럼 떠드는 우리 좌파들은 무슨 생각을 하고 있는지 물어보기도 겁이 난다. 그래도 닭장에 갇혀 있는 암탉은 국민들이 믿을 수 있는 국가관을 가지고 있었기에 그 당시 우리 국민들은 행복했다. 그런데 국방을 튼튼히 하고 한미방위조약을 견고하게 이룩하였던 박근혜는 지금 닭장 안에서 꼼짝도 할 수 없는 영어(囹圄)의 몸이 되어 있으니 우리 사는 대한민국이 불안하다. 암탉이 울어서 집안이 망하고 암탉이 울어서 나라가 망한 것이다.

우리는 이렇게 슬픈 운명을 타고난 민족이다. 민주주의 꽃을 활짝 피우기에는 너무나 서러운 민족인가보다. 그냥 살아가야 하는데 민주주의다 노조다 전교조다 전라도다 경상도다 이렇게 국가를 갈라놓은 조물주를 원망하는 수밖에 없는 것인지 생각해본다. 그렇게 어려웠던 대한민국을 오늘날 세계 10대 경제대국으로 전 세계인이 부러워하는 대한민국으로 만들어 놓았는데 우리는 극심한 분열과 극렬한 주장으로 나라가 망하고 국민들이 화합을 못하는 것은 조물주의 지나친 간섭이 아닌가 하는 생각도 든다. 언제나 전라도 경상도가 화합하고 대한민국이 하나가 되는 날이 올 것인가. 기다리고 기다려보자. 닭의 목을 비틀어도 새벽은 온다던 고 김영삼 대통령의 회고록을 생각하며 언젠가 이 정권이 빨리 끝나고 새로운 정부가 탄생하는 날, 온 국민이 대한민국 만세를 부르는 그날은 그날은 언제 오려나.

●테이블 토크

부지런하고 겸손한 신명철 전 조종면장

언제 보아도 동안인 신명철 전 하면장을 마지막으로 그리고 하면이 조종면으로 바뀐 역사적인 순간을 체험한 전 조종면장 신명철을 만났다. 매사에 긍정적이고 남을 칭찬할 줄 아는 신명철. 그는 명예 퇴임 후에도 자기가 살고 있는 가정을 누구보다도 알뜰살뜰 챙기는 듬직한 사람이다. 항상 부지런함과 겸손이 배어 있는 그의 체취가 반갑다. 아들이 치과대학을 졸업하여 언젠가는 가평 땅에 치과를 개업한다고 반가운 소식을 전한다. 퇴임 후에는 그의 펜션을 가꾸며 하루에 아침저녁으로 다섯 시간씩 일을 하며 성취감을 느낀다는 그는 우리가 꿈꾸는 노년의 삶을 착실히도 준비한 사람이 아닌가 하는 생각이 든다. 하이얀 머리에 동안의 모습인 신명철을 보면서 가평인이라는 것이 뿌듯하고 자랑스러웠다.

윗사람의 일은 말하지 않는 것이다

참으로 열 번 백 번 지당한 말이다. 자기가 모시고 있거나 존경하는 사람의 이야기 즉 치부(恥部)를 말하지 않는 것이 아랫사람의 도리이다. 하지만 윗사람도 존경할 만한 상사도 없기 때문에 윗사람들의 이야기가 세상에 흐르고 있다. 지금 가평은 윗사람에 대한 이야기가 장안의 화제가 되고 있다. 이 작은 가평에 윗사람들, 대접을 받아야 할 윗사람들이 없기 때문이다. 윗사람들이 모두가 지탄을 받으니 가평이 정서적으로 안정이 되지 않고 사분오열 분열이 되고 금이 가고 있는 것이다.

전직에서 물러난 정치인도 현직에서 근무하는 모든 정치인들도 군민의 지지나 윗사람으로서 도리를 하지 못하기 때문에 지금의 가평은 갈기갈기 찢기어 있다. 전라도와 경상도로 나뉘어 있는 것보다 더 상처가 큰 가평으로 변해가고 있다. 아물지 않는 커다란 상처를 치유할 마땅한 대책도 없이 정치인은 정치인대로 원로는 원로대로 윗사람의 모습을 보이지 않으니 가평의 이곳저곳에서 깊어진 앙금을 토해내는 이야기가 계속되고 있는 것이다.

국가에는 국가 원로가 있어야 하는데 우리 사는 대한민국은 존경받을 만한 원로가 없기 때문에 국가가 표류하고, 가평군에는 가평군의 원로나 정치 지도자가 있어야 하는데 그러한 지도자나 원로가 없기 때문에 윗사람들이 마구 욕을 먹는 것이다. 나라가 요 모양 요 꼴이고 가평군 역시도 조금의 변화도 없이 흔들리고 있는 것이다. 이러다보니 서로의 갈등이 앙금으로 깊게 내려앉아서 대한민국이 표류하고 가평 역시도 원로가 없고 정치 지도자는 실종이 되고 별 볼일 없는 정치 지망생들이 날뛰고 있으니 가관이 아닐 수 없다. 동네 이장감도 못 되는 사람들이 군의원이나 도의원에 출마하겠다고 이리저리 기웃거리는 모습을 보면서 정말로 가평에 산다는 것을 부끄러워할 우리들이 아닌가 생각해본다.

누구누구는 동네 이장에 나와도 떨어질 사람이 군의원에 나온다고 수군수군거린다. 이러다보니 정작 본인만 모르는 일이지 남들은 그 후보자를 비웃는데도 무조건 행사장이나 이웃을 만나면 자기가 최고라고 떠드는 모습을 보면서 가평군의 정치 현실에 싫증과 실망을 느끼는 것이다. 수신제가 후 치국평천하(修身齊家 後 治國平天下)라는 말이 있다. 자기의 가정을 잘 다스리지 못하면서 치국(治國) 즉 나라나 가평군을 위하여 일을 할 수 없다는 것이다. 자기 가정도 이웃도 친구도 잘 다스리지 못하는 사람들이 정치판에 뛰어들고 후보로 등록하겠다고 날뛰니 어물전 망신은 꼴뚜기가 시킨다는 옛말이 조금도 틀리지 않는다.

몇 년 전에 중국을 여행하면서 서로들 으르렁거리고 자기가 잘났다고 떠드는 것을 보면서 필자가 오(吳)나라와 월(越)나라가 서로 싸움을 하는 견원지간(犬猿之間)이지만 잠시 함께 배를 함께 타고 강을 건넜다는 고사(古事) 오월동주(吳越同舟)를 이야기하자 한 사람이 오월동주가 아니라 오월동편이라고 우기는 어처구니없는 모습을 보면서 저렇게 한 줄 공부도 하지 않은 사람을 불쌍히 여긴 적이 있다. 그 사람은 지금도 자기가 제일 잘나고 많이 배운 척 남이 이야기를 하면 무조건 손사래를 치면서 아니야 아니야라고 자기주장만 세우는 못난이로 살아가고 있을 것이다. 그러한 바보와 여행을 함께하는 필자도 역시 바보군(群)에 속하리라. 바보와 오랫동안 함께 생활을 하면 역시 바보가 된다. 그 이후로 필자는 그 사람을 만나지 않고 살아가니 바보는 아닌 듯하다.

이렇게 남의 말을 무시하고 남의 이야기를 듣지도 못하는 바보들이 군의원이나 도의원에 나온다니 문제가 있는 것이다. 그리고 동네에서 욕은 욕대로 먹고 야비하다고 소문이 난 사람이 군수 출마를 한다는 이야기도 들린다. 군수를 무슨 자기 입신 출세하기 위한 수단으로 생각하는 모양이다. 가평군민들은 오월동주를 오월동편이라고 우기는 바보들만 있는 것이 아니라는 사실을 알려주고 싶다. 그래도 가평군에는 마지막 남은 양심이 살아서 숨 쉬고 있다는 사실을 알아야 한다. 그리고 마지막 남은 보루 최후의 양심이 살아서 숨 쉬는 고을이 우리 가평이다. 유권자를 우습게 보고 기고만장(氣高萬丈)하다가는 큰 코 다칠 것이라는 사실을 이번 기회에 알려주고 싶다.

수신제가도 못한 사람이 이웃을 업신여기고 친구를 버린 후보는 이번 아니 다음 선거에 재기불능(再起不能) 패가망신(敗家亡身)한다는 사실을 명심하고 자기 자신을 되돌아보는 성찰의 시간을 가져야 할 것이다. 그리고 나보다는 남을 위하여 무엇을 할 것인가를 돌아다닐 시간에 한 권의 책이라도 읽고 심신의 수양을 쌓는 후보자가 되기를 부탁하고 싶다. 꼴뚜기가 뛰니까 망둥이도 따라 뛴다는 속담처럼 꼴뚜기도 망둥이도 망신을 당하기는 마찬가지이다.

윗사람의 일을 말하지 말라는 이야기를 모르는 사람들이 많이 있다. 자기가 모셨거나 동네에 진정한 어른이 있다면 그 사람의 잘잘못을 논하지 말라는 이야기가 윗사람의 일을 말하지 말라는 이야기인 것이다. 그런데 과연 대한민국에는 그리고 우리 사는 가평군에는 윗사람으로 존경할 만한 사람이 한 명이라도 있는지 생각해보는 시간이 바로 지금이 아닌가 생각된다. 가평군에는 윗사람으로 칭할 사람이 한 사람도 없다는 것이 우리를 슬프게 하는 것이다.

● 테이블 토크

웃음이 해맑은 가평경찰서 임병숙 서장

가평 치안에 여념이 없는 바쁜 일정을 보내고 있는 임병숙 가평 경찰서장을 만났다. 밝은 웃음으로 모두를 감싸 안아주는 웃음이 해맑은 여성 서장이다. 홀로 있는 여성들의 직장을 안전한 직장으로 만들어주고, 또한 아직도 뿌리를 뽑지 못한 음주 운전에 대한 대화를 하였다. 음주 운전은 나 자신에게나 피해자 모두에게 아픔과 고통을 주는 것에 대한 경각심이 필요하다는 이야기이다. 누구나 한 번쯤은 잘못을 할 수가 있다. 하지만 음주 운전은 잘못이 아니라 사회의 악이라는 기자의 이야기에 동감하는 임병숙 서장은 음주 운전 안 하는 가평을 만들고 싶다는 이야기를 하였다. 경찰은 딱딱해 보이지만 국민의 경찰이다. 어렵고 힘든 일이 있을 때 경찰을 찾는 친근하고 정의로운 가평 경찰을 군민과 함께 만들자고 이야기하는 임병숙 서장의 모습이 너무나 친근감이 있다.

사드(THAAD)가 컨테이너 박스냐

문재인 정부 우여곡절 끝에 성주에 배치된 사드는 정말로 반가운 일이다. 일부 좌파들이 울고불고 야단인 가운데 무사히 배치된 사드를 보면서 반가움보다는 우방(友邦)인 미국에 미안한 마음을 금할 수 없었다. 유사시에 한반도의 안전을 지켜줄 사드를 이렇게 푸대접한 데 대한 미안한 마음이다. 풍전등화(風前燈火) 격으로 어려움에 처해 있던 6·25전쟁 당시 그들은 36,000여 명의 미군의 젊은 피로 낯선 나라 대한민국 산하(山河)를 수호(守護)해주지 않았던가. 만약 미국이 없었다면 지금의 잘사는 대한민국이 존재하였을는지 생각해볼 대목이다. 그런데 엊그제 배치한 사드를 문재인 정부는 영구 배치가 아닌 임시 배치 즉 그들의 입맛에 환경 영향 평가라는 전가(傳家)의 보도(寶刀)를 휘두르며 국민의 목숨을 지켜줄 사드를 마치 이삿짐센터의 컨테이너 박스로 취급하는 이러한 정부를 우리는 믿고 살아야 하는지 참으로 답답한 일이다.

안보는 백 번을 부르짖어도 부족하고 무엇하고도 바꿀 수 없는 것이 국가의 안보인데 안보관이 무너진 정부를 믿고 사는 국민이 가장 불행하고 불쌍한 국민이다. 무엇보다도 국가 안보가 중요한 데 우리는 지금 사드를 가지고 장난질을 치는 정부를 믿지 못하는 불신의 세대를 불행하게 살아가는 국민인 것이다. 배은망덕(背恩忘德)이라는 이야기가 우리나라를 보고 한 소리가 아닌가 하는 생각이 든다. 어려울 적에 먹을 것을 주고 가난한 나라를 부자가 되게 도와주었는데 그 고마움을 모르는 일부 국민들로 인하여 우리 사는 대한민국이 이렇게 어려운 지경에 처해 있는 것이다.

나라가 없는 백성이 얼마나 불행하고 불쌍한지 불과 한 세기도 지나지 않았는데 벌써 과거사를 잊어버린 어리석은 백성들이 반미 구호를 외치고 사드를 반대하고 무슨 자기 어머니 아버지가 죽은 것처럼 노란 리본을 자랑스럽게 달고 다니는 이러한 나라로 변해가는지 참으로 안타까운 일이다. 전자파도 나오지 않는 사드를 마치 농민들이 전자파에 다 죽는 것처럼 허위보도를 조장하고 그 땅 즉 사드 부지를 국가에 주고 다른 곳의 부지를 받은 롯데는 경영의 어려움에 처해 있는데도 국가는 과연 롯데를 위하여 무엇을 해주었는가. 한 마디의 위로는커녕 중국의 롯데 매장이 전멸을 하는데도 강 건너 불구경하는 국가를 우리는 과연 믿어야 하는 것인지 의문이 든다.

중국이 우리의 기업 롯데를 압박하면 우리도 국가 대 국가로서 상당한 대응을 해야 한다. 그런데 대한민국은 기업이 망하든지 흥하든지 남의 일처럼 쓸데없는 복지정책으로 국가의 곳간이 동이 나고 있다. 롯데가 당하는 것처럼 우리도 롯데가 정상화될 때까지 중국 여행을 금지시킨다든지 아니면 중국과의 무역 보복을 해서라도 자국의 이익을 위하여 국가 안보를 위하여 사드 부지를 내어준 롯데를 보호하고 보살펴주어야 하는 것이 국가의 의무이며 책임이다.

그런데 국가는커녕 어느 정치인 한 명도 롯데를 보호하자는 이야기를 안 하는 나라가 바로 우리 사는 대한민국이라는 것이 슬픈 현실이다. 중국은 사드를 배치하였다고 우리의 기업들의 목줄을 조이고 있는데, 대한민국은 오히려 중국의 눈치를 보면서 아무런 대응도 하지 못하고 마치 주권이 없는 나라처럼 우리 대한민국과 우리의 기업들을 숨 조이고 목 조르는 모습을 수수방관하고 있는 모습이 너무나 안타깝다. 이러니 어느 기업인이 대한민국을 믿고 기업을 하고 싶겠는가.

삼성은 세계의 기업 중 최고의 수익과 흑자를 올리고 있는 대한민국 대표 기업으로 존폐의 기로에 서 있는데도 기업 총수가 지금 한마디 한 발짝도 움직일 수 없는 영어의 몸으로 고통을 당하고 있다. 법은 만인 앞에 평등하다. 하지만 국가나 국익을 위하여서는 서로를 이해하고 국가적인 차원에서 용서해주는 것을 우리 국민들은 이해하고 용서를 할 수 있다. 사드를 이삿짐센터의 컨테이너 박스로 취급하는 현 정부와 국가 안보와 안위를 우선시하는 보수 세력간의 거리는 점점 더 멀어져가고 있다.

국민의 생명을 담보로 흥정을 하는 것은 국민을 업신여기는 행동이다. 사드는 우리의 생명과 국가를 방위해줄 피할 수 없는 선택이다. 적어도 집권을 하면 국민을 위하고 국가를 위하여 무엇보다도 국가의 안보가 중요하다는 사실을 모르는 것인가. 아니면 알면서도 북한과의 대화를 위하여 저자세로 머리 숙이며 북한과의 대화를 하고 싶은 집권자의 의도인지 우리는 모른다. 하지만 국가 없는 국민은 없고 국민이 없는 국가는 존재하지 않는다는 사실은 삼척동자도 다 아는 것인데 사드를 이삿짐센터의 컨테이너 박스처럼 취급하는 현 정부의 뱃심이 무섭다. 우리 국민의 목숨을 지켜줄 사드는 이삿짐센터의 서러움이나 받는 컨테이너 박스가 아니다. 개인의 건강은 가족의 건강이고 가족의 건강은 국가의 건강이다. 이와 마찬가지로 국가의 안보는 국민의 안보와 직결이 되어 있다. 국가의 안보를 지켜줄 통수권자가 사드를 임시 배치한다는 대한민국 국민은 누구를 믿어야 하는 것인가.

한 장의 사진에도 혼이 살아 숨 쉬는 것이다

먼젓번 신문을 마감하는데 인쇄소에서 연락이 왔다. 사진이 엉망이라서 도저히 출력을 할 수 없다는 이야기를 하였다. 그래서 인쇄를 중지시키고 다른 사진을 찾아서 다음 날 인쇄를 하여 신문을 마감하였다. 필자가 찍은 사진이지만 건성건성 대충대충 촬영을 하다 보니 사진이 잘 나오지 않은 것이다. 필자는 사진을 촬영할 당시 이미 사진이 잘못 촬영되었다는 사실을 어느 정도 인지하고 있었다. 그런데 몸도 마음도 피곤하여 그럭저럭 이 정도면 될 거야 하고, 자신만을 믿고 사진을 촬영하였으니 인쇄를 할 수 없을 정도의 사진이 된 것이다. 신문이나 사업이나 건축 공사나 마찬가지라는 이치를 깨달았다. 건축에는 혼(魂)을 담은 시공을 하여야 하는 것이고 사진 역시도 혼을 담아 촬영해야 한다는 평범한 진리를 잠시 동안 망각한 결과로 독자들에게 하루 늦은 신문을 배달할 수밖에 없었다는 이야기를 하는 것이다. 이것은 모두 다 모든 일을 쉽게 보고 수십 년의 노하우를 믿었던 필자의 정신을 놓았던 사진 촬영으로 탄생한 결과이다.

한 장의 사진도 숨을 쉬고 있다. 사진은 죽어 있는 것이 아니라 살아 있다는 사실을 알았다. 비록 사진 속에 말 못 하는 피사체로 굳어 있으나 사진 속의 모든 피사체는 사진을 찍은 사람의 혼이 없으면 죽은 사진이 되는 평범한 진리를 애써 외면한 필자의 마음을 사진이 이미 읽어버린 것이리라. 한 글자 한 줄의 신문 기사를 쓸 때도 이만큼 혼이 담긴 사진을, 혼이 담긴 글을 쓰는 직업이 신문사의 발행인이리라. 이렇게 숭고(崇高)한 믿음을 저버리면 남는 것이 아무것도 없다는 사실을 생각하며 또 한 번 반성의 시간을 갖는다.

또 한 가지 아무리 교정을 하고 오타를 수정하여도 맞춤법이나 시간 장소 또는 어느 지면에서도 딱 한 자의 오자가 발견된다. 두 번 세 번 아니 검수 전문이 있는 일간지에도 오탈자가 생긴다. 하지만 열악한 환경이라기보다는 우리 가평신문도 오탈자를 발견하기 위하여 두 번 세 번 검수를 하여 인쇄를 하고 있다. 인쇄의 마지막 순간까지 다시 한번 검수를 하고 오탈자를 잡기 위하여 돋보기를 쓰고 전 지면을 꼼꼼히 체크하지만 맞춤법이나 가장 쉬운 글에서 한 자의 오탈자가 발생한다. 한강에서 바늘 찾기보다도 어려운 것이 오탈자를 찾아내는 일이다. 건성건성 일을 하였다고 채찍을 맞아도 할 말이 없다. 신문의 오탈자 찾기와 맞춤법을 완벽히 소화하는 것이 정말로 어려운 일이라는 것을 고백한다. 띄어쓰기나 맞지 않는 글이 생기면 컴퓨터 모니터에서 빨간 밑줄을 그어 알려준다. 하지만 컴퓨터도 한글의 어려움을 알고 있는 듯이 어느 선까지만 지적해 알려주지 완벽하게 글의 모양이나 오탈자를 꼬집어서 가르쳐줄 수 없는 한계가 있다.

이렇게 커다란 실수를 저지르는 것이 가평신문의 현재의 모습이다. 어느 날은 신문을 발행하고 나서 완벽한 신문을 만들어 독자들에게 내어보냈다는 뿌듯한 감정이 있다. 하지만 독자들에게 오탈자를 지적받는 날에는 정말로 쥐구멍에라도 들어가고 싶은 심정이다. 하지만 신문의 특성상 교정이나 이번 호에 나갈 기사를 외부인에게 보여주거나 의뢰하는 것도 그리고 또한 외부인에게 오탈자를 교정해달라 할 수도 없는 입장이 이렇게 어려움에 처하고 또한 신문에 올리는 사진처럼 혼을 담은 사진을 촬영하는 것처럼 어려운 일이다.

무어라고 말하여도 변명임에 틀림이 없다. 무조건 신문은 오탈자가 없는 것이 생명이다. 그래서 뉴욕타임즈에서는 오탈자를 제보하는 독자들에게 상품을 내걸고 오탈자와 전쟁을 하였지만 너무나 많은 제보로 얼마 동안 상품 행사를 진행하다가 중지를 하였다는 일화가 있다. 이렇게 가장 쉽고도 어려운 것이 신문을 하는 사람들의 오탈자와의 전쟁이다. 다음부터는 한 자의 오탈자 없이 신문을 열심히 만들겠다는 반성의 시간을 가지며 칼럼을 쓰고 있다. 또한 다음부터는 카메라를 잡은 손이 정말로 가평의 혼을 담은 촬영을 하자며 이렇게 글을 쓰는 것이다. 글을 쓰면서 생각을 하고 글을 쓰면서 반성을 하는 것이다. 글이나 사진이나 모두가 어려운 일이다. 한 줄의 글이 필화(筆禍)를 일으키며 한 장의 사진이 일파만파(一波萬波)를 던지는 것이 언론이기에 정말로 신중에 신중을 기하는 글이나 사진을 촬영한다는 기자의 본분을 다시 한번 지키겠다는 그리고 다시 한번 생각하는 소중한 반성의 시간을 가지며 이 칼럼을 쓴다.

옛말에 옥(玉)에도 티가 있다는 말이 있다. 가장 귀한 보석인 옥보다도 더 귀한 것이 사람이 쓰는 글이다. 그런데 옥보다도 더 귀한 신문의 칼럼이나 글의 내용에 맞춤법이나 오탈자가 생기는 것은 문제가 있는 것이다. 그래서 이제는 옥보다도 더 귀한 신문을 만들기 위해서 배전의 노력을 해야겠다는 다짐을 한다. 한 장의 사진에도 혼이 살아 숨 쉬고 한 줄의 글에도 영혼이 살아 숨 쉬는 그러한 신문을 만들고 싶다. 그래서 독자들에게 칭찬을 받고 옥보다도 더 귀한 가평신문을 만들고 가평군민 모두가 사랑하는 함세천 칼럼을 쓰고 싶다. 한 장의 사진을 혼을 다하여 촬영하는 사진작가처럼 혼이 있는 가평신문 혼이 살아 숨 쉬는 칼럼을 쓰고 싶다.

가을이 깊어간다. 가평의 가느다란 능선에도 단풍이 물들어가고 있다. 가을은 사색의 계절이라는데 사색을 하는 것도 사치스럽다. 꽁꽁 얼어가는 가을의 대한민국 정국(政局)을 보면서 낙엽이 지는 의미도 단풍이 드는 의미도 모두가 서글프다. 이 황제의 계절 가을날을 즐기며 낙엽이 타는 의미를 알고 커피 향보다도 진한 낙엽 태우는 향기를 모든 독자들에게 전해주고 싶다.

여행의 미학(美學)과 천천히 가는 미학(美學)

여행이란 누구와 떠나느냐가 문제이고, 둘이 갔다가 혼자서 올 수도 있는 것이 여행이다. 필자는 바쁜 일정 속에서도 여행을 자주 하는 사람이다. 여행을 하다보면 여행 전 출발선상에서부터 모든 이의 기분을 확 망가뜨려버리는 사람도 있고, 도착하자마자 호텔이 형편이 없다 또는 매 식사 시간마다 이 음식 저 음식을 가리키며 투정하는 사람들을 항상 만나게 된다. 필자는 어떠한 경우라도 음식 투정이나 호텔 투정을 하지 않는 철칙을 가지고 여행을 하기에 음식이 입에 맞지 않고 호텔의 시설이 마음에 들지 않는다고 투정을 하지 않는 사람이다. 그래야만 여행을 즐기는 여러 사람이 편안하고 여행의 즐거움을 만끽할 수 있다. 자기 집보다 호텔이 못하면 자기 돈을 더 주고 호텔을 바꾸면 되는 것이고, 음식이 안 맞으면 자기 돈을 가지고 나가서 혼자 사 먹으면 되는 것인데, 자기 돈은 한 푼도 안 쓰면서 밤마다 식사 시간마다 투정하는 것은 아주 잘못된 행동이다.

이제 필자도 나이를 먹어가면서 여행의 미학과 천천히 가는 미학의 깊이를 체득하게 되었다. 혼자만의 투정으로 함께 여행하는 모든 사람들을 불편하게 하는 사람이라면 혼자 여행을 해야 하리라. 스스로 좋은 호텔을 골라서 잠을 자고 아침부터 저녁까지 초호화 요리를 먹으며 여행을 해야 옳지 않느냐고 알려주고 싶다. 여행은 잠시 동안 함께하는 공동체인 것이다. 그래서 서로를 존중하고 자기의 기분을 가지고 일행을 좌지우지하는 그러한 행동으로 여행자 전체를 그리고 전체의 분위기를 잡치는 일을 하여서는 안 된다. 여행지가 아닌 지역에서도 마찬가지다. 식사나 사람을 만날 때면 그 분위기에 휩싸이고 함께 즐기는 것이 함께 가는 미학인 것이다.

필자가 아는 어떤 여자 분은 늘 자기가 먹고 싶은 것이 없거나 음식이 만족스럽지 못하면 숟가락을 들었다 놓았다 하다가 분위기를 망치고 집으로 돌아가는 습성이 있어서 그날 분위기를 엉망으로 만들어놓곤 한다. 점심을 함께 먹은 후 주인이 정성스럽게 커피를 대접할 때조차도 커피를 싫어한다며 커피 잔에 입도 대지 않는 몰상식한 행동을 서슴없이 하는 모습을 보았다. 주인이 대접하는 음식이나 커피는 사전에 이야기를 해서 커피에 설탕이나 프림을 넣거나 안 넣어 달라고 부탁하는 것은 실례가 아니다. 커피를 달라 하고 주인이 커피를 가지고 나온 후 커피 잔에 손도 안 대며 나는 안 먹겠다는 것은 주인을 그리고 일행을 무시하는 몰상식한 행동이다. 그런 여성이 있는 가평에 산다는 것이 불쾌하다. 좀 더 배우고 세상을 알았으면 얼마나 좋을까 생각하면서 이렇게 글로써 표현을 하는 것이다.

여행에도 서로를 존중하고 배려를 하는 미학이 필요하다. 많은 경비를 들여 외국을 여행하는데, 들인 경비만큼 값어치가 없을 수도 있고 그 이상의 값어치를 얻을 수 있는 것이 여행이다. 주어진 음식을 맛있게 먹고 주어진 잠자리를 즐기면 경비보다 몇 배나 즐거운 여행을 할 수 있다. 피할 수 없으면 즐겨야 한다. 호텔이 나쁘고 음식이 나쁘다고 투정을 부리는 사람은 여행할 자격이 없다. 공동으로 즐기고 공동으로 계약이 된 여행길에서 혼자 투정하여 단체 모두를 불쾌하게 하는 사람이 있으면 그 여행은 피곤하고 괴로워진다. 모처럼의 여행을 즐기기 위하여 많은 돈을 주고 떠난 여행이 지옥처럼 괴로운 것이 한두 사람이 투정을 부리는 데서 오는 것이다. 남을 배려하고 먹기 싫은 커피도 마셔주는 그런 아름다운 미학을 모르는 사람들과 함께 살아간다는 것은 불쾌한 일이다. 다음 여행을 할 때는 이제는 모두가 내려놓을 줄 아는 그러한 사람들을 만나고 싶다.

옛날의 부귀영화 고관대작이 무슨 필요가 있는 것인가. 현실에 처하여 모든 사람들과 즐기고 낮은 자세로 모두를 대하는 그러한 따듯한 사람들을 만나고 싶다. 하지만 이제는 어떠한 일이 있더라도 친한 사람들과 여행을 하지 않기로 하였다. 친하고 좋았던 사람들이 여행을 하고 난 후 스트레스로 남는 그러한 여행이란 정말로 필요가 없다. 여행의 미학과 천천히 가는 미학을 필자는 지금부터라도 배우고 또 배울 것이다. 그래서 만약에 혼자 배낭을 메고 여행을 하면 남들이 모두 좋아하는 가평인으로 칭찬을 받고 싶다. 음식 투정 안 하고 호텔 투정도 안 하는 사람들이 모인다면 그래도 한 번쯤 단체 여행을 가고 싶은 것이 필자의 희망이다. 하지만 이제는 그러한 기회가 온다 하여도 성큼 여행 가방을 챙기고 싶지 않으니 여행의 피로가 그만큼 크고 힘이 들었다는 이야기이다.

올 연말에는 정말로 혼자서 조용히 여행 가방을 챙겨서 여행의 미학과 천천히 가는 미학을 배우고 싶다. 인천 공항에서 아는 사람 하나도 없이 비행기에 오르는 기분을 생각만 하여도 이미 몸과 마음이 기분 좋게 하늘을 나는 듯하다. 여행의 미학과 천천히 함께 가는 미학을 모르는 사람들은 자기 혼자 여행을 떠나는 것이 모두를 위하여 좋은 일이라는 생각을 한다.

●테이블 토크

변함없이 친절한 이진용 전 가평군수

시간이 많이 흐른 지금 가평의 모 음식점 개업집에서 이진용 전 군수를 만났다. 커다란 손을 덥석 잡으며 눈으로 인사를 하는 그의 모습을 보았다. 지금은 야인으로 있지만 그의 머리에는 아직도 가평을 경영하던 옛날의 모습이 남아 있다. 언제나처럼 조용조용히 말하는 그의 어투에는 변함없는 친절이 고스란히 남아 있었다. 지금도 가평을 걱정하며 가평군민을 사랑하고 가평 사람이 자랑이라는 이진용 전 가평군수. 아쉬움이나 미련은 언제나 남는 법이라는 숭고한 진리를 이제는 터득하고도 남을 이진용 전 군수를 보면서 세월이 참 빠르다는 생각을 하였다. 언젠가 시간이 되면 소주 한잔을 하자는 그의 말을 들으며 권력의 무상을 생각하는 시간을 그리고 그가 사랑하는 가평군이 더욱 발전하기를 바라는 전 가평군수 이진용의 마음을 읽었다.

날씨와 늙은이는 하루아침에 변한다

아침까지도 태양이 내리쬐이던 날씨가 점심때 심한 바람과 함께 먹구름으로 소낙비를 내린다. 날씨란 이렇게 변화무쌍한 것이다. 어제 저녁까지 정정하시던 노인이 밤사이 안녕을 하셨다는 이야기를 종종 듣는다. 이만큼 날씨와 늙은이는 하루아침에 변하는 것이기에 밤사이 안녕이라는 이야기를 우리들은 듣고 자랐다. 요즈음은 가을의 끝자락에서 겨울로 접어드는 환절기이다. 그래서 바람이 없는 날에는 날씨가 온화하다가도 짓궂은 바람이 불어오면 금방 차가운 날씨로 변한다.

사람의 마음이나 날씨가 이렇게 수시로 변하니 날씨와 늙은이는 하루아침에 변한다는 말이 생겨난 것이리라. 아침까지도 사이가 좋던 사람들이 점심을 함께 먹고 갑론을박(甲論乙駁)을 하다가 아주 남으로 원수로 돌아서는 세상이니 요즈음 같은 세태에서는 영원한 친구도 영원한 동지도 없이 세상을 살아가는 것이 가장 현명한 방법이 아닐까 생각한다. 어제의 동지가 오늘의 적이 되고 어제의 적이 오늘의 동지가 되는 정치판을 보면서 이 험난한 세상을 살아간다는 것이 참으로 힘겹게 느껴진다.

어제의 박근혜를 지지하던 모든 사람들이 적폐(積弊) 세력으로 몰리고 박근혜를 탄핵(彈劾)하는 데 일등공신으로 박근혜를 권좌(權座)에서 끌어내린 사람들이 당당하게 자유한국당으로 돌아오는 모습을 보면서 정치에는 정도(正道)가 없다는 사실을 알았다. 정도가 없는 정치인들이 이 나라 대한민국의 국정을 운영하고 있으니 우리 국민들에게는 아무런 정의와 비전이 없는 것이리라. 적어도 자유민주주의가 숨 쉬고 정의로운 대한민국을 기대하였던 필자의 어리석음을 탓하는 방법 이외에는 더 무어라 변명할 자료가 없는 것이다. 정말로 자유와 평화가 살아 숨 쉬고 자유와 번영이 있는 희망찬 대한민국을 기대하며 살아온 수많은 사람들의 희망이 저 멀리 사라져가고 있다는 안타까움에 할 말을 잊어버린다. 입이 있어도 할 말을 잃어버리고 할 말이 있어도 입을 닫아버리는 유구무언(有口無言)으로 살아가는 것이 어쩌면 더 편한 방법이 아닐까 생각을 한다.

날씨와 늙은이는 하루아침에 변한다는데 대통령 선거가 끝이 나고 어떠한 일이 있어도 종편이나 뉴스 채널과 담을 쌓겠다던 팔십 노인은 이미 종편을 돌리고 뉴스를 본다는 이야기를 들었다. 그만큼 노인들의 의지는 약한 것이다. 필자는 대선 이후 지금까지 단 한 번도 종편의 채널을 보지 않고 있으니 그 노인보다 의지가 강한 것일까 아니면 바보일까 생각해본다. 정답은 노인처럼 그렇게 슬그머니 종편을 돌리고 정보를 습득하는 것이 옳다는 생각을 한다. 더러운 세상이지만 세상 돌아가는 이야기를 듣는 것이 더 현명하지 않은가 생각한다. 세상이 더럽다고 담을 쌓고 살아가는 필자의 못남과 어리석음을 탓하는 것이 더 현명한 생각이리라.

시류(時流) 따라 흐르고 버드나무처럼 이리저리 바람에 휘날리며 살아가는 것이 가장 현명한 방법이라는 사실을 모르는 필자의 아집과 고집으로 인하여 필자는 항상 외롭고 남보다 뒤떨어지는 인생을 살아온 것이 아닐까 생각을 한다. 무식하지만 돈 몇 푼 있는 사람들이 아는 척 잘난 척하는 것을 그저 무조건 네네 하고 옳다고 아부근성을 갖지 못한 필자이기에 무식한 부자들은 필자를 싫어하는 것이다. 하지만 무식한 부자들에게 옳지 않은 것을 옳다고 아부를 하며 살아가는 것은 양심을 팔아먹고 자존심을 팔아먹는 것이기에 그렇게 더럽고 못난 부자들에게 외면을 당해도 기분이 좋다. 필자는 돈은 없지만 양심을 그리고 작은 지식을 팔아먹는 사람이기에 무식한 부자보다는 행복하다. 돈이 좀 있다고 자기주장을 강하게 내세우고 그 작은 돈의 위세에 눌려서 할 말을 못하고 점심이나 한 그릇 얻어먹는 못난이들보다 필자는 얼마나 당당한 삶을 살아가는지 혼자 생각해도 자랑스럽다.

초겨울의 바람이 창밖을 때리고 있다. 입동(立冬)도 지나고 소설(小雪)도 지났다. 이렇게 추운 날에 봄바람처럼 따듯한 뉴스가 흘러나오고 이곳저곳 종편 방송을 틀어도 온종일 기분 좋은 뉴스가 사랑이 넘치는 이야기가 흘러나오는 세상이 찾아온다면 얼마나 좋을까. 그렇게 기분 좋은 자랑스러운 대한민국을 그리며 작은 희망의 끈을 놓지 않고 살아가기에, 그래도 기다림의 미학이 있는 것이기에 하루를 버티는 것이다. 날씨와 늙은이는 하루아침에 변한다는 사실을 우리는 얼마나 알고 있을까. 아니 얼마나 생각을 하고 살아가는 것일까. 하지만 노인이 죽으면 도서관이 한 채 불타 없어진다는 사실을 우리는 알아야 한다. 수십 년 보고 듣고 공부한 산지식이 없어지는 것이기에 노인이 죽으면 도서관 한 채가 불에 타서 없어지는 것과 같다는 이야기를 우리는 하는 것이다. 그만큼 노인들이 가지고 있는 지혜와 지식을 우리는 보고 듣고 전승(傳乘)을 하여야 할 의무가 있는 것이리라.

지금은 노령화 추세이며 노령화 시대이다. 팔십이 넘어야 그나마 대접을 받는 노인 축에 든다. 그만큼 노인 복지가 우선시되어 노인들의 편안한 삶을 위하여 그리고 노인들을 우대하는 정책이 책정되어 정부에서 온갖 혜택을 그리고 노인들을 우대하고 있는 것이다. 지금 대한민국의 노인들은 행복하다. 단 한 가지 근심인 것은 이 나라 대한민국이 좌편향으로 흐르는 것을 근심하고 있다. 그들은 즉 노인들은 공산화 시대를 살아왔기 때문에 좌파정권을 근심하고 무서워하는 것이다. 노인들이 행복한 나라 노인들이 나라 걱정을 안 하고 편안하게 사는 나라가 행복한 것이다. 서구 어느 나라의 풍경처럼 노부부가 여유롭게 그리고 느긋하게 공원을 산책하는, 잘사는 복지 국가들처럼 국가의 기강이 튼튼한 나라에 사는 노인들의 여유로움과 행복한 노후의 삶을 보장받지 못한 대한민국의 노인들은 불행하다. 국가가 튼튼하고 국가의 안보가 우선인 나라의 국민들이 그리고 노인들이 행복한 것이다. 우리 사는 대한민국에는 언제쯤 노부부가 나란히 공원길을 산책하며 평화로운 일상을 즐길 그날은 언제 오려나.

●테이블 토크

항상 겸손한 추선엽 새마을 지회장

추선엽 가평군 새마을 지회장. 그를 만나면 언제나처럼 밝고 귀여운 동안의 소년을 만난 기분이 든다. 추선엽, 그는 그렇게 순수한 사람이다. 늘 겸손하게 농사꾼이라고 자기소개를 하는 추선엽. 그는 이번 아니 지난달에 그의 공로를 인정받아 대통령 표창을 받았다. 농사에 기여한 공로와 그의 사회적 활동을 높이 평가를 받은 것이다. 항상 겸손한 추선엽. 그래서 그의 주위에는 사람들이 몰려든다. 언젠가는 큰일을 한 번쯤 할 것 같은 사람이지만 그의 속내를 아무도 모른다. 하지만 기자의 눈에는 언젠가는 가평을 위해서 무엇을 할 사람이라는 것을 숨길 수가 없는 것이다. 기자의 눈은 예리하기 때문이다. 지켜본 결과 그리 멀지 않은 시간 안에 무슨 큰일을 시작할 것 같기도 하다.

새장 속의 새가 시끄러우면 들어내는 법이다

목소리 큰 소수로 인하여 온 국민이 피해를 입는다. 도로를 점령하고 마치 자기들의 세상인 양 설쳐대는 목소리 큰 소수로 인하여 대한민국이 입은 피해가 200조 이상이라는 통계를 본 기억이 난다. 한 여자로 인하여 전 국민이 5조 원 이상의 피해를 본 천성산 도롱뇽 생각을 하면 지금도 분통이 터진다. 그 당시에 강력한 공권력으로 지율이라는 비구니를 강제로 끌어내리고 공사를 하였다면 우리 국민은 5조 원의 손실을 보지 않았을 것이다.

이렇게 공권력을 우습게 알고 광화문 광장을 놀이터로 삼는 일부 목소리 큰 소수로 인하여 전 국민이 입은 경제적 피해가 200조 원이 넘는다는 이야기이다. 비구니 한 사람의 인권은 대단하고 그로 인하여 수조 원의 피해를 입는 기업과 국민의 인권은 없는 것인지 묻고 싶다. 세월호를 2년 동안 더 조사를 한다는 이야기를 들었다. 참으로 한심한 국가에서 우리는 살아가고 있다. 세월호로 정권을 얻었고 세월호로 인하여 전 국민이 반으로 등분되었는데 무슨 세월호를 더 조사를 한다는 건지 참으로 답답하고 한심하다는 생각이 든다. 아직도 무슨 훈장이나 단 것처럼 노란 리본을 가슴에 달고 다니는 사람들로 인하여 국가가 반분이 되는 것이다. 이렇게 목소리 큰 사람들을 새장 속의 시끄러운 새처럼 들어낼 수 없는 것이 우리가 사는 사회이다. 조용한 새장을 비집고 다니는 시끄러운 새들이 판치는 세상으로 우리 사는 사회는 급속히 변해가고 있는 것이다.

몇 년 전에는 한진중공업의 여직원이 고공 농성을 하는 바람에 한진중공업은 공중분해되다시피 하여 지금도 경영에 어려움을 겪고 있다는 사실을 우리는 잊어서는 안 된다. 이렇게 새장 속의 시끄러운 한 마리 새로 인하여 온 가정이 온 나라가 파국을 맞는 것이다. 마치 무슨 영웅이나 된 것처럼 지율이라는 비구니를 운동권에서 떠받치고 고공 농성으로 한진중공업을 공중분해시키는 그런 노동자들이 판을 치고 활개를 치는 이 세상을 우리들은 살아가고 있다. 지금도 노동권에서는 노란 리본을 마치 우상이나 되는 것처럼 가슴에 달고 차량에 부착하고 거리를 활보하며 세월호의 망령을 회상하며 살아가는 그들의 속내가 우리들은 무섭다. 차라리 새장 속에 시끄러운 새처럼 들어낼 수 없다는 것이 안타까울 뿐이다.

단체로 여행을 떠나도 한두 사람으로 인하여 분위가 엉망이 되고 필자가 다니는 작은 교회에서조차도 한두 사람이 혼자서 교회를 좌지우지 혼자만이 하나님을 믿는 사람처럼 아멘 할렐루야를 외치는 바람에 예배 분위기가 엉망이 된다는 사실을 아는지 모르는지 좌우지간 이러한 부류의 사람들로 인하여 우리 사는 사회나 성스러운 교회가 엉망이 된다는 사실을 그들은 모르고 있으니 이 얼마나 답답한 일인가. 교회는 하나님을 믿는 곳이다. 알게 모르게 서로를 존중하고 옆사람들에게 피해를 주지 않는 방법으로 얼마든지 하나님을 만날 수 있는 곳이 교회이다. 그런데 그러한 여러 사람이 모여서 예배를 드리는 성스러운 공간에서 자기 자신만이 하나님을 만난 것처럼 울고불고 하나님을 부르는 교인들 때문에 일반인들이 교회를 바라보는 시선이 곱지 않은 것이다.

이렇게 새장 속의 시끄러운 새 같은 인간들로 인하여 우리 사는 사회가 양분이 되고 손해를 보는 것이리라. 교회도 공동체이고 사회는 더 커다란 공동체인 것이다. 혼자서 이쁜 척 잘난 척한다고 남들이 알아주는 것이 아니다. 그저 묵묵히 일하는 사람 그리고 조용히 예배를 드리는 사람들이 더 아름답다. 이는 마치 합창을 하는데 남을 의식하지 않고 한 사람이 목청껏 소리 내어 전 합창단의 화음을 망쳐버리는 것과 똑같은 이치이다. 오케스트라의 화음처럼 전 합주단이 지휘자의 지휘를 받아서 음악을 연주할 때 오케스트라의 화음이 아름다운 것이다. 어느 단원 하나가 악기를 자기 마음대로 연주를 하면 오케스트라는 아니 그 연주회는 망쳐버린다. 인간이 살아가는 데도 화합과 즉 화음이 중요하다는 사실을 알려주는 것이다. 소리 내어 울지 않는다고 안 아픈 것은 아니라는 이야기이다. 마음속으로 흘리는 눈물이 더 아프다는 사실을 우리는 얼마나 알고 있을까.

지금은 모두가 함께 가는 사회이다. 나 혼자 독주한다고 나 혼자 빠르게 간다고 다른 사람들의 아니 함께 가는 사람들의 진로를 방해를 하여서는 안 된다. 함께 가는 길은 앞사람 옆 사람과 보조를 맞추어 그들과 함께 상생의 길을 걸어가야 하는 것이다. 한 마리 새장의 시끄러운 새로 인하여 온 사회가 시끄럽고 모든 사람들이 피해를 보아서는 안 된다는 이야기이다. 여행이나 아니 함께 이용하는 공중시설이나 식당에서도 나름대로의 예의를 갖추어야 하는 것이 인간이다. 그런데 하물며 작은 사람들이 모이는 공간을 마치 자기 자신의 집인 양 소리치고 옆 사람을 아랑곳하지 않고 피해를 주는 사람들이 있어서 일요일에 교회를 다녀와도 마음이 불편하다. 남을 배려하고 남을 존중하는 그러한 배려의 문화가 없다는 것이 새장 속의 시끄러운 새를 들어내야 한다는 이야기이다.

군청의 주인은 군민이고 면사무소의 주인은 주민이다. 이와 함께 교회의 주인은 신자들이고 함께 모이는 시설의 주인은 우리 모두인 것이다. 한 사람이 이러한 시설을 독차지하려고 떠드는 것은 시끄러운 새장 속의 바보 같은 새들이나 하는 짓이다. 함께 가는 사회에 서로를 사랑하고 양보하는 그러한 세상을 만들어나가야 한다. 잘난 사람도 없고 못난 사람도 없다. 우리 모두는 인격체를 가진 한 사람의 사회인이며 성숙한 시민이다. 우리는 자랑스러운 대한민국의 국민이고 또는 사회를 함께 살아가는 일등 시민인 것이다. 국민이 누려야 할 권리가 있는 것이고 시민이 누려야 할 권리를 우리는 너무나 많은 것을 잊고 사는 국민이 아닌가 생각해본다. 케케묵은 세월호를 2년 더 조사한다는 나라, 도롱뇽 살린다고 국책 터널 사업을 중지시키는 나라, 기업을 도산시키는 고공 농성을 보고도 손 하나 쓸 수 없는 이러한 공권력이 땅에 밟히는 나라. 빼앗긴 들에도 봄은 찾아올 것인지 정말로 답답한 가슴을 안고 살아가는 우리 국민들이 불쌍하다는 생각이 든다.

사람이란 힘이 생기면 변하는 법이다

사람이란 힘이 생기면 변한다. 이것은 누구도 거역할 수 없는 만고불변의 진리이다. 그래서 생긴 말이 억울하면 출세하라는 이야기이다. 힘을 가지려면 출세를 하라는 말이다. 출세하면 사람들이 변하고 그에 걸맞는 직위와 위상을 갖기 때문에 사람들은 힘을 가지면 변하는 법이다. 힘이란 얼마나 무서운 것일까. 우리나라 대통령은 무소불위(無所不爲)의 권력을 휘두르고 있다. 대통령의 말 한마디로 원전이 쑥대밭이 되고 전 국민이 바라든 바라지 않든 공무원이 수천 명이 증원이 되고 전직 대통령이 구속이 되고 아무튼 힘을 가지면 이렇게 사람이 변하는 법이다. 그래서 사람이란 권력을 가지면 그리고 힘을 가지면 변한다. 돈 그것도 커다란 힘이다. 돈을 가지고 있으면 안 되는 것이 없는 세상이기에 금전만능주의 사상이 우리 사회에 뿌리 깊이 박혀 있다.

돈과 권력 이것은 떼려야 떼어 놓을 수 없는 불가분의 관계가 아닌가 생각한다. 권력이 있으면 돈이 따르고 돈이 있으면 권력을 잡을 수 있는 기초가 생기고, 권력에 접근할 수 있는 방법이 돈이란 것이다. 그래서 돈과 권력 두 마리 토끼를 잡으려는 사람들로 인하여 사회가 혼란의 구렁텅이로 빠져드는 모습을 보면서 우리는 살고 있다. 이러한 혼란의 시대를 살아가는 데 우리들은 많은 지혜가 필요하다. 돈도 좋고 여자도 좋고 권력도 좋으면 패망의 길로 접어든다. 예전에는 돈과 여자와 권력을 함께 누리는 것이 당연시되던 시절이 있었다. 그야말로 황금만능주의로 돈이면 권력도 여자도 마음대로 살 수 있었던 어리석은 세상을 우리는 살아왔다.

그런데 지금은 인권이라는 엄연한 잣대로 여성의 인권이 강화되고 사람들의 목소리가 커져서 대통령도 물러나는 세상을 우리는 살아가고 있다. 그야말로 민주주의 꽃을 보면서 살아가는 시대가 도래한 것이다. 이러다보니 사람들의 목소리가 커지고 목소리 큰 작은 소수가 민원이라는 엄청난 파급 효과를 불러오는 세상이 되었다. 일반 민원도 민원이고 악성 민원도 민원이다. 하지만 사람이란 작은 권력이건 커다란 권력이건 권력 즉 힘을 가지면 변하는 것은 만고불변의 법칙이다. 그래서 생긴 말이 억울하면 출세를 하라는 말이고 두 번째로 돈이 없으면 홀대를 받는 것이 자본주의의 이치이다. 자본주의 세상에서 권력에 버금가는 상당한 지위를 돈으로 사게 되는 것이다. 그러니 사람들은 모두 다 돈을 벌기 위해서 모든 수단 방법을 가리지 않고 돈을 향해 달려간다.

23일 중국을 방문하였다. 중국의 크리스마스 그들의 성탄절을 보았다. 우리나라의 명동이라는 왕부정 거리를 크리스마스 이브날 나가보았다. 우리들 자본주위와 완전히 다른 그들의 성탄절을 보면서 많은 생각을 하였다. 외래 문명이 물밀듯이 밀려오지만 그들은 그들의 문화를 즐기고 있다는 사실을 알았다. 사드로 우리와의 관계가 소원해진 대륙 중국의 밤은 그렇게 깊어만 가고 있었다. 그들은 우리나라의 대통령이 방문하였을 때도 아주 홀대를 하여 교포들의 사기가 뚝 떨어졌다는 것이 현지 가이드의 설명이었다. 먼젓번에 박근혜 대통령이 방문해 국빈의 대접으로 시진핑 주석의 열렬한 환영을 받았을 때는 교포들의 이깨가 으쓱 올라갔던 추억을 그들은 아직도 잊을 수가 없다고 하였다. 이만큼 사람이란 힘이 있어야 하고 국가도 그만큼의 힘을 지지를 받는 대통령이 있어야 한다. 중국은 그만큼 우월한 힘을 가지고 있기 때문에 한국의 대통령을 홀대한다는 이론이 성립되는 것이다. 우리도 언젠가는 힘이 있고 국민의 존경을 받는 대통령이 탄생되기를 기대해본다.

가평군에선 누가 무어라고 하여도 권력의 최강자는 현직 군수이다. 민주화 시대에 무슨 말을 하느냐는 독자들도 있겠지만 가평군의 절대 권력자는 가평군수이다. 그래서 그를 빼어놓고는 가평을 이야기할 수 없다. 가평군의 모든 인·허가권을 가진 자이기 때문에 군수의 권력은 상당한 것이다. 그렇다고 시시콜콜한 민원을 챙기는 것이 아니라 실제로는 각 부서별로 정하여 실과의 과장들이 군수를 대신하여 적법한 절차로 인·허가권을 준다. 하지만 최종 결재권자는 군수이다. 이러한 막강한 권력을 가지고 있기 때문에 가평군의 권력 서열 1위는 가평군수이다. 군수는 가평 발전의 커다란 이니셔티브를 가지고 있는 것이다. 불과 몇 년 전에 유산된 가평군 장례식장 문제도 군수의 절대적인 권한을 일부 소수 민원인들의 입김에 밀려나서 경기도에 허가를 반납한 사건은 지금도 모든 사람들이 두고두고 후회하고 있다.

이만큼 군수의 권한은 커다란 것이다. 물론 커다란 권한 뒤에는 커다란 책임도 함께 있다. 사람이란 작은 힘을 그리고 커다란 힘을 가지고 있다. 그리고 권력이란 나누어줄 때 가장 큰 권력을 함께할 수 있는 것이다. 그러나 힘을 가진 자들은 남에게 힘을 나누어주지 않으니 문제가 생긴다. 힘을 가지면 사람이 변하는 이치를 보면서 가평의 힘 있는 자들의 말로를 생각하는 소중한 시간을 독자들과 함께 생각해본다. 화무십일홍(花無十日紅)이요, 권불십년(權不十年)이라는 이야기를 화두로 생각하는 시간을 가져본다.

송구영신 근하신년

送舊迎新 謹賀新年

묵은해를 보내고 새로운 2018년 무술년(戊戌年) 새해가 밝았다. 다사다난하였던 정유년 한 해가 저물어갔다. 그리고 어김없이 새로운 1월의 달력이 우리를 맞이하고 있다. 삼천갑자 동방삭이 지금도 살아 있다면 그는 무술년을 수백 번 맞이하였을 것이다. 그런데 어찌하랴, 우리네 인생은 너무나 짧아서 다시는 무술년을 맞을 수 없는 것을. 어릴 적에 교실 뒤편에 쓰여진 '인생은 짧고 예술은 길다'는 문구의 뜻을 알지도 못하고 읽어본 것이 엊그제 같은데 벌써 초로의 길을 가고 있는 필자의 옛모습을 그려보는 시간이다.

송구영신(送舊迎新), 묵은해를 보내고 새로운 한 해를 맞이한다. 하지만 무술년 새해에도 우리 사는 대한민국 그리고 가평에는 희망의 빛이 보이지 않으니 문제이다. 엊그제 신문에는 태극기 집회에 자발적으로 성금을 낸 사람들을 조사한다는 기사를 보았다. 정권을 잡은 자들의 기막힌 보복이다. 그럼 촛불 시위는 정당한 것이고 태극기 시위는 불법이라는 말인지 묻고 싶다. 자발적으로 이 나라 대한민국을 위하여 성금을 낸 태극기 집회자들은 조국이 어디인지 묻고 싶은 심정일 것이다. 이것은 마치 박정희 시대의 유신으로 회귀

하는 것이 아닌지 참으로 가슴이 아픈 일이다. 필자는 유신헌법을 반대하였고 삼선 개헌을 반대하였고 전두환의 군부독재를 반대하다가 전반적인 인생을 망친 사람이다. 그 당시에는 야당을 한다는 자체만으로도 이미 대한민국의 국민임을 포기할 정도로 심한 압박과 보이지 않는 정치적 탄압을 받았다.

필자도 김영삼 민주화 시절에는 가끔씩 가택연금을 받으면서 이 나라 대한민국의 봄을 기다렸다. 아무런 죄 없이 남편인 필자를 만나서 수없는 정치적 박해와 보이지 않는 멸시와 탄압을 함께 받아오며 오늘까지 필자를 지켜준 아내가 정말 고맙다. 민주화운동 당시 닭장차에도 실려 갔었고 또한 최루탄 가스에 숨이 막혀서 죽는 고통 속에서도 이 나라 대한민국의 민주화를 위하여 투쟁을 하였던 과거를 뒤돌아보니 지금의 대한민국을 보면서 뒤늦은 후회를 하는 것이다. 그 당시에는 군부 독재가 있었지만 오늘날처럼 노조가 판치고 자기의 편에 서지 않으면 적폐 세력으로 몰아버리는 이러한 정부가 아니기에 그리고 무엇보다도 반공을 제일로 삼는 정부이기에 믿음이 가고 사랑도 있었고 애증(愛憎)이 있는 대한민국 정부였다. 그런데 지금 문재인 정부는 누구를 위한 정부인지 도대체 믿음이 없는 정부를 믿고 산다는 것이 너무나 한심하기에 이렇게 글로나마 답답함을 이야기하는 것이다.

믿음, 소망, 사랑, 그중에 제일은 사랑이라는 말이 있다. 하지만 문재인 정부에는 믿음, 소망, 사랑이 없다는 것이 문제이다. 그들에게는 적폐청산만 있으니 문제이다. 그들의 이야기대로라면 태극기 집회는 적폐이고 촛불은 혁명의 승리인 것인가. 촛불도 태극기도 모두 다 대한민국을 사랑하는 국민들인 것이다. 그렇지만 촛불 집회의 승리로 박근혜를 몰아내고 그를 감옥에 가두고 이것이 과연 승자가 할 짓인지 묻고 싶다. 하찮은 운동경기에도 승자가 패자에게 위로를 보내는데 하물며 대한민국의 정권을 거머쥔 그들은 그들을 반대하는 모든 세력들을 적폐로 몰아가고 있으니 국가가 국민이 양분이 되는 것이다. 적폐 이것은 오랫동안 뿌리 박혀온 폐단을 의미한다. 반드시 고치고 또 고치고 도려내야 할 것이 적폐이다.

하지만 지금의 문제인 정부의 적폐청산은 무엇을 하는 것인지 알 수가 없다. 그저 필자의 눈에는 정치적인 보복을 하는 것 이외에는 아무것도 보이지 않는다. 적폐청산이라는 미명(美名)을 달고 예전의 수구세력을 옥조이는 수단으로밖에는 보이지 않는다. 언젠가는 그들도 적폐세력으로 몰릴 날이 있을 텐데 전가의 보도처럼 휘두르는 그들의 적폐의 칼날을 비켜가기가 참으로 힘이 드는 것이다.

이어서 근하신년이라는 이야기를 하고 싶다. 새로운 날이 오고 새로운 해가 왔으니 모두 다 새로운 새해를 맞이하자는 의미가 담긴 말이 근하신년(謹賀新年)의 뜻이다. 그런데 우리들 아니 우리 국민들 그리고 6만여 가평군민이 근하신년을 맞이하고 새로운 새해에 들떠 있어서 즐거운 국민이 그리고 군민이 없다. 말 그대로 이 나라 대한민국이 근심이 되어서 잠을 이룰 수 없이 불안하다는 이야기이다. 적폐청산으로 감옥 문이 열리고 수많은 박근혜 정부의 인사들이 감옥으로 향하고 있는데 무엇이 즐겁고 신이 나서 근하신년 새해를 맞는다는 것인가.

이렇게 지금 대한민국의 국민들은 불안 속에서 새해를 맞이하고 있다. 마음이 편안해야 하루가 즐겁고 새해를 설계를 하여야 하는 것인데 전체의 국민들이 군민들이 불안하니 새해를 설계할 수가 없다. 치국평천하(治國平天下)가 안 된 불안한 나라에서 살아가는 국민들로 우리는 점점 깊은 블랙홀로 빠져들어가는 느낌이다. 추락하는 것은 날개도 필요 없는 것이고 날개를 펴본들 추락을 막기에는 역부족인 것이 지금 이 시대를 살아가는 우리 국민 군민들이다. 새해를 설계할 기분도 나지 않고 지난해를 뒤돌아보아도 즐거운 일이 없으니 송구영신도 근하신년도 없는 새해를 맞이하는 것이리라.

먼젓번에도 이야기를 하였지만 빼앗긴 들에도 봄은 온다는데 정말로 빼앗긴 들에 씨 뿌리고 곡식을 마음 편히 가꾸고 추수할 그날이 언제인가. 아, 나는 그날이 오면 하이얀 모시적삼을 꺼내 입고 동포들의 어깨를 어루만지며 대한민국 만세를 부르며 하루 온종일 뒹굴러도 피곤하지 않은 그날은 그날은 우리에게는 요원한 일인가 묻고 싶다. 새해를 맞이하여 송구영신도 근하신년도 아무런 의미가 없는 글을 독자들과 함께 나눌 수 없는 그러한 무술년 새해이기에 필자도 군민도 슬프지 않을까 생각을 한다. 독자 여러분, 힘든 무술년 새해가 시작이 되었습니다. 새해 복 많이 받으시고 건강하십시오!

추운 겨울이 되어야 소나무와 잣나무의 절개를 아는 것이다

올해는 유난히도 추운 가평의 겨울이 찾아왔다. 가평군은 산림이 80%를 차지하는 산간형 지역이다. 그중에서 잣나무의 원고향이 가평군이다. 잣나무와 소나무를 절개의 상징으로 부르는 것은 추운 겨울에도 푸르름을 간직한 고귀한 자태를 보고서 하는 말일 것이다. 이와 가장 친근한 말로 송백무열(松柏茂悅)이라는 이야기가 있다. 소나무 잎이 무성하니 잣나무가 좋아한다는 이야기가 송백무열이다. 이 말의 뜻은 이웃이 잘되니 덩달아 기뻐한다는 고마운 이야기이다. 이렇게 겨울이 되어야 소나무와 잣나무의 푸르름이 빛이 나는 것이다. 한여름 녹음이 우거져 있을 때 우리는 푸르른 잣나무와 소나무의 절개(節槪)를 잊고 산다. 가장 가까이 있는 소나무와 잣나무의 고귀한 성품을 모르고 있는 것은 마치 가까이에 좋은 이웃이나 훌륭한 스승을 몰라보고 살아가는 이치와 같다. 좌우를 둘러보면 좋은 친구, 좋은 스승, 좋은 이웃이 많이 있고 그들과 함께 숨 쉬며 살아가는데, 그 고마움이나 그들의 감사함을 모르고 살아가는 이치와 같은 것이다. 사람은 떨어져 있어야 그리움을 아는 것이고 멀리 있는 친척이 그리워진다.

지금은 총체적 난국(亂國)의 시대이다. 지도자다운 지도자가 없기에 다시 한번 박정희 대통령이 그리워진다. 강한 카리스마로 가난한 대한민국을 부자 나라로 만드는 데 기틀을 세운 아니 기조(基調)를 다져 놓은 박정희 대통령이 그리운 것이다. 비록 유신과 독재로 대한민국의 민주주의를 압살한 전과도 있지만 그는 반공을 국시의 제1로 한 대한민국의 지도자이다. 그래서 그 아버지의 향수를 달래는 수많은 국민들이 그의 딸 박근혜를 대통령으로 선택하였지만 그의 부족한 리더십이 국가를 존망(存亡)의 위기로 몰아가는 바보스러운 여자로 낙인이 찍혀버렸다. 그를 믿고 그를 사랑하며 따라준 국민들의 가슴에 아니 등 뒤에 비수(匕首)를 꽂은, 못난 대통령 좌파에게 정권을 헌납한 바보 대통령으로 역사는 기록할 것이다.

아무튼 박근혜로 인하여 대한민국의 역사는 퇴보를 하게 되었다. 그래서 지금 정체성을 잊고 끝없이 추락을 하는 것이다. 지금 정권을 잡은 자들에게는 자기를 지지하지 않는 모든 사람을 적폐의 대상으로 삼고 있는 듯 무소불위(無所不爲)의 칼날을 겨누고 칼날을 휘두르고 있다. 무소불위 절대적인 권력으로 거침없이 일을 진행한다는 것을 무소불위의 힘이라고 부르는 것이다. 역대 어느 정권보다도 처참하고 처절한 보복이 지금 대한민국에서 진행이 되고 있다. 전 국정원장은 모조리 감옥에 들어가 있고 청와대 비서관 그리고 박근혜 정부에서 청와대를 지키던 모든 이들이 거의 감옥으로 감옥으로 들어갔고, 나머지 잔여 인원들도 공포에 떨고 있다. 김기춘 전 법무부 장관은 주군인 박근혜를 잘못 만난 죄로 인하여 영어의 몸으로 아들 하나 즉 독자가 교통사고로 식물인간이 되어 병석에 누워 있지만 그 아들의 따듯한 손을 아버지로서 만져주고 싶다는 이야기를 듣고는 이것이 현재 벌어지고 있는 적폐청산인가 생각을 하며, 주인을 잘못 만난 김기춘 전 청와대 비서실장의 콧날이 찡한 아픈 사연에 함께 울어주지 못하는 필자가 부끄럽다는 생각을 하였다.

법에도 눈물이 있다는데 지금의 문재인 정부의 적폐청산에는 피도 눈물도 없다는 사실을 알았다. 그들은 오로지 자기의 정권을 싫어하고 자기들이 정권을 잡는 데 반대한 세력들 모두를 적폐로 보고 있으니 이 나라가 화합을 할 수 없는 것이다. 북한 정권에 관용을 베푸는 그들은 우리 민족 우리 동포인 대한민국 국민들에게 언제나 적폐청산의 칼날을 거둘 것인지 궁금하기 짝이 없다. 하지만 그들이 정권을 잡고 있는 한 적폐청산이라는 미명으로 끝없는 보복이 벌어질 것이라는 사실을 우리는 얼마나 알고 있을까. 참으로 무섭고 두렵고 무거운 세상이 계속된다는 사실에 우리의 앞날에 먹구름이 가득하다는 사실을 일반인들은 아는지 모르는지 그저 근심과 걱정의 나날이 계속될 뿐이다.

잣나무와 소나무 같은 절개로 살 수는 없는 것이 우리들의 인생이다. 무서운 권력 앞에는 꼬리를 내리고 할 말을 할 수도 없이 그들 즉 권력을 가진 자들의 비위를 맞추며 살아가는 것이 우리들의 인생이다. 민주주의가 좋기는 하지만 민주주의는 피를 먹고 자란다는 사실을 우리는 알고 있는가. 민주주의가 정착이 되기까지는 수많은 인사들의 고귀한 피와 땀으로 민주주의가 뿌리를 내리며 민주주의의 꽃을 피우는 것이다. 우리는 수많은 민주 투사들의 피로 땀으로 또한 많은 민주 투사들의 억울한 옥살이로 한국의 민주주의를 꽃피웠지만 지금 한국의 민주주의는 꽃이 시들어가고 있다. 잘못된 민주주의가 뿌리를 내리고 있으니 문제가 있는 것이다.

영국의 어느 학자가 한국이 민주주의를 한다는 것은 쓰레기 더미에서 장미꽃을 피우기보다 어렵다는 이야기를 하였다. 선진 제국의 학자들이 그렇게 동방의 작고 가난한 나라 대한민국을 업신여길 때 우리는 민족 중흥의 역사를 새로 써가며 독재와 항거하였고 그 결과로 지금은 세계의 중심국가로 또한 세계 무역국가의 본보기로 세계를 주름잡는 메이드 인 코리아라는 상품이 세계 무역의 트레이드 마크처럼 사랑을 받는 것이다.

지금 세계는 한국의 경제로 인하여 함께 살아가는 글로벌 시대를 맞이하고 있다. 이렇게 자랑스러운 대한민국을 건설한 우리의 선조들과 지금의 올드 세대들이 모두 다 손을 잡고 함께 가는 대한민국을 만들어야 하는 것이다. 그런데 지금의 대한민국은 적폐청산으로 양분이 되어 끝없는 추락의 길로 접어드는 것이 아닌가 하는 생각이 든다. 소나무와 잣나무처럼 굳은 절개로 세상을 살아갈 수는 없다. 타협의 정신으로 대한민국이 하나가 된다면 얼마나 좋을까. 이렇게 추운 겨울이 오니 소나무와 잣나무가 자랑스럽고, 닭의 목을 비틀어도 새벽은 온다 하던 김영삼 대통령이 그립다.

●테이블 토크

사람 좋고 정이 넘치는 농협인 이종원

사람 좋고 정이 넘치는 사람 농협인 이종원을 만났다. 항상 그랬듯이 반갑게 맞아주는 그의 체취가 반갑다. 30여 년간의 농협 생활을 뒤로하고 고향인 계량리에서 농사를 지으며 농민들과 막걸리 잔을 기울인다는 이종원. 그의 취미인 수석관을 보면서 이종원의 생각을 읽어버렸다. 어찌 되었든 간에 농협인으로 그리고 전 조합장 선거에서 현직을 버리고 새로운 조합장을 당선시키기 위하여 일익(一翼)을 담당한 사실을 우리 농민 조합원들은 알고 있다. 그런데 전의 직장이었던 정 들었던 농협을 위해서 미력한 힘이나마 도움을 주려고 사외이사를 하고 싶었지만 현직에 있는 사람의 마음이 다른 곳에 있다는 사실을 알고 그 꿈을 접어버렸다는 이야기를 슬쩍 비추었다. 이종원을 보면서 생각을 하였다. 사냥개는 사냥을 마치면 주인이 가마솥에 삶는다는 평범한 진리를 그는 진정 모르고 있었던 것일까, 알고 있었던 것일까. 그를 보면서 생각을 하였다. 토사구팽(兎死拘烹).

달도 차면 기우는 법

권력도 정점이 있고 사이클이 있다. 십 년 권력이 없고 열흘 붉은 꽃이 없다는 말을 우리는 잘 알고 있다. 그래서 생긴 말이 달도 차면 기우는 법이라는 진리를 우리는 알고 있다. 매일 보름달만 뜬다면 달의 의미가 없다. 초승달이 있어야 보름달이 빛이 난다. 그래서 영화에도 주연이 있고 조연이 있다. 그리고 수많은 엑스트라들이 모여서 한 편의 영화를 만드는 것이다. 그중에서 엑스트라의 한 사람으로 글을 쓰는 사람이 필자이고 우리 군민들인 것이다. 그리고 또한 주연보다도 더 빛이 나는 조연도 있다.

그런데 주연보다도 조연이 더 설치는 가평군에서 우리는 살아가고 있다. 서열을 무시하고 군수와 가까운 척 공무원의 질서를 흠집내는 사람들, 조합장과 가깝다고 서열을 무시하고 아부를 하는 사람들, 이러한 사람들 때문에 가평의 정서가 엉망이 되고 있다. 그런 사람들에게 알려주고 싶다. 달도 차면 기우는 것이라는 평범한 진리를 가르쳐주고 싶다. 자기를 위해서 고자질이나 하고 남을 밟고 넘어가기 위하여 남을 헐뜯는 나쁘고 못난 사람들 때문에 가평의 질서가 흔들리고 사람 살기가 싫어지는 동네가 가평군이다.

필자는 직업상 수많은 사람들과 교류를 한다. 국회의원에서부터 군수 그리고 그에 상응하는 사람들과 자리를 할 수밖에 없는 직업이다. 하지만 필자는 그 어느 사람을 만나도 남을 미워하거나 헐뜯고 고자질 안 하는 것을 철칙으로 삼고 있나. 잘 하는 것을 알려주고 칭찬하고, 좀 부족하다 싶은 사람들에게는 이러이러한 것을 고쳐주면 좋겠다는 평범한 이야기를 할 때 그들도 필자를 사랑하고 좋아하는 것이다. 크고 작은 인사 청탁이나 이권에 개입할 수 있는 소지가 있다면 절대로 말을 꺼내지 않는 철칙과 원칙을 고수하며 살아가고 있다. 하지만 정치인이나 정치 지망생들의 이야기는 칼로 환부를 도려내듯 정확하고 사실에 근접한 이야기 정확한 이야기 그리고 풍문으로 들은 이야기까지 전달하고 제대로 전달하려고 노력을 한다. 그래야만 가평군이 잘되고 올바른 정치인을 가려내는 데 도움이 되지 않을까 싶어서 정치인이나 정치 지망생들의 이야기는 마음 놓고 흉을 볼 수가 있는 것이다. 그야말로 옥석을 가리자는 이야기이다.

일반인들은 욕을 할 필요도 없다. 하지만 정치인이나 정치 지망생들은 환자의 옷을 벗기듯이 철저한 사실을 알고 싶은 것이 독자들이다. 어느 정치 지망생은 가정이 엉망이고 어느 정치 지망생은 사생활이 엉망이고 아는 데까지 알려주어야 하는 것이 언론의 임무가 아닌가 생각한다. 그래서 언론인으로서 보고 듣고 느낀 점을 일반 유권자들에게 가감 없이 이야기하고 사실을 전해주는 것이다. 이것은 고자질이 아니다. 고자질이란 남을 흉보아서 자기의 이익을 얻으려는 치졸(稚拙)한 수단이지만 정치인들이나 정치 지망생들은 도마 위에 올려놓은 생선처럼 모두가 보고 느끼면서 평가를 하는 것이 올바르다는 생각을 한다. 그래서 생겨난 것이 청문회인데 국회 청문회는 당리당략(黨利黨略)을 위한 것이기에 볼 필요도 없고 들을 필요도 없다는 사실을 국회 청문회를 보면서 느낀 점이다. 그 이후로는 국회 청문회는 한 번도 본 적이 없다. 사실에 입각하지도 않은 이야기를 마구 쏟아내는 국회 청문회도 생중계를 할 필요조차 없다. 그저 자기들의 인기 발언을 위한 국회 청문회가 재미가 없는 것처럼 일반인들의 이야기도 재미가 없는 것이다. 적어도 가평의 크고 작은 자리를 노리는 정치인이나 정치 지망생들의 이야기를 우리는 알아야 하고 그들의 이야기를 들어야 한다.

가평에는 6·13 지방선거를 준비하는 수많은 정치 지망생들이 있다. 정치 지망생들에게 한마디 해주고 싶은 이야기가 있다. 지망생들은 일반인들보다 용기가 있을 뿐이지 일반인들보다 잘난 것이 하나도 없다는 것을 알아야 한다. 일반인들은 용기가 없어서 정치를 못하는 것이지 정치 지망생들보다 못나고 못 배워서 정치를 못 하는 것이 아니라는 이야기이다. 당신들 정치인이나 정치 지망생들은 우리 일반 군민들보다 잘난 점이 하나도 없다. 하지만 당신들은 정치를 하겠다는 용기와 욕심이 있을 뿐이고, 우리 6만 군민들보다 잘나거나 잘 배워서 정치를 하는 것이 아니라는 사실을 알려주고 싶다. 당신들이 우리 6만 군민과 다른 점은 단 한 가지 정치를 하겠다는 용기를 가진 것이다. 고개를 숙이고 반성을 하여야 할 것이다. 무조건 후보자라고 정치인이 되었다고 고개를 빳빳이 들고 자라목으로 어깨에 힘주고 하다가는 6만 군민들의 뭇매를 맞을 것이다. 달도 차면 기울고 잘 익은 곡식은 고개를 숙이는 법이다.

● 테이블 토크

솔 내음 나는 장기명 가평군 산림조합장

장기명 가평군 산림조합장을 자주 만난다. 언제나 겸손하고 자기를 낮추는 장기명 조합장은 나이에 비해 퍽이나 젊어 보이는 가평군민 중의 한 사람이다. 나이를 잊고 사는 비결을 생각해보았다. 푸른 숲을 가꾸는 산림조합 아니 나무를 사랑하고 푸른 숲을 사랑하는 솔 내음 나는 사람이기에 나이를 잊고 사는 것이리라 혼자 생각하였다. 언제 만나도 겸손하고 나이 들어도 아름답고 점잖게 익어가는 잣나무와 같은 푸르고 따듯한 감성의 소유자가 장기명 산림조합장이다. 언제나 남의 말을 귀 기울여 듣고 눈높이를 맞추며 살아가는 그의 인생을 기자도 배워가는 것이다. 한 번도 앞서 가지 않는 그의 인생철학이 오늘의 장기명 산림조합장을 만든 것이라고 생각한다. 힘든 역경이 있었지만 상대방이나 자기를 미워하는 사람을 욕하지 않고 모든 것을 자기 부덕의 소치로 돌리는 장기명 산림조합장을 보면 고향의 푸근한 풀 내음 나는 숲속을 함께 거니는 기분이 든다. 정말 뒷동산의 잔디 같은 사람이라는 생각을 한다. 그의 푸근함과 노련미를 보고 배워가면서 가평에 함께 산다는 것이 행복하다는 생각을 하였다. 가평군은 서울시 면적보다도 넓다. 그중의 83%가 산지이다. 가평군 전체의 산림은 우리 대한민국의 소중한 자산이며 가평군민의 삶의 터전이다. 가평군의 산림을 가꾸는 장기명 가평군 산림조합장과 산림조합 직원 그리고 조합원 모두가 산림으로 행복한 가평군을 만들어가는 꿈은 우리도 함께 공유해야 할 꿈이 아닐까.

운동선수와 국회의원 그리고 어머니와 피니시 하우스

얼마 전에 전대미문의 대한민국 스포츠사를 기록할 스켈레톤의 우승자 윤성빈의 기사를 보았다. 동계올림픽의 불모지였던 우리나라가 상상도 할 수 없는 종목에서 우승을 한 것이다. 이것이 젊음이고 이것이 대한민국의 국력이며 저력이다. 그림 속에나 보아왔던 스키장 등 빙상경기장이 강원도 평창을 가득 메웠다. 이렇게 좋은 시설에서 연습을 하다보니 윤성빈 같은 젊은이들이 대한민국을 빛내주는 것이리라. 세상에서 가장 중요한 것이 무엇이냐고 물으면 여러 가지 대답이 있을 것이다. 그중에서도 가장 중요한 말이 어머니 아니면 아버지가 아닌가 생각된다.

윤성빈의 어머니 조영희(45)는 아들의 우승 장면을 볼 수 없을 정도로 초조함에 눈을 감고 기도하였다는 이야기를 들었다. 출발과 동시에 우승이 가려지는 빠른 스포츠 경기인 스켈레톤에서 아들의 우승을 기다리며 금메달이 확정되는 순간 아들을 소리쳐 불렀지만 관중들의 환호에 어머니의 목소리는 들리지도 들을 수도 없었다는 것이다. 그런데 아들의 손을 들어주고 싶은 어머니의 마음을 그리고 우승의 기쁨을 어머니에게 전하고 싶었던 청년 윤성빈은 어머니와 너무나 멀리 떨어져 있어서 경기가 끝이 나고 한참 후에야 어머니를 만났다는 이야기를 들었다.

올림픽에서는 피니시 하우스라는 금단의 벽이 설치되어 있단다. 출전 선수 그리고 IOC 의원 등이 경기장을 출입할 수 있는 사람이며, 선수들의 보호를 위하여 엄격히 규제되어 있는 것으로 알고 있다. 피니시 하우스를 그만큼 보호하는 것이 올림픽의 관례인 것이다. 그런데 아무런 자격도 없는 박영선인가 무엇인가 하는 더민주당 국회의원이 그곳을 헤집고 들어가서 윤성빈과 기념사진을 찍었다는 이야기를 들었다. 이것이야말로 남의 잔치에 재를 뿌린 격이고 남의 밥그릇에 숟가락을 넣어버리는 추한 행동이 아닌가.

이러한 사람을 국회의원으로 두고 있는 대한민국 국민이 참으로 불쌍하다는 생각을 하였다. 알지도 못하는 잔치에 끼어들어 주인공과 사진을 찍고 그것을 자랑스럽게 SNS에 올렸다는 이야기를 들었다. 초대받지 않은 사람이 남의 자리에 끼어들고 오지 말라는 손님이 남의 행사에 기웃거리는 악습을 국회의원이라는 사람이 하고 다니니 나라가 요 모양 요 꼴이 아닌가 하는 생각이 든다.

초대받지 않은 잔치에는 가는 것이 아니고 설령 초대를 받았다고 할지라도 주인이 부르지 않으면 그 행사에 함께 사진을 찍지 않는 것은 초등학생도 다 아는 사실이다. 그만큼 지금은 사회가 발달이 되어서 예의와 지켜야 할 도리가 있는 것이 초대를 받은 손님들이 지켜야 할 예의이다. 이렇게 예의도 없고 몰상식한 파렴치한들 때문에 나라가 시끄럽고 대한민국의 국격이 떨어지는 것이다. 필자는 올림픽을 볼 만큼 여유도 그리고 올림픽을 볼 시간도 없다. 그런 한가한 시간이면 공상이나 한 줄의 글을 쓰는 것이 양식이 되는 것이다. 나라가 태평하고 살기가 좋아야 올림픽도 보고 즐기는 것인데 지금의 대한민국은 깊은 수렁으로 빠져드는데 무엇이 좋아서 올림픽을 즐길 수 있다는 말인가. 윤성빈이 흘린 땀에 오물을 끼얹는 사건이 바로 이러한 국회의원들의 못난 행동인 것이리라.

어머니보다도 더 좋은 국회의원 그리고 아버지보다도 더 좋은 국회의원이나 정치 지도자들의 모습이 그리워진다. 그래서 멀리서 좋은 지도자가 나타나면 서로서로 사진을 찍어서 자랑을 하고 싶은 지도자들이 대한민국에는 없다는 것이 우리를 슬프게 한다. 그래서 역발상으로 우리의 젊은이들은 연예인들에게 매달리는지도 모르는 일이다. 연예인들만 나타나면 인산인해(人山人海)를 이루는 것처럼 우리도 정치 지도자다운 지도자가 탄생이 되어 우리 국민들을 즐겁게 할 날은 언제일까. 박영선이라는 여자 국회의원의 못난 행동을 보면서 대한민국의 현주소를 보는 듯하여 하루 종일 우울하다. 우리 사는 가평군에도 지도자다운 지도자 그리고 가평을 사랑하는 정치인들이 많이 탄생이 되기를 기대한다. 그래서 잘사는 가평 희망이 있는 가평을 우리와 함께 만들어가면 얼마나 좋을까.

이제 얼마 안 있으면 6·13 지방선거다. 6·13 지방선거를 준비하는 사람들도 우리 군민이다. 우리는 그들을 선택하고 우리들의 선택으로 그들은 정치인이 되는 것이다. 정치인이 되면 뇌의 구조가 변하고 시야가 좁아지고 남의 말을 듣지 않는 사람으로 변하는 것이 모든 정치인들이다. 한마디로 초심을 잃어버린다. 초심을 잃으므로 인하여 본인도 망가지고 가평군도 망가져버리는 것이다. 그런데 이렇게 초심을 잃어버리는 가평의 정치 지도자들로 인하여 가평군이 입는 피해는 말로 다 표현할 수가 없다. 한길로 외길로 오직 마이웨이를 가는 가평의 정치인들의 탄생을 우리는 막을 수가 없다. 그들에게는 권력이라는 전가의 보도인 칼자루를 쥐고 있기 때문이다. 한 번 손에 쥔 칼자루는 절대로 남에게 넘기거나 빼앗기지 않으려는 것이 권력의 속성이다.

이제 얼마 있으면 또다시 권력의 다툼이 시작되는 선거가 있다. 이번에도 지키려는 자와 빼앗으려는 자들의 싸움을 우리는 관전을 하여야 한다. 이미 보이지 않는 전쟁은 시작이 되었다. 선거를 앞둔 양의 탈을 쓴 늑대와 이리들을 우리는 구별하여야 한다. 하지만 늑대는 많아도 양은 없는 것이 선거판이다. 설령 양으로 당선이 되었더라도 등원(登院)이나 등청(登廳)을 하면 얼마 가지 않아서 맹수로 늑대로 변하는 것이 정치인이다. 왜냐하면 그들에게는 작게든 크게든 권력이라는 보검(寶劍)이 손에 들려지기 때문이다.

정치인들은 남의 말에 귀 기울이지만 남의 말을 절대로 듣지 않는 것이 지금까지 정치의 불문율이다. 남의 이야기를 한마디도 듣지 않고 독주(獨走)를 하다가 독주(毒酒)를 마시는 것이 정치인이다. 남의 말을 절대로 듣지 않았던 박근혜를 보면서 정치와 권력이 얼마나 무서운 것인가 생각을 한다. 이번에 치러지는 6·13 지방선거에서는 정말로 가평을 사랑하고 가평군민을 형제처럼 생각하는 사람들이 당선이 되었으면 얼마나 좋을까 바라본다. 하지만 빼앗긴 들에는 봄은 오지만 양처럼 군민을 사랑할 후보자가 없다는 것이 우리를 슬프게 한다.

●테이블 토크

좋은 사람의 향기가 나는 이종식 전 조합장

상하농협(현 가평군 농업협동조합) 전 조합장 그리고 상면의 초대 군의원인 이종식 씨를 만났다. 항상 겸손하고 남을 배려하는 그의 체취가 반갑다. 어느 누구를 만나도 반가운 사람이 이종식 전 조합장이다. 필요한 말 이외에는 절대로 남의 험담을 안 하는 그 인품의 비결은 무엇일까 생각을 해보았다. 답이 나왔다. 남을 미워하지 않고 될수록 말을 아끼는 것 그리고 그의 비단결 같은 마음이 정답이 아닐까 생각한다. 그와 함께 몇 번의 여행을 다닌 적이 있다. 그는 불평 불만이 없다. 여럿이 함께 가는 길을 동행하면서 여행을 즐기는 향기가 나는 사람이다. 그래서 그에 곁에는 많은 사람들이 모인다. 남을 미워하지 않는 그의 순수함에 모든 이들이 그를 좋아하는 것이다. 그래서 그는 조합장을 하였고 군의원을 할 수가 있었던 것이다. 그의 말대로 초라한 학력으로 오늘날의 이종식 조합장을 만든 것은 그의 인품인 것이리라. 만나도 항상 좋은 사람 이종식이 있어서 가평은 행복한 곳이고 살 만하다. 향기가 나는 사람 나이가 들어도 늙지 않는 다만 잘 익어가는 이종식 씨가 부럽다.

멈추면
보이는 법이다

빠른 속도로 차창을 질주한다. 그냥 스쳐가는 것이 아름답다는 생각을 한다. 그리고 한참을 지난 후에 잠시만 멈추면 보이는 것을 달려온 길을 후회한다. 잠시만 멈추었다 가면 보이는 것을 무엇이 그리 급하다고 달려온 것인가. 우리가 살아가는 인생의 이야기이다. 멈추면 보이는 것을 무엇이 그리 급하다고 달려온 것인가. 조금만 더 여유 있게 사물을 관찰하며 이웃과 가정을 돌아보며 살지 못하는 것이 우리 인생이리라. 조금만 더 천천히 조금만 더 더딘 걸음으로 인생을 살아간다면 좌우의 모든 것들을 보고 왔을 텐데 이미 지나온 길을 되돌아갈 수 없는 것이 아닌가.

그래서 생긴 말이 인생무상(人生無常)이라는 이야기다. 필자의 나이가 되니 너무나 빠르게 달려온 인생길을 뒤돌아보는 시간을 가져본다. 아름다운 꽃길에 방황을 하였고 좋은 길을 놔두고 옆길로 들어서서 헤매던 시절을 생각하는 것이다. 꽃밭에는 꽃들이 모여 살지만 아름다운 꽃밭 속에는 상처를 주는 장미도 있었고 아름다운 장미를 꺾다가 가시에 찔린 시절도 있었다. 장미를 꺾을 때 가시에 찔리지 않고는 꺾을 수 없다는 진리도 이제는 알 것 같다. 그런데 무엇 하나 성취하지도 못하고 빠르게 달려온 길 우리들의 인생길을 뒤돌아보기에는 이미 시간과 공간이 사라져버렸다는 사실이다. 그만큼 세월이 빠르다는 이야기이리라.

엊그제 추웠던 겨울이 있었는데 어느 사이에 창밖에는 봄이 와 있는 것이 아닌가. 세월의 흐름이 참으로 빠르다는 생각을 새삼 하고 있다. 세월이 그렇게 빠르게 지나갈 줄 젊음이 있던 청년 시절에는 생각도 하지 못했다. 너무나 느린 세월과 매일같이 봄만 있는 줄 알았던 철없던 시절이 엊그제 같다. 조금만 더 뒤돌아보고 천천히 천천히 왔으면 좋았을 인생이 이미 저 멀리 뒤에서 사라져버린 것이다. 사라진 세월의 뒤안길을 회상하면서 사는 것이 인생이 아니던가.

조금만 있으면 완연한 봄이 우리 사는 가평에도 찾아올 것이다. 꽃이 피고 새가 울고 만물이 소생하는 봄이 오면 이 좋은 봄을 맞으며 아주 천천히 천천히 봄과 대화를 하면서 즐길 것이다. 그래서 가만히 멈추어 서서 꽃의 이야기도 들어주고 새싹의 이야기도 들어주리라. 그래서 그들의 아픔을 이해하고 그들의 슬픔을 이해하는 멈추었다 가는 봄을 맞이할 것이다. 이렇게 멈추면 보이고 용서하고 이해하면 될 일을 무엇 때문에 그리도 빨리 달려온 것일까. 아무런 생각 없이 꽃밭의 화초를 보다가 새싹을 발견하였다. 그렇게도 추웠던 지난겨울의 아픔을 이기고 고개를 들어 봄을 맞이하려는 저 가녀린 생명들을 보면서 많은 생각을 하였다. 그래, 이제는 천천히 돌아가는 길을 택하는 것이 살아가는 데 도움이 된다는 진리를 꽃밭을 보면서 깨달은 것이다.

석가모니가 보리수나무 밑에서 깨달음을 얻듯이 필자도 작은 꽃밭에서 천천히 가는 법을 배운다. 연산군이 사약을 받고 억울한 누명으로 죽은 자기의 어머니 폐비 윤씨의 복수를 위하여 끊임없이 복수전을 할 적에 잠시만 뒤를 돌아보고 복수를 하였더라도 그는 폐주(廢主)가 되지는 않았을 것이다. 무조건 복수에 눈이 어두워 뒤돌아보지 않고 옆도 볼 시간 없이 끝없는 복수의 길을 가다보니 인조의 반정으로 폐주가 되었던 것이다.

역사도 이렇게 천천히 뒤돌아보면서 가는 자가 승리를 하는 것이다. 끝없이 복수가 계속되는 요즈음 세태를 보면서 좀 더 천천히 걸어갔으면 하는 생각을 한다. 복수를 위한 복수를 하다가는 언젠가는 복수를 당하는 것이 역사의 순리이고 인생이다. 권력을 가진 자는 자기 손에 피를 묻히기를 싫어한다. 남을 시켜서 대신 칼자루를 휘두르는 야비함이 권력을 가진 사람들의 공통점이다. 하지만 남에게 휘두른 칼에 숨을 거둔다 하여도 진실은 언제나 밝혀지는 법이다. 그래서 멈추어서 사방을 둘러보아야 한다. 잠시 쉬었다 가면서 멈춘 곳에서 꽃 이야기를 듣고 어두운 이야기를 들으며 인생을 살아가야 한다.

지고지순이라는 이야기가 있다. 남에게 나를 낮추고 순리대로 살아가는 모습이 지고지순이 아닐까 생각을 한다. 이만큼 순리가 중요한 것이다. 하늘의 뜻을 거스르며 달려온 세월을 후회하는 것이다. 마치 부모님 살아계실 적에 효도를 못한 아픔을 평생 가슴에 묻고 살아가는 우리네 인생사나 같은 이치이다. 살아생전에 부모님에게 효도를 못한 것도 멈출 줄 모르는 사람들이기에 죄를 짓고 사는 것이다. 부모님 곁에 멈추어서 부모님들의 이야기를 들은 적이 단 몇 분이나 되는가. 무조건 부모님을 멀리하고 달려온 인생을 후회한들 이미 부모님은 우리들 곁에 없다. 이렇게 멈추면 보이는 것을 이렇게 간단한 진리를 모르고 사는 것이 우리들이다.

정치도 역사도 잠시 멈추어서 생각을 하는 숨 고르기가 지금 우리 국민들 모두에게 필요한 시간이다. 적폐가 무엇인가 어느 정도의 사안은 좀 덮고 넘어가는 그러한 사회가 되었으면 얼마나 좋을까. 무조건 까발리고 옷을 벗겨서 나목을 만들어 놓은들 봄이면 그 나무에서 다시 새싹이 난다는 진리를 모르는 것이 안타까울 뿐이다. 지금은 용서하고 화해하고 그렇게 살아도 시간이 부족한 세상이다. 잠시 모든 일손을 놓고 멈추어 서서 좌우를 살피고 현재 우리가 멈추어 서 있는 위치가 어디인지 확인하는 그러한 시간이 필요하다. 멈추어 서서 보면 행복하다는 진리가 새삼 생각이 난다. 지금은 영어의 몸으로 있지만 박근혜가 조금만 멈추고 옆 사람의 이야기를 귀 기울여 들었다면 오늘날의 파국을 막을 수 있었을 텐데 하는 아쉬움이 앞선다. 멈추면 보이는 것이란 평범한 진리를 알지 못하는 지도자이기 때문에 나라도 국민들도 가슴이 아픈 것이다. 멈추면 보이는 법이다.

●테이블 토크

3선 연임에 성공한 새마을금고 이남열 이사장

새마을금고 이사장 자리에 3선으로 연임된 이남열 이사장을 만났다. 항상 겸손하고 반가운 사람이 이남열 이사장이다. 새마을금고를 천직으로 생각하고 새마을금고를 위해서 열과 성을 다 바친 결과 3선 연임에 성공한 이남열 이사장. 그는 항상 직원들과 정을 나누며 윗사람이기를 거부하는 전형적인 비즈니스맨이다. 자리의 높낮이를 떠나 직원들과 눈높이를 맞추고 항상 직원들 편에서 직원들과 조합원들 간의 이질감이나 불협화음 없이 청평 본점, 가평 지점, 현리 지점을 총괄하는 그의 업무 스타일로 인하여 새마을금고는 직장이라기보다는 가족 같은 끈끈한 우애로 묶여 있는 가평군의 아름다운 직장으로 칭송이 자자하다. 항상 나보다는 남을 먼저 생각하고 배려하는 자랑스러운 사람 이남열 이사장. 그래서 그는 어디를 가더라도 환영받는 사람이다. 앞으로 4년간 새마을금고 이사장을 역임하고 그 자리에서 물러나면 아름다운 가평인으로 자랑스러운 청평인으로 가평을 위해 살아갈 친근한 이웃이다. 그래서 그는 3선 연임에 성공한 것이리라. 취재 기간 동안에도 이사장을 찾아오는 방문객들로 문전성시를 이루는 걸 보면서 새마을금고의 직원들은 성취감과 만족도에서 가평군 제일가는 아름다운 직장에 다닌다는 행복한 미소를 보았다.

시성 두보(詩聖 杜甫)가 사랑한 시선 이백(詩仙 李白)의 아름다운 삶 이야기

중국의 고대사에서 한 시대를 함께 살며 아름다운 삶을 살아간 시성 두보와 시선 이백의 이야기는 몇 천 년이 흐른 지금도 시인 묵객들의 마음을 사로잡는다. 「노군동석문송두이보(魯郡凍石門送杜二補)」라는 시 외 「몽이백(夢李白)」이라는 시는 지금까지도 전해 내려오면서 시인 묵객들이 좋아하는 대표적인 시이다. 이백의 과거도 초라하였고 서족(庶族) 출신인 두보의 집안도 내세울 것이 없는 가난하고 빈천한 출신의 당대의 시인이다. 이백은 서기 701년에 태어났고 두보는 11년 후인 서기 712년에 태어났다. 두 사람이 만날 때는 이백의 나이 44세 두보의 나이 33세로, 이백은 시가 절정에 올라 있었을 때였고 시성 두보는 물이 오른 시인이었다. 이들은 서기 744년 낙양에서 만난 짧은 인연으로 인하여 「노군동석문송두이보」라는 명시를 탄생시켰고, 이백을 그리는 두보의 마음을 담은, 꿈에서도 이백을 그리는 「夢李白(몽이백)」이라는 걸출한 시를 탄생시킨 것이다.

이렇게 두 시성과 시선이 짧게 한 시간임에도 서로를 알아보고 서로를 사랑하였던 그들이 그리워진다. 이백은 두보와 헤어짐을 슬펴하여 장안의 누각을 고루 돌아다니며 두보와 술을 마셨고 마지막 떠나는 길에 동문에서 두보를 보내며 아쉬워한 시가 바로 「노군동석문송두이보」라는 명시이다. 이백과 이별을 한 두보 역시도 꿈에도 이백을 못 잊어 꿈에 만난 이백을 그리워하며 쓴 시가 「몽이백」이다. 「몽이백」의 한 대목을 읽어보자.

죽어 이별은 소리가 나지 않네 (死別已呑聲)
하지만 살아 이별은 슬프기 그지없네 (生別常惻惻)

이것이 시성 두보가 이백을 꿈에 만나고 그리워서 읊은 시 구절이다. 이렇게 1,300여 년이 지난 지금도 그들의 이름과 아름다운 시가 살아남아 있다. 이렇게 아름다운 글을 쓰면서 필자가 사는 가평을 생각하는 시간을 가져보았다.

시인 묵객은커녕 이웃과도 등을 돌리고 친구와 결별을 하고 형제지간에도 결별을 하고 사는 동네가 대한민국이고 그곳이 또한 가평이다. 이렇게 각박한 가평 땅에서 또 한 번 6·13 지방선거를 치러야 하니 문제가 생기는 것이다. 친구는 친구끼리 형제들은 형제를 돕는 것이 선거이다. 그리고 지연, 학연이 총동원되는 것이 선거판이다. 그런데 모두들 서로 너무나 잘 알고 있는 것이 가평군인 것이다. 이웃집 숟가락 숫자까지 헤아릴 수 있다는 말이 가평을 두고 한 말이리라. 이렇게 잘 아는 사이에 수많은 후보자들 중에 한 사람을 선택하여야 하는 것이 선거이다. 그래서 그중에서 가장 많은 득표를 한 사람이 당선이 되는 것이다. 그런데 후보자 우월주위가 가평에는 없는지 생각을 하여야 할 시간이 지금이 아닌가 한다. 가평에는 기초의원으로 군의원을 선출하여야 하고 그 위에 도의원 그리고 가평군의 수장을 뽑는 군수 선거를 하여야 한다. 물론 도지사 선거도 중요한 것은 틀림이 없는 사실이다.

올해는 8대째를 맞는 민선 시대이다. 이렇게 많은 선거와 후보자들 중에서 후보자는커녕 동네 이장감도 못 되는 사람이 군수를 하겠다고 도의원을 하겠다고 또는 군의원을 하겠다고 설치는 모습을 보면서 참으로 가평군의 현주소가 그리고 앞날이 어둡다는 사실을 알았다. 이런데도 못난 후보자는 자기의 이름을 알리며 돌아치는 모습을 보면서 무식하면 용감하다는 이야기를 떠올렸다. 아니 자기 자신을 모르는 후보자들이 참으로 용감하다는 생각을 하였다. 정말로 후보자다운 후보자들 틈에서 미꾸라지 한 마리가 개울물을 흐린다고 자격도 그리고 잘나지도 못한 자기를 내세우는 그러한 후보자 두서너 명으로 인하여 가평군의 듬직한 후보자들의 인격이 저하가 되는 것이다. 수신제가도 못한 주제에 무슨 출사표를 던진다는 말인가. 다른 말로 자기 가정이나 이웃도 못 다스리는 주제에 선거전에 뛰어든 그런 후보자가 참으로 용감하다는 생각을 하였다.

1,300여 년 전에 만난 두보와 이백처럼 서로를 아끼고 사랑하는 마음을 가지고 있는 그러한 사람들이 이번 선거에는 당선이 되었으면 한다. 그래서 꿈에서라도 내 고향 가평의 발전과 군민을 생각하는 그러한 꿈을 꾸는 후보자가 우리 가평군에서 당선이 된다면 얼마나 좋을까. 글을 쓰면서도 이런 꿈을 꾸는 필자는 가평 사람이다. 가평에서 태어나고 가평에서 자란 가평을 사랑하는 가평인이다. 순수한 순백의 가평 사람으로 살고 싶다. 이러한 필자의 꿈은 언제나 이루어질 것인가. 그것을 선거로 이루자는 이야기이다. 그것도 이

번 6·13 지방선거로 이루자는 이야기이다. 이번 6·13 지방선거에서 가평군의 역사를 바꾸어 쓸 수 있도록 가평군을 사랑하는 후보자가 당선이 되어야 한다. 후보자의 덕목으로 첫째는 우리 군민들보다 깨끗하고, 두 번째로 성실하여야 되고, 세 번째로 양심을 팔지 않는 사람을 당선시켜야 한다. 그래서 그들이 일을 할 때도 가평을 위해서 일하고 잠을 자면서 꿈을 꾸더라도 몽가평(夢加平)을 꾸는 그런 사람을 고르고 선택을 하여 당선시켜야 한다. 물론 동네 이장감도 안 되는 사람이 당선이 될 수는 없는 것이다. 이유는 간단하다. 우리 군민들이 바보가 아니기 때문이다.

이번 선거에는 우리 유권자들보다 똑똑하고 우리 유권자들보다 가평을 사랑하는 순백의 정치인 때 묻지 않은 정치인들이 많이 출현이 될 것이다. 왜냐하면 이미 유권자 즉 군민들이 때 묻은 정치인을 식별할 수 있는 혜안이 생겼기 때문이다. 시선 이백이 시성 이백을 보내고 아쉬워하는 마음처럼 우리도 한 사람의 정치인이라도 떠나보낼 때 전 군민이 그리고 유권자들이 아쉬워하는 정치인이 이번 선거에서 탄생을 하였으면 얼마나 좋을까 생각을 한다. 천재가 천재를 만나면 무슨 말이 필요할까. 이백과 두보를 두고 후세 사람들이 던지는 의문이다.

●테이블 토크

누구보다 가평을 사랑하는 매력남 송찬규

송찬규는 항상 바쁘다. 바쁜 일과 중에서도 틈만 나면 사람들을 만나고 또 그렇게 반색을 하며 모든 사람들과 교우하는 가평인이다. 가평경찰서에서 근무하다 퇴직한 지도 꽤 오래되었다. 항상 사람들과 만나서 이야기를 즐겨하고 남에게 다가서는 정말로 사람 냄새 나는 사람이 송찬규다. 얼마 전에 모 단체의 워크숍을 함께 다녀왔다. 항상 겸손하고 남에게 인사를 인사를 먼저 나누는 송찬규 옆에는 사람들이 많이 모여 있다. 항상 매사에 긍정적이고 이 나라 대한민국을 누구보다도 사랑하는 송찬규를 만나면 반가운 마음이 먼저 든다. 항상 남의 이야기를 경청하며 나서지 않는 그 사람 송찬규는 정확하고 겸손한 사람이다. 늘 자기보다는 남을 먼저 생각하고 이웃을 사랑하고 가평군을 사랑하는 송찬규. 그의 매력은 누가 무어라 하여도 대한민국을 사랑하는 그의 애국심을 보면서 필자 역시도 송찬규를 사랑하는 것이다. 그 사람 송찬규가 걱정하는 우리나라 대한민국이 언제나 자유민주주의의 무지개가 영원하기를 기원하며 대한민국을 사랑하는 송찬규를 만나서 기쁘다.

네 잎 클로버는 장애의 슬픈 운명을 띠고 태어났다

네 잎 클로버 찾으려고 해 지는 줄 몰랐네, 당신에게 행운을 드리려고 네 잎 클로버를 찾았다는 노랫말이 있다. 하지만 네 잎 클로버는 사람으로 말하면 장애자인 것이다. 얼마 전 중국을 여행하는 길에 고궁 앞 뜰에서 네 잎 클로버를 찾으려고 고개를 숙이고 있을 때 일행 중에 한 여인이 오빠 네 잎 클로버는 장애자야, 그 말을 듣는 순간 정말로 네 잎 클로버가 장애를 가지고 태어난 돌연변이의 슬픈 운명임을 문득 깨달았다. 그런데 우리들은 마치 네 잎 클로버를 행운의 여신처럼 믿고 그것을 찾고 있으니 이 얼마나 아이러니한 일인가. 멀쩡한 세 잎 클로버 놔두고 기형 식물인 네 잎 클로버를 찾는 것이 우리네 인생이 아닌가 하여 여행 중에 두고두고 생각을 하였다. 사람으로 말하면 육손 식물이 네 잎 클로버라는 데 어느 학자가 이의를 달 수 있을까.

이렇게 작은 것을 배우는 것이 여행이다. 사람들에게 여행을 왜 떠나느냐고 물어보면 보고 즐기기 위해서 떠나는 것이라는 간단명료한 대답을 한다. 하지만 필자의 생각은 그와 정반대이다. 필자는 견문을 넓히고 새로운 걸 배우려 여행을 떠난다. 물론 놀고 즐기는 것도 즐거운 일이지만 이번 여행에는 무엇을 배울까 하는 설렘으로 여행 가방을 꾸리는 사람이다. 일만 권의 책을 읽는 것보다는 일만 리 길을 걸어서 여행을 하는 것이 낫다는 중국의 속담이 있다. 그만큼 여행이란 수많은 길을 걷다보면 수많은 사람을 만나고 수많은 문물을 만나는 것이기에 인간에게 여행은 가장 중요한 것이다. 그래서 네 잎 클로버가 장애라는 사실도 알고 병마용갱(兵馬俑坑)에서 진시황을 만나는 것이고 앙코르와트에서 캄보디아의 영원한 제국을 만나는 것이다.

이렇게 좋은 것이 여행이고 사람을 만나는 것이 여행이다. 여행 중에 만나 좋은 인연을 살아가는 수많은 사람들을 만난다. 모두가 좋은 사람들이다. 여행을 즐기는 사람치고 악한 사람은 없다는 이야기이다. 좀 이설(異說)이지만 술을 좋아하는 사람 아니 즐길 줄 아는 사람은 악인이 없다는 것도 상통한 말이리라. 여행과 술은 떼려야 뗄 수 없는 불가분의 관계이다. 그런데 우리나라 음주 문화는 관광버스만 타면 아주 엉망진창으로 소름이 끼칠 정도로 바뀌니 문제가 있다. 버스가 출발하자마자 음악을 틀어놓고 일회용 종이컵으로 차 앞에서부터 무조건 술잔을 돌리는 문화가 우리의 관광문화이며 관광버스의 현주소이다. 관광버스에다 CCTV를 설치하여 음주 고성방가 없는 정책을 추진하는 방안을 왜 강구 안 하는지 모를 일이다. 여행은 귀로 듣고 눈으로 보러 가는 것이지 차에 오르자마자 음악 틀고 소주잔을 돌리는 것이 여행이 아닌 것이다. 그래서 필자는 불가분한 일을 제외하고는 절대로 관광버스를 타지 않는다. 그런 지옥 같은 여행은 두 번 다시 할 수 없기에 관광버스는 안 타는 것이다.

이야기가 다른 데로 흘러갔다. 이렇듯 사람들은 모두 제각각의 성질을 가지고 각자의 품성을 가지고 살아가는 것이기에 사람들이 살아가는 곳에는 항상 시샘과 다툼이 있다. 정치인은 정치적으로 다투고 이웃과는 사이가 좋다가도 이권으로 또는 선거로 그리고 작은 일로 다투는 것이 우리 살아가는 세상이다. 내가 지지하지 않는 사람을 그리고 내가 싫어하는 사람을 선거에서 찍어줄 수 없는 것이 인간이 가지고 있는 마음이다. 사람보다는 당을 보고 선거를 하고 사람보다는 친인척, 학연으로 선거에 임하는 것이 세계 어느 나라나 다를 것이 없는 선거 형태이리라. 그러기에 민주주의 꽃이라 불리는 선거로 인하여 대한민국 전체가 멍들어가고 있는 것이 아닌가 하는 생각이 든다.

민주주의의 꽃은 선거이다. 그런데 잘못된 선거문화 지역감정으로 인하여 선거 망국론이 대두되는 것이다. 한마디로 기호 1번이면 전라도에서는 선거를 해볼 필요조차 없이 95% 이상의 득표력으로 당선이 되니 다른 지역에서는 일어날 수 없는 일이 전라도에서는 일어나고 있다. 가평은 그래도 골고루 표를 나누어주는 미덕이 있는 지역이다. 다른 말로 전라도처럼 일사 분란하게 어느 특정 후보자에게 몰표를 주지 않는, 선거에서는 참으로 골고루 투표를 하고 지역을 가리지 않는 민심의 향방이 가장 잘 나타나는 지역인 것이다. 자유한국당이 좋다고 95%의 몰표를 준 적도 없고 민주당이 밉다고 5%대의 표를 준 적이 없는 지역이 가평군이다. 세 잎 클로버이건 네 잎 클로버이건 골고루 미움 없이 소신껏 투표하는 지역이 가평군이다.

이번 선거에도 흑백을 가리고 옥석을 가려서 진정한 민주주의의 일꾼을 선택해야 한다. 그래서 장애를 가지고 태어난 슬픈 운명의 네 잎 클로버가 당선이 되어서는 안 된다. 세 잎 클로버 중에서 튼실하고 우리 가평을 푸르게 푸르게 덮을 그러한 행운의 잎이 주렁주렁 달린 그러한 푸르고 생명력 있는 커다란 일꾼을 선택을 하여야 한다. 내 것으로 만들 수 없다면 그리움만 가져라 하는 이야기가 있다. 내 것으로 만들 수 없는 내 힘으로 당선이 될 수 없는 후보자들, 그리고 남의 힘으로 선거를 치르려는 사람들. 이 모두가 그리움만 가졌으면 얼마나 좋을까. 그러한 생각을 가진 많은 후보자들이 가평을 위해서 내 힘으로 정정당당하게 당선이 되어서 우리 사는 가평을 아름답고 살고 싶은 가평으로 다시 찾고 싶은 가평으로 만드는 후보자들이 당선이 되는 꿈을 꾸어본다. 오빠, 네 잎 클로버는 장애자예요,라고 중국 여행길에서 소리를 치던 그 여인의 목소리를 우리는 다시 한번 생각해보는 소중한 시간을 가져보는, 그리고 그 뜻을 헤아려보는 시간이 필요한 것이다.

●테이블 토크

해맑은 모습의 강민숙 민주당 군의원

가평군 여성 비례대표의원인 강민숙 민주당 군의원을 만났다. 페이스북에서 열심히 활동을 하는 그의 해맑은 모습이 반갑다. 군민을 위하여 그저 열심히 일을 해달라는 이야기를 하였다. 그의 대답엔 늘 성실성이 담겨 있어 좋다. 북면에 살고 있는 강민숙 의원, 그는 군의원이 되기 전에도 농가 주부로서 열심히 가평을 사랑하고 가평을 위해 일하던 여인이었다. 항상 행사장으로 바쁘게 뛰어 다니던 강민숙 그래서 그의 주위에는 가평의 기라성 같은 선후배 주부들이 항상 함께한다. 그래서 그는 지난 선거에서 자유한국당의 여성 후보를 누르고 군의원으로 당선이 된 것이다. 불과 4년 전에는 민주당으로서는 꿈도 꾸지 못한 시절이었는데 이번 선거에는 녹색 바람으로 의회에 단번에 입성을 하였다. 강민숙 의원을 보면서 세상이 변하고 나라가 빠른 속도로 변해간다는 사실을 실감한다. 하지만 강민숙 의원은 민주당 사람이고 또한 가평군민이다. 당리당략을 따라 지역 정치를 하는 군의원이 되진 않을 것으로 생각한다. 그저 가평을 위해서 열심히 일을 해달라는 부탁을 한다. 강민숙 의원을 보면 행복하다. 그의 놀라운 사고방식과 또한 겸손한 강민숙이기에 믿음이 간다. 가평군과 자기의 고향인 가평 북면을 아니 가평을 위해서 일하는 자랑스러운 그가 있어서 가평은 행복하다.

제 2 부

어느 한 개인으로 인하여 가평군이 흔들려서는 안 된다

얼마 전에 '가평군수 술집에서 성 접대 의혹'이라는 기사로 인하여 가평군이 술렁거린 적이 있다. 현직 군수인 김성기 군수의 기자회견 해명으로 지금은 크게 이슈화되지 않고 있다. 김성기 군수는 기자회견장에서 절대로 그러한 일이 없었다며 자기는 결백하다는 주장을 발표하고 기자회견장을 떠났다. 정치인과 여자 그리고 술이 모두는 공식화된 이야기이다. 어느 정치인이고 술과 여자에서 자유로울 수가 없다. 지인들과 어울리다보면 1차로 2차로 술을 마시게 되고 이곳에는 여인들이 함께 있는 것이 동서고금을 통한 진리에 가까운 것이다. 술은 좋은 것이고 아름다운 여인이 있으면 한층 더 술맛이 나는 것이다. 그래서 술과 여자는 불가분의 관계이다. 달을 노래하던 이백도 술과 여인을 불가분의 관계로 규정을 지었고 또한 역사에 나오는 영웅호걸들이 여자를 멀리하였다는 이야기는 나오지 않는다. 역사는 밤에 이루어지고 또한 우리가 살아가는데 역사를 함께 쓰는 것도 여인들인 것이다. 그래서 수년 전에 방송된 〈여인천하〉라는 드라마가 꽤 높은 시청률을 기록한 것으로 기억이 된다.

술자리에서 한잔 술을 마시며 함께한 이름 모를 여인들을 기억하는 사람은 아무도 없다. 그저 시중이나 들고 술이나 따르고 때에 따라서는 음담패설을 실없이 주고받을 때 옆에서 함께 까르르 웃고 즐기던 그런 여자들을 기억하는 것은 불가능한 일이다. 술자리가 끝이 나면 가정으로 그리고 직장으로 복귀하는 것이 우리들의 술 문화이다. 술과 여자에서 자유로울 수 있는 사람들이 과연 몇 명이나 될까 물어보고 싶은 대목이다.

이만큼 한잔 술에 대한 추억은 남녀노소를 막론하고 누구에게나 있는 것이다. 그런데 술자리가 끝나고 몇 년이 지나서야 그것도 선거철을 앞두고 이러한 일이 벌어지니 당사자나 유권자들이나 모두가 곤혹스러운 것이다. 곤혹이라는 말은 곤란한 일을 당해 어찌할 바를 모른다는 이야기이다. 몇 년이 지난 일을 생각할 수도 없는 것이고 또한 뱃속을 벌리고 안 했다고 할 수도 없는 일이다. 김성기 군수의 기자회견석상에서 밝힌 대로 한 번도 부끄러운 일을 하지 않았다는 그의 주장을 우리는 설득력 있게 들어야 한다.

왜 가평군은 선거 때만 되면 이러한 일이 벌어지는지 우리 모두가 생각해볼 시간이 아닌가 한다. 김성기 군수는 누가 무어라 하여도 이번 6·13 지방선거를 치를 후보자들 중에서 최고의 강자이다. 그래서 강한 사람을 흠집 내고 그를 밀어서 낙마시키려는 것은 선거를 치르는 타 후보자들이나 타 후보자를 지지하는 지지자들에게 김성기 군수는 강하기 때문에 공공(公共)의 적(敵)이리라. 그래서 김성기 군수를 낙마시키기 위한 보이지 않는 사람들이 김성기의 삼선(三選) 도전을 가로막으려는 것이 아닌가 하는 생각이 드는 것이다.

어찌 되었거나 이번 선거에서 또 한 번 보이지 않는 암투와 혈투가 시작이 되는 것이다. 민주주의의 꽃은 선거라는데 꽃은커녕 흙탕물 싸움으로 선거를 치를 수는 없다. 이제는 성숙한 군민들이 우리 가평군을 지켜내야 한다. 무조건의 마녀 사냥식 그리고 마다도 아가 판치는 선거로 남을 헐뜯고 미워하는 선거로는 가평군의 발전을 기약할 수 없다는 이야기이다. 술의 神은 박카스다. 우리에게는 모 제약회사의 드링크제로 알려진 박카스는 그리스 신화에 나오는 주신(酒神)의 이름이다. 주신인 박카스를 제약회사의 드링크제로 만든 기발한 아이디어로 지금도 박카스는 국민 음료로 사랑을 받는 아이러니가 계속되고 있다.

한 번의 실수, 한 잔의 술로 인하여 가평군이 흔들려서는 안 된다. 손자병법에도 한번 실수는 병가지상사라는 구절이 있다. 누구에게나 한 번의 실수는 있다. 김성기 군수도 한 번의 실수인지 아니면 기자회견석상에서 밝힌 대로 절대로 사실 무근인지는 나중에 결과가 밝혀질 것이다. 김성기 군수는 현재 변호인을 선임하여 법률적 자문을 받고 진실이 밝혀질 때까지 법적으로 대응을 한 상태이다. 성 접대 내용이 사실인지 아닌지는 법정에서 명명백백하게 밝혀질 것이다. 법에서 판단이 내려지기까지 우리 군민은 섣부른 주장이나 오해로 가평군의 앞날에 중차대한 선거를 망쳐서는 안 된다는 이야기이다.

원래 남의 떡은 커 보이는 것이고 남이 잘되면 배가 아프고 하기야 사촌이 땅을 사도 배가 아프다는 속담이 있다. 이만큼 남을 헐뜯고 미워하는 세상에서 우리들은 살아가는 것이다. 하지만 이제는 남의 떡이 커 보이고 남의 음식에 재를 뿌리는 시대에 종말을 고하고 새로운 시대에서 우리는 살아야 한다. 발 없는 말이 천리를 간다는 속담을 우리는 알고 있다. 소문만 가지고는 진위를 파악할 수 없다는 것이 사회적인 약속이며 논리이다.

이렇게 중차대한 선거전을 앞두고 서로를 미워하고 음해하는 후보자들이나 또는 그를 부추기는 행위를 하여서는 안 된다. 선거란 정정당당히 깨끗하게 치러 승리를 하는 것이 민주주의 기본이다. 흙탕물 속에서는 아름다운 장미를 피울 수 없다. 6만4천여 군민과 모든 유권자들이 성숙된 마음으로 정말로 가평을 대표하는 참된 일꾼을 선출하는 데 흑색선전이나 헛소문에 속아서는 안 된다는 이야기이다. 적어도 우리 군민은 좋아하는 후보자나 싫어하는 후보자 모두를 그들 후보들의 진솔한 이야기를 믿어주는 그러한 마음이 필요한 때이다.

4대 성인 공자(孔子) 역시도 자기 고향에서는 욕을 먹던 사람이었다

세계의 4대 성인으로 불리는 중국의 유명한 사상가이며 철학자인 공자 역시도 자기가 태어난 향리(鄉里) 즉 고향에서는 그렇게 좋은 평판을 듣지 못한 사람이었다. 이렇게 사람들은 이웃을 그리고 남을 속속들이 알면 흉이 생기는 법이다. 그는 고향을 떠나서 후학들을 지도하며 역사에 길이 남는 4대 성인으로 기록이 되었다. 공자의 일생은 초라하였다. 어려서 아버지를 여의고 홀어머니 밑에서 자라난 공자는 정말로 불우한 유년기를 보냈다는 기록이 있다. 세 살 때 아버지가 돌아가셨고 그의 나이 스물네 살에 어머니를 잃어버리는 청년 공자이었던 것이다. 그런데도 그의 높은 학문으로 인하여 후세인들의 추앙을 받는 것이다.

공자는 하급관리로 시작을 하여 이곳저곳 문을 두드려보았지만 그의 높은 식견과 학식을 알아주는 군주를 만나지 못하고 이곳저곳을 방황하는 인생을 살아간 사람이다. 다만 그의 높은 학식과 지식을 배우려는 사람들이 많을 때는 삼천여 명이 그의 제자로 따랐다는 기록이 남아 있는 것을 보며, 예전 유신시대에 박정희를 싫어하는 대학생들이 그 시대 지식인이며 시대의 양심인인 김동길 교수의 강연을 들으려고 연세대학교 강당으로 삼천여 명이 모여들어 자리를 잡을 수 없었다는 일화를 떠올려본다. 그 시대 중국의 석학인 공자와 현 시대 한국의 석학이며 자유민주주의 신봉자인 김동길 교수를 비교하는 것은 무리가 아닌가 생각이 든다. 하지만 아직도 김동길 교수는 우리 대한민국의 민주주의를 위하여 태극기 깃발을 들고 대한민국을 위하여 80 노구(老軀)를 이끌고 이 나라 대한민국을 위하여 기도하는 모습에 존경심을 보낸다.

이제는 본격적인 선거철이 다가온 모양이다. 각급 행사장이나 경로잔치에는 가평군의 수많은 후보자들이 10여 명씩 눈인사와 자기를 알리는 명함을 돌리며 선거 준비를 하고 있는 모습을 볼 수가 있다. 더군다나 오월은 행사의 달이다. 어린이날 어버이날 모두가 효를 실천하고 사랑하는 우리 민족들이 5월을 즐기는 것이다. 각 마을마다 경로잔치를 열고 어린이를 위하여 행사를 하고 아무튼 오월은 어린이날 우리들은 자란다는 동요 구절처럼 어린이도 자라고 신록도 자라는 푸르른 계절이다. 소파 방정환이 제정한 어린이날. 소파가 어린이날을 제정하기 전에는 어린이라는 단어가 없었다. 그래서 그 당시에는 소년 소녀 아이들이라고 불렀는데 소파 방정환이 처음으로 아이들을 어린이로 불렀다는 기록이 있다. 그렇게 자라난 어린이들이 어른이 되고 또 그렇게 늙어가는 것이다.

인생은 짧고 예술은 길다는 말의 의미를 새기며 문득 초로의 나이를 생각하며 이렇게 글을 써내려간다. 정치도 순리로 하여야 한다. 이 당 저 당을 옮겨다니며 탈당 입당을 하던 사람들이 많이 고배를 마시고 정리가 되는 시기이다. 집권당이 유리하다고 야당에서 봇물처럼 집권 여당으로 향하던 정치 철새들이 된서리를 맞고 털썩

주저앉아 있는 모습을 보고 있으니 애처롭기보다는 정치 철새들에게 더 커다란 교훈을 주어야 하지 않을까 생각을 한다.

자기의 당선을 위하여 자기가 몸 담았던 당을 헌신짝처럼 던져버린 정치 철새들은 이번에 군민들의 준엄한 심판을 받을 것이다. 당보다는 자기의 입신출세의 방편으로 이 당 저 당 옮겨 다니는 정치 철새들. 우리가 미워하고 흉을 보는 까마귀도 자기의 터전을 지킨다는데 사람으로 태어나서 정치를 하겠다는 인간들이 이 당 저 당을 들락거리다가 공천을 받지 못하자 또 다시 탈당을 하여 무소속으로 또는 정치를 하겠다는 모습이 가관이다. 이러한 정치 철새들이 만에 하나라도 당선이 된다면 참으로 큰일이다. 양심도 이웃도 친구도 모르고 철새처럼 떠다니는 사람들에게 가평군을 그리고 가평군의 미래를 맡긴다는 생각을 하니 참으로 가슴이 아프다.

정치란 정도(正道)로 가야 하는 것이고 또한 순리(順理)로 가야 하는 것이다. 그래서 이번에 떼 까마귀처럼 나타난 가평군의 정치 철새가 자기의 당선을 위해서 이 당 저 당에 몸 담았던 파렴치한 정치 철새들의 무덤이 가평에 크게 지어질 것이다. 정치 철새가 다시는 가평에 날아오지도 않고 둥지를 트는 추한 모습을 우리들은 이제 더 이상 보고 싶지 않다. 이번 선거가 끝이 나면 정치 철새들이 정리가 될 것이다. 그래서 그들의 말로가 무엇인지 군민들은 보고 느낄 것이다. 하기야 공자 같은 성인도 한때는 동가식서가숙을 하던 시절이 있었다. 공자도 노(魯)나라에서 제(濟)나라로 이곳저곳을 다녔는데 하물며 가평군의 정치 철새들을 나무라면 무엇을 할까 하는 생각도 든다. 하지만 공자는 높은 정책을 펴기 위하여 이 나라 저 나라를 다녔고, 그의 이상인 정치철학을 펴기 위하여 이상을 실천하기 위하여 노력을 한 사람인데, 이렇게 하찮은 가평군의 정치 철새들과 비교한다는 것은 말도 안 되는 소리이다.

순천자(順天者), 즉 하늘의 뜻을 따르는 사람은 흥하는 법이라는 이야기가 있다. 그리고 그 반대말로 역천자(逆天者), 즉 하늘의 뜻을 거스르는 자는 망한다는 말은 진리이다. 떼 까마귀처럼 이곳저곳을 날아다니며 텃새들을 괴롭히는 정치 철새들의 종말을 우리는 이번 선거를 통하여 준엄한 하늘의 뜻이 무엇인지를 보게 될 것이다. 세계의 4대 성인 공자의 순탄치 못한 삶의 궤적을 보면서 지금도 세계 4대 성인으로 추앙을 받는 공자 같은 성인이 다시 태어나기는 힘이 들 것이다. 그런데 우리 사는 가평군이 정치 철새들로 뒤덮인 오염된 가평군이라는 사실이 우리를 슬프게 하는 것이다.

●테이블 토크

4성 장군 이철휘 포천 가평 지구당 위원장

별 넷 4성 장군인 이철휘 더불어민주당 포천 가평 지구당 위원장을 만났다. 항상 겸손한 그의 체취가 반갑다. 늘 검소하고 겸손이 몸에 배어 있는 이철휘 장군. 대한민국의 국방을 위하여 30여 년간 군에서 그가 사랑하는 대한민국을 지키기 위해 살신성인의 본분으로 군 생활을 한 자랑스러운 대한민국의 일등 국민 그리고 일등 군인을 보면서 그의 모습이 자랑스럽다. 국가의 안위를 걱정하는 필자에게 국가는 걱정을 안 해도 된다는 그의 말을 믿지 못하는 필자의 마음이 전달되었을까 생각을 한다. 지금의 대한민국은 난국의 시대이다. 그런데 그의 철통같은 국가관을 반신반의하는 필자의 마음을 조금은 아니 많이 헤아려본 그의 모습을 보면서 대한민국의 현주소를 보는 듯하여 마음이 아파온다. 우리는 언제나 여당 야당이 한 목소리로 국민을 위하고 안정된 국가로 국민들이 사랑하는 대한민국이 될 것인가. 이철휘 장군을 보면서 어깨가 무거워지는 것은 어떤 이유에서일까.

카사노바와
팜므 파탈

카사노바란 여성을 유혹하는 중년 남성을 말한다. 그리고 팜므 파탈은 프랑스어로 남성에게 치명적인 상처나 피해를 주는 여성을 말한다. 가평군에도 카사노바가 있을 것이고 또한 팜므 파탈의 여인도 있을 것이다. 이 말은 남자는 여자를 조심하고 여자는 남자를 조심하라는 이야기가 아닌가 생각이 든다. 팜므 파탈의 반대말로 옴므 파탈이라는 프랑스어가 있다. 옴므 파탈이란 아주 잘생긴 남자가 여자들을 유혹해 망하게 하는 남성을 의미하는 단어이다.

카사노바도 좋고 팜므 파탈도 좋다. 그리고 옴므 파탈 역시도 좋은 것이리라. 우리는 피할 수 없이 어머니 뱃속에서 잉태하여 세상을 살아가는 동안 수많은 남자들과 수많은 여자들을 만나고 헤어지고 사랑하고 즐기고 살아가는 인생이다. 그래서 실연의 아픔으로 바닷물에 몸을 던진 윤심덕을 기억하고 실연의 아픔으로 또는 숨겨둔 사랑의 추억으로 인생을 살아간다. 인생이 얼마나 아름답고 인생이 얼마나 짧은지는 아무도 모른다. 그저 오늘을 만족하고 살아가는 것이 인생이 아닌가 하는 생각이 든다. 그래서 인생을 노래하고 사랑을 노래하고 실연의 아픔을 노래한 모든 사람들이 이 세상을 떠난 뒤에 그들의 이야기를 귀 기울여 듣는 것이 인생인 것이다.

오늘 조간신문에서 아름다운 삶을 살다가 하늘나라로 영면한 LG 그룹 구본무 회장의 타계 소식을 읽었다. 기업인으로 또는 사회인으로 아름다운 삶을 너무나 짧게 살다 간 구본무 회장의 인생 이야기 기업 이야기를 읽으면서 이 세상에는 참으로 아름다운 사람들이 많이 있다는 생각을 하였다. 이렇게 구본무 회장처럼 사회를 위하여 아름다운 삶을 살아간 사람들 그리고 그와는 반대로 아름다운 미모를 무기 삼아 남자들을 유혹하고 남자들을 파탄시킨 팜므 파탈의 여인들의 아름다움의 이중성을 생각해본다. 구본무 회장의 삶은 아름다운 삶이며 아름다운 미모를 무기 삼아서 남자들을 파탄의 세계로 몰아넣은 여인은 비록 얼굴을 예쁘지만 그러한 여인의 삶을 우리는 아름답다고 평가할 수는 없는 것이다.

이렇게 세상을 살아가는 데 피할 수 없는 것이 여인이며 또한 남자들인 것이다. 그리고 또한 정치인을 피해서도 살아갈 수 없는 것이 현대를 살아가는 우리들의 삶이다. 이제 얼마 남지 않은 지방선거를 접하면서 정치에도 카사노바가 있고 팜므 파탈이 있다는 이야기를 하고 싶다. 당선도 되지 못하면서 정치판을 흐려놓는 사람이 정치적인 카사노바가 아닌가 하는 생각이 든다. 즉 되지도 않을 사람이 자기가 가장 잘생기고 중후한 미모를 가진 남성인 양 생각하며 여인(유권자)을 현혹하는 사람이 정치적인 카사노바인 것이다.

이번 선거에도 우리는 정치적인 카사노바가 누구인지를 잘 판단하여야 할 것이다. 그리고 정치적인 팜므 파탈의 정치인도 확실히 고르고 솎아내야 한다. 자기의 미모는 별 볼일 없는데 성형으로 콧대를 올리고 머리에는 가발을 쓰고 짙은 화장으로 유권자를 속이는 팜므 파탈의 정치인이 가평에는 지금도 살아서 숨 쉬는 것이다. 능력도 없고 가진 것도 없는 초라한 여인이 남을 의지하고 외상으로 성형을 하고 남을 속이는 팜므 파탈의 정치인을 이번 선거에서 영원히 퇴출시켜야 하는 것이 우리 6만 군민들의 의무이다. 그래서 정치적인 카사노바나 정치적인 팜므 파탈의 후보자들이 다시는 이 아름다운 가평 땅에서 뿌리를 내릴 수 없도록 유권자들이 현명한 선택을 하여야 한다.

공약에 흔들리지 말고 유언비어(流言蜚語)에 속지 말고 고르고 또 골라서 이번 선거에는 정말로 훌륭한 후보자가 당선이 되는 그러한 가평을 우리는 만들어야 한다. 군민이 있어야 군정이 있는 것이고 군민이 올바른 사람을 선택해야 군정을 올바르게 할 수 있는 것이다. 알아야 면장을 한다는 속담이 있다. 천만 번 맞는 말이다. 알지도 아무것도 모르는 사람이 면장을 할 수는 없다. 정치나 학문이나 하루아침에 이루어지는 것은 아니다. 배움에도 길이 있고 정치에도 올바른 길이 있다. 무턱대고 이웃이라고 친하다고 선출을 하다가는 가평군이 무한정 뒤로 뒤로 밀려날 것이다. 후퇴 없는 전진으로 계속되어야 할 이 나라 대한민국이 지금은 꼼짝도 하지 못하고 수렁으로 빠져드는 모습이 너무나 안타까울 뿐이다.

●테이블 토크

슬로시티를 걷듯 참 좋은 사람 최성용 부의장

슬로시티에 슬로비디오를 보는 것 같은 사람, 가평군의회 최정용 부의장을 만났다. 바쁜 일과로 인하여 그의 사무실을 찾았다. 언제 만나도 반갑고 항상 그날이 그날 같은 사람이기에 최정용 부의장은 친근한 이웃으로 또는 아우로 형으로 지역 사회에서 평판이 매우 좋은 사람이다. 그의 인기와 선호도는 타의 추종을 불허하는 마력의 소유자인 것이다. 지난 6·13 지방선거에서 녹색 바람을 잠재우고 자유한국당 소속으로 지역의 최고 득표자로 1위 입성에 성공한 사람이다. 지난 4년간의 패배를 묵묵히 지역 주민들과 함께한 그였기에 가능한 일이다. 기자는 선거를 잘 안다. 누가 이기고 지는 것에 대한 예측은 좁은 지역 가평군에서는 얼마든지 가능한 일이다. 그리고 또한 그의 이번 선거에서의 당선은 그의 아내인 이윤규 여사의 성실성과 친밀감도 득표에 많은 영향을 주었다는 것이 지역의 여론이다. 부창부수(夫唱婦隨)라는 말이 있다. 부부는 닮아간다는 이야기이다. 최정용 의원의 오늘이 있기까지 묵묵히 뒷바라지해온 그의 가족과 모든 이들의 사랑이 오늘의 최정용 부의장을 만든 것이다. 슬로비디오처럼 모든 일을 넉넉히 그리고 차근차근 실천해나가는 최정용 의원. 그의 주위에서 그와 함께한 모든 사람들이 이구동성으로 하는 한마디가 있다. 참 좋은 사람! 기자도 이 말에 동감 또 동감을 한다. 그래서 그의 주위에는 사람들이 있고 정이 있는 것이다. 슬로비디오 같은 사람 최정용을 보면 행복해진다. 느릿느릿 황소걸음의 최정용이 있어서 가평은 그리고 상면 조종면은 행복하다. 그의 친형 최해용 의원도 2~3대 군의원 그리고 부의장을 지낸 사람이다.

진인사대천명

盡人事待天命

커다란 일을 벌여놓고 하늘의 뜻을 기다린다는 말이다. 이번 선거에도 철새처럼 자기의 이익을 위하여 날아다니던 철새 떼들이 떼죽음을 당하였다. 인과응보(因果應報)이다. 자기의 유익을 구하기 위하여 집권당이나 아니면 유리한 당으로 당적을 이리저리 옮겨간 철새 떼들이 떼죽음을 당한 것이다. 우리들은 정치적인 이익을 위해서 그리고 자기의 출세를 위하여 이 당 저 당을 옮겨 다니는 정치인들을 정치 철새들이라고 이야기를 한다.

예전에 필자가 젊었던 시절에는 정치 철새들보다는 낮에는 야당이고 밤에는 여당을 하는 사람들을 보고 사꾸라라는 일본식 표현을 써가며 욕을 한 것이 기억이 난다. 낮에는 야당을 하면서 밤에는 박정희 정권의 하수인들과 밀담을 나누는 사람을 사꾸라라고 불렀던 것이다. 그 대표적인 인물로 사꾸라론의 종지부를 찍은 사람이 전주의 이철승 의원이었다. 김대중, 김영삼, 이철승은 한 시대를 함께 살아간 인물들이다. 그런데 학력이나 경력이나 무엇 하나 뒤질 것이 없는 이철승만이 대권 고지를 밟아보지도 못하고 야인(野人)으로 힘들게 생을 마쳤다.

지금으로 말하면 소신도 없고 그저 자기의 이익을 위하여 정치적인 철새 노릇을 한 사람으로 정당이나 역사는 그를 그렇게 평가를 하고 있다. 이번 선거에도 이 당 저 당으로 당적을 옮기며 당선을 위하여 카멜레온의 옷을 갈아입었던 가평군의 정치 철새들이 된서리를 맞고 날개를 다쳐서 다시는 날아 오를 수 없는 날개 없는 철새로 일생을 보내는 아픔을 겪는 모습을 우리는 눈으로 지켜보았다. 정론이 승리하고 정직한 후보자가 당선되는 그러한 선거로 당선이 된 모든 후보자들에게 박수를 보낸다. 그리고 선전을 한 모든 후보자와 낙선이 된 후보자들에게는 진심 어린 위로를 함께 보낸다.

무슨 일을 벌여놓고 하늘의 뜻을 따르지 않은 역천자(逆天者)들은 이번 선거를 치르면서 수많은 고생을 하였을 것이다. 순리대로 주행을 하지 않으니 많은 무리가 뒤따랐을 것이고 또한 역주행으로 아니면 잦은 사고로 멈추어 선 후보자가 승리를 할 수는 없는 것이다. 오로지 하늘의 뜻대로 그저 조금씩 천천히 천천히 앞으로 나아갔던 후보자는 마지막 결승선상에서 승리의 그리고 환영의 꽃다발을 받았을 것이다. 그리고 그는 지지자들과 함께 승자의 눈물을 흘렸을 것이다.

이것이 하늘의 순리이고 이것이 인간이 사는 세상의 순리이다. 자기의 당선을 위하여 남을 헐뜯고 거짓말을 한 후보자들이 만약에 당선이 되었다면 그 당선자로 인하여 국민이나 군민이 입는 피해는 참으로 엄청나며 그리고 커다란 시행착오를 겪으며 혼돈의 세계가 시작이 되는 것이다. 정치인이란 거짓말을 밥 먹듯 하는 사람들이다. 구 러시아 속담에 정치인들이란 강이 없는 곳에 다리를 놓아주겠다 하는 사람들이라는 속담이 있다.

이 말 한마디로 모든 정치인들의 공약을 더 이상 믿을 수 없다는 논리로 압축이 되는 것이다. 정치인들이 얼마나 거짓말을 잘하면 강이 없는 곳에 다리를 놓아주겠다 하는가. 정치인들의 거짓말이야 말로 비디를 메워 육지로 연결을 시켜주겠다는 이야기를 우리는 들으며 믿으며 그를 선택하는 것이다. 정치인들이 선거에 내어놓는 공약은 모두 다 빌 공(空) 자 지킬 수 없는 약속이다. 다만 그들이 공약을 지켜가도록 지지자들이 함께 노력을 할 때만이 그들의 공약이 조금씩 실현이 되어가는 것이다.

민주주의가 고도로 발달이 된 미국에서조차도 정치인들의 공약을 물고 늘어지는 일이 없다는 사실을 우리는 알아야 한다. 우리가 선택한 사람이 승냥이인지 양인지는 두고 보아야 한다. 하지만 승냥이는 아무리 길을 들여도 양이 될 수 없다. 한 번 잘못 선택하여 승냥이를 선출하였다면 우리는 그 승냥이가 떠나기까지 4년 동안 그에게 정부의 곳간이나 가평군의 곳간을 맡길 수밖에 없는 것이다. 혹 이번 선거에 당선이 된 사람들 중에 승냥이가 있는지 눈 뜨고 지켜보아야 한다.

승냥이는 아무리 길을 들여도 순한 양이 될 수 없다는 이야기를 우리는 알고 있다. 우리는 이번에 당선된 모든 당선자들이 하늘의 뜻을 어기지 않아 선택을 받았다고 믿고 생각을 해야 한다. 숭고한 하늘의 뜻에 따라 당선이 된 후보자들과 가평군을 그리고 경기도를 함께 가야 하는 것이다. 진인사대천명으로 하늘의 뜻을 기다려왔던 기나긴 인고의 시간을 보낸 당선자들이 우리 군민을 하늘처럼 사랑하고 존경할 때 가평군의 희망이 있는 것이다.

●테이블 토크

언제 보아도 순수한 가평인 박창석

선거가 한창인 지난 6월 청평의 박창석을 만났다. 지난번 군수 선거에서 현 김성기 후보자에게 아쉽게 패배하여 재기 아닌 재기를 노리던 박창석. 그는 이번 선거에서도 자유한국당 가평군수 후보를 지원 신청하였지만 현 가평군수 김성기에게 경선에서 지는 아픔을 겪은 후보자였다. 그런데 그는 당당하게 경선에서 패배한 후에 바로 김성기 후보를 도와서 김성기 군수를 만드는 데 일조를 하였다. 그와의 대화에서 많은 성숙함을 그리고 가평을 사랑하는 마음을 읽었다. '나는 비록 경선에서는 패하였지만 자유한국당의 뜻이 김성기에게 있다는 사실을 알았다. 그래서 나는 경쟁자로서의 모든 자격을 내려놓고 자유한국당의 김성기 후보자를 위하여 백의종군하겠다'는 그의 유세를 들었다. 그중에서도 가장 가슴이 찡한 대목이 있다. '김성기 군수와 저는 한 학교 한 교실에서 공부를 한 친한 친구 사이이며 동문'이라는 말을 유세장에서 하였다. '그래서 나는 김성기를 군수로 만들기 위하여 이 자리에 섰다.' 그 당시 유권자들의 많은 지지를 받은 연설의 한 대목이다. 마치 링컨의 피츠버그 연설보다 더 아름다운 그의 연설을 생각해본다. 필자 또한 대중성 있는 연설을 누구보다도 잘 할 수 있다는 생각이다. 그런데 언론인이라는 공인 신분으로는 선거에서 대중연설을 할 수 없다는 것을 스스로 잘 알고 있다. 연사란 그리고 연설이란 상대방을 공격하는 네거티브는 실패한다. 상대방 후보에게 엎드려 석고대죄하라는 식의 연설은 상대방을 단합시키는 결과를 가져온다는 사실을 몰랐던 후보자는 낙선한다. 그런데 당선자는 그리고 박창석 연설원은 절대로 상대방 후보를 흠집 내지 않는 성공적인 연설원으로 연사로서 스스로 자기와의 싸움에서 승리를 한 것이다. 박창석, 그는 언제 만나도 반갑고 언제 보아도 순수한 가평인이다.

美의 완성은 아름다운 마음에서 나오는 것

우리들은 하루 아니 매일매일 이루어지는 일상 속에서 수많은 사람을 만난다. 그중에서도 아름다운 여인을 만나면 기분이 좋아지는 것은 동서고금을 통한 사실이며 진리이다. 그런데 아름다운 여인을 관찰하면 그 나름대로의 특색이 있다. 아름다운 여인은 절대로 상대방의 흉을 보지 않는다는 사실이다. 그리고 또한 남에게 피해를 주지 않는다는 사실이다. 남을 배려하고 남을 위하는 모습이 가슴에서 배어나온다. 아름다운 꽃 장미는 누가 보아도 이 세상 최고의 꽃이다. 그런데 그 장미에는 날카로운 가시가 돋쳐 있다. 아름답고 가냘픈 자기를 보호하려는 가시이지 남을 찌르려는 가시가 아니다. 서양의 클레오파트라도 동양의 양귀비도 모두들 아름다운 절세의 미인들이다. 그들의 공통점은 권력의 정점에 있었다는 사실이다. 동서양을 대표하는 양대 미인들이 권력의 끈을 놓을 수 없어 비참한 최후를 마친 것이다.

미인은 뭇 남성들의 로망이다. 그렇기 때문에 미인의 삶은 절대로 평탄치 못한 것이다. 아름다운 여인을 그냥 보고만 즐길 바보들은 없기 때문이다. 그래서 미인박명이라는 이야기가 있다. 미인들은 명이 짧거나 불행하다는 이야기이다. 남자 역시도 미남들은 불행한 경우가 많다. 카사노바의 기질을 가진 잘생긴 남자들로 인하여 가정이 파괴되고 사회적인 문제가 발생이 되니 말이다. 돈이 있으면 권력을 가지고 싶고 권력을 잡으면 미인과 돈을 가지고 싶은 것이 우리들 인간이기에 돈과 권력의 검은 그림자 그리고 밤을 지배하는 여인들의 이야기가 끝없이 탄생된다. 그래서 밤의 세계를 지배하는 것은 여인들이다. 그중에서도 아름다운 여인들의 밤의 세계가 시작이 되는 것이다.

이러한 악순환은 인류가 시작이 되고부터 지금까지 계속 이어져 오고 있다. 동서양의 환락가에는 최고의 미인들이 몰려 있다. 이 아름다운 꽃밭을 찾아가는 뭇 남성들로 인하여 밤의 세계가 이루어진다. 그 화려하고 퇴폐한 환락가에서 지고지순한 미인을 우리는 찾을 수 없다. 지고지순한 아름다운 마음의 양식을 가진 아름다운 미인들이 사는 곳은 우리가 사는 일반적인 사회이다. 그야말로 미인들의 양극화 현상이라고 말할 수 있다. 지고지순한 아름다운 여인들이 모여 사는 사회와 시쳇말로 빵빵하고 관능미를 가진 아름다운 여인들은 밤의 세계를 점령하고 있다. 그야말로 미인들의 양극화 현상이 지구상에 존재하는 것이다.

왜 하필 이 더운 여름날에 뜬금없이 미인들의 이야기를 글로 쓰는지 독자들의 궁금증이 일 텐데. 가평에는 우리 6만5천의 인구가 살아가고 있다. 그중에서 남자 반 여자 반으로 성비(性比)가 구성되어 있다. 이 많은 남자들 이 많은 여자들 중에서 정말로 가평을 위하고 사랑하는 사람들이 가평군의 미남이고 가평군의 미인인 것이다. 좀 심한 비유법이 아닐까 하는 생각도 든다. 칼럼을 쓰면서도 글한 자 그리고 글의 내용으로 다른 사람 즉 독자들의 뜻과 필자의 뜻이 일치하지 않는 대목이 상당수 있을 것이다. 그런 날은 어김없이 항의 전화나 격려의 전화가 온다. 격려 전화도 좋고 항의 전화도 모두 가평신문을 사랑하는 독자들의 이야기라 항상 마음을 가다듬고 겸허히 받아들인다.

미인은 만들어지는 것이다. 아름다운 외모에 살아 있는 지식을 겸비할 때 비로소 미인이 완성된다. 미남 또한 만들어지는 것이다. 잘생긴 외모에 풍부한 학식이나 지식이 있을 때 비로소 미남이나 미인으로 완성된다는 사실을 우리는 얼마나 알고 있을까. 아무리 양복을 잘 갖추어 입고 넥타이로 완전하게 코디를 완성하였다 해도 머리도 감지 않고 비듬이 뚝뚝 떨어지면 그리고 양복에 어울리는 구두를 맞추어 신지 않으면 신사의 품위와 품격이 떨어진다. 미인들의 조건도 똑같다. 아무리 고운 옷의 명품을 걸친다 해도 내면의 세계가 비어 있는 미인은 미인이 아니라는 이야기이다. 외모도 당당하고 내면의 세계도 아름다운 가평군의 선남 선녀, 미남 미녀들이 가평을 사랑하는 그러한 가평이 되었으면 얼마나 좋을까 하고 생각한다.

미의 완성이란 이렇게 어려운 것이다. 아름답고 화려한 것이 미의 기준이 아니다. 남에게 보여주기 위한 외모보다는 우리 자신을 그리고 가평군을 위하는 미의 완성을 이루어야 한다. 중국의 고전에 금의야행(錦衣夜行)이라는 이야기가 있다. 아름다운 비단옷을 입고 밤거리를 거닌들 아름다운 비단옷을 자랑할 수 없다는 이야기이다. 아름다운 비단옷은 태양이 빛나는 밝은 거리를 활보할 때 그 옷의 가치가 있는 것이다. 또한 좋은 차 역시도 밝은 날에 거리로 나와야 명품 차로서 가치를 발할 수 있다. 좋은 글 역시도 독자들의 공감대가 있어야 하는 것이고 좋은 글을 읽을 줄 아는 독자가 있어야 좋은 글이 탄생되는 것이다.

지금의 가평군은 양극화로 치닫고 있다. 선거로 진 앙금이 너무나 깊이 가라앉아서 떠오르지 않고 있다. 이제는 서로 마음의 문을 열고 서로를 이해하며 살아가는 그러한 시간이 필요하다. 시간이 지나고 또 시간이 흐르면 상처의 아픔도 상처의 흔적도 작아지는 게 사실이다. 얼굴에 난 상처보다 마음에 난 상처가 더 깊다. 유년기에 겪은 서러운 마음이 오래가는 것처럼 말이다. 선거도 끝이 났고 당선자들도 모두들 제자리를 찾아갔다. 그리고 낙선자들도 제자리로 돌아갔다. 이제는 우리가 제자리로 돌아갈 차례이다. 그래서 우리 6만 군민이 하나가 되어서 이 어려운 난국을 헤쳐나가야 한다.

얼마 전에 캐나다에 사는 혜정이라는 여동생한테 전화가 왔다. 며칠 전에 고향을 찾아왔는데 아는 사람이 아무도 없는 것이 슬프더라는 이야기를 들었다. 그런데 그날 행사장에서 그 혜정이가 나의 옆에 앉아 있었고 나의 옆을 스쳐가도 초등학교 2학년이던 혜정이 그리고 그 당시 초등학교 6학년이던 필자가 서로 모를 수밖에 없었던 이유가 세월 때문이었다. 필자는 초등학교를 졸업하고 서울로 훌쩍 유학을 떠나서 유년기를 내 사랑하는 가평을 떠나 잃어버렸기 때문이다. 어릴 적 오빠 손을 잡고 잠자리를 잡아달라며 떼를 쓰던 혜정이가 찾아오는 날 나는 예전처럼 혜정이한테 잠자리를 잡아줄까, 아니면 아름다운 가평의 마음을 전해줄까.

●테이블 토크

가평 아가씨 가수 오은정

가평을 사랑하고 가평을 좋아하는 가수 오은정을 만났다. 가평이 좋고 가평 사람들이 좋아서 가평에 살고 있는 오은정은 여전히 가평 아가씨이다. 바람결에 들려오는 고향의 물소리, 철없던 시절 너랑 나랑 산꽃 들꽃 따러 다녔지. 노랫말보다도 가평을 사랑하는 가수 오은정은 순수 가평인이다. 그가 늘 꿈속에서도 사랑하는 그의 고향 가평읍 두밀리에서 살고 있다. 연예인이지만 절대로 연예인 티를 내지 않는 것이 그를 좋아하고 사랑하는 모든 사람들의 한결같은 이야기이다. 이웃집 아줌마 같고 잠시 만나면 금방 언니 동생이 되는 그러한 성품의 소유자이다. 그래서 그의 곁에는 항상 사람들이 모이는 것이다. 마음씨가 좋아서 자기보다는 남을 위하고 배려할 줄 아는 정말로 좋은 가평 사람이다. 항상 자기가 손해를 보며 살아가는, 남을 위하고 남을 배려하는 모습이 자랑스럽다. 오은정, 그는 울산 아리랑이라는 노래로 한동안 국민 가수로 전국을 누비던 자랑스러운 가평의 딸이었다. 전국 어느 곳을 가든지 가평을 자랑하고 가평을 사랑해서 앵콜 송은 항상 그가 작사한 가평 아가씨를 부르며 가평을 자랑하는 가평의 홍보대사 역할을 톡톡히 하는 가평 사람이다. 가평이 좋고 가평을 사랑하는 가평 아가씨 오은정. 이번에 가평에 뮤직빌리지가 완공이 되면 가평 아가씨 노래비가 세워진다는 이야기를 그에게 들었다. 가평을 대표하고 가평을 사랑하는 가평 아가씨 가수 오은정이 있어서 가평인 모두는 행복하다.

슬픈 영화처럼 끝이 나면 안 되는 이유

슬픈 영화를 보면 눈물이 납니다, 슬퍼서 우는 것이고 주인공의 슬픔이 나의 슬픔이기 때문입니다, 슬픈 영화는 날 울려줘요,라는 팝송이 생각이 난다. 밝은 불이 켜지고 뉴스가 끝날 때 그이와 나란히 앉은 사람이 자기의 연인이었다는 슬픈 영화의 주제곡이다. 우리들은 흔히 이 곡을 새드 무비라고 흥얼거리는 팝송인 것이다. 어찌 되었든 간에 지금의 대한민국의 현주소가 새드 무비이다. 즉 슬픈 영화란 이야기이다. 정체성 없이 표류하는 문재인 정부를 보면서 말문이 막히고 기가 막힌 현실에 그냥 혼자서 슬피 울 수도 없는 지경으로 이 나라 대한민국을 끌고 나가고 있는 것이다. 그래서 슬퍼서 울고 분해서 울고픈 심정이다. 어떻게 이루어낸 이룩한 대한민국인데 독재(獨裁)로 독주(獨走)로 대한민국을 마구 끌고 가는 그들의 세력에 경악을 느끼고 몸서리쳐질 정도로 두려움을 느끼고 있다.

대한민국이 문재인의 나라인지 묻고 싶다. 대한민국은 대한민국 국민의 것이다. 한 사람 개인의 나라가 아니란 이야기이다. 원자력 발전소도 마음대로, 기무사 계엄령 문건도 대통령 마음대로, 세상에 이러한 나라가 어디에 있는지 묻고 싶다. 이러한 독재를 그저 보고만 있자니 슬프고 마음이 아프다. 집권자는 민생을 걱정해야 하고 국가의 안보를 무엇보다도 우선으로 생각해야 하는 것인데 국가 안보도 민생도 뒷전이고 모두를 적폐로 몰아가는 요즈음 대한민국은 멈추어 서 있는 것이다. 참으로 한심하고 정지된 시대를 살아가는 것이다. 대기업과 중소 상인들은 최저임금으로 방향을 잃어가고 목소리 큰 소수가 대한민국을 움직이니 보이지 않는 다수의 사람들의 한숨 소리와 억눌림으로 슬픈 나라가 되어가고 있다. 대통령이 바뀌면 희망이 있고 국민이 화합이 되고 기업이 살판이 나야 되는 것인데 국민도 대기업도 희망도 사라진 대한민국을 살아가고 있다. 참으로 아픈 세월을 우리 모두는 살아가고 있다.

희망도 보이지 않고 화합도 할 수 없을 정도로 그들은 자기들의 반대 세력을 모두 다 적폐로 규정하고 있으니 우리나라의 앞날이 안개 속에서 헤매고 방향을 잃고 표류하는 대한민국호가 되어가고 있다. 배의 선장을 잘못 만난 것이다. 이 배를 어디로 끌고 가는지 우리 모두는 모르고 그저 선장 한 사람이 대한민국의 운명을 손에 쥐고 항해를 하는 배에 우리는 운명을 맡길 수밖에 없는 정말로 위험천만한 항해를 계속하고 있다. 어디서 좌초가 될지 어느 곳에서 난파선의 운명을 맞을지 모르는 심각한 항해를 하는 것이 아닌가. 근심과 걱정이 태산이다. 그래서 슬퍼서 소리 내어 엉엉 울고픈 심정이다.

이명박 대통령은 좌파들이 미국산 쇠고기 수입 반대로 발목을 잡아 놓았고, 박근혜 대통령은 세월호로 발목을 잡고 두 손 두 발을 꽁꽁 묶어 놓아서 국정을 꼼짝도 할 수 없이 묶어 놓았던 그들에게 정권을 헌납한 새누리당의 탈당파들로 인하여 현재의 위기 정국이 탄생한 것이다. 그래서 박근혜 대통령 탄핵에 앞장을 섰던 김무성은 다음 선거에 출마를 포기한다는 선언을 한 모양이다. 김무성처럼 앞장을 서서 탄핵을 지지한 현 자유한국당의 국회의원들은 다음 선거에서 국민들의 철퇴를 맞을 것이다. 탄핵 지지 국회의원들은 단 한 사람도 생존을 할 수 없을 것이란 이야기이다. 남의 가슴에 비수를 그리고 국민의 등 뒤에 커다란 비수를 꽂은 그 당시 새누리당의 국회의원 탈당파들로 인하여 오늘의 이 위험천만한 정권이 탄생이 된 것이다.

새누리당 탈당파 전원이 정치를 떠나는 날이 언제나 올 것인가. 인과응보로 그들을 응징해야 하는데 말이다. 우리 가평 포천의 김영우 국회의원도 새누리당을 탈당하여 박근혜의 탄핵을 앞장을 서서 돕고 지금은 자기의 고향인 자유한국당으로 돌아온 역사적인 인물이다. 이렇게 희망도 없는 나라를 만드는 데 앞장을 선 이들을 믿고 국회의원이라는 배지를 달아준 가평군민이기에 필자는 분하고도 부끄러움에 치를 떨고 있다. 이 찜통 같은 더위에 견디기 힘든 문재인의 독주와 독재에 모든 희망이 사라져버리는 아픔으로 한여름을 보내고 있다. 절망의 끝은 희망이라는 이야기가 있다. 이러한 절망 속에서 희망을 이야기하는 것 자체가 희망이 없다는 이야기이다.

이육사 시인의 '내 고장 칠월은 / 청포도 익어가는 계절 // 이 마을 전설이 주저리주저리 열리고 / 먼데 하늘이 꿈꾸며 알알이 들어와 박혀 // (중략) 아이야, 우리 식탁엔 은쟁반에 / 하이얀 모시 수건을 마련해 두렴'이라는 시 구절이 생각이 난다. 가평은 포도의 고장이다. 육사가 생각한 자기의 청포도 익어가는 고향보다도 더 아름다운 운악산 포도의 고향이다. 전국 최고의 가격, 전국 최고의 당도를 자랑하는 운악산 포도도 올해는 희망을 잃어 버렸단다. 고르지 못한 날씨로 인하여 화진이 오고 또한 꽃이 필 때 날씨가 추워서 포도 농가는 작년의 절반 수준으로 출하가 어렵다는 이야기를 들었다. 포도 농가들의 아쉬움이나 나라가 엉망으로 되어가는 꼴이나 모두들 한숨으로 오늘의 대한민국을 살아가고 있다.

이렇게 희망도 없는 대한민국, 국가가 국민을 걱정하는 나라가 아닌 국민이 국가를 걱정하는 나라로 변한 대한민국의 현실에 애써 눈을 돌리려 하지만 눈조차 돌릴 수 없는 현실에 발을 동동 구를 뿐이다. 국가의 존망이 걸려 있는 북핵 문제를 그대로 놔두고 오로지 북한에게 고개를 숙이며 그들의 마음대로 대한민국을 이끌고 가는 것이 아닌지 근심이 태산 같다. 필자 한 사람이 나라를 걱정하고 가평을 걱정한다고 나라가 좋아지고 가평군이 좋아지는 것은 아니다.

먼젓번에 김성기 자유한국당 선방이라는 기사를 썼더니 다음 날 독자한테서 전화가 왔다. 자유한국당이 당선된 것이 부끄럽지 무엇이 자랑스러운 일이냐고 가평군이 창피한 줄 알라는 그 독자의 목소리가 생생하다. 그러면 민주당이 모두 다 당선이 되어야 가평군이 창피하지 않은지도 궁금한 대목이다. 이렇게 독주(獨走)를 하며 국민을 우습게 알고 횡포를 부리는 민주당이 모조리 당선되고 가평군을 대표하는 민주당 후보자가 가평군수로 당선이 되어야 창피하지 않다는 이야기인가. 독자들에게 묻고 싶은 대목이다.

슬픈 영화처럼 흘러가는 대한민국의 현실이 안타깝다. 슬픈 영화를 보면서 흘리는 눈물이 아니라 슬픈 영화 뒤에 오는 감동적인 장면으로 눈물을 흘리고 싶다. 그야말로 밝은 불이 켜지고 영화가 끝날 때 모든 관객이 기립하여 박수 치는 그러한 훌륭한 대한민국의 지도자는 언제나 탄생할 것인가. 국운이 걸려 있는 이러한 중차대한 시기에 다음 선거에는 국민을 위하는 국가를 위하는 자랑스러운 국민들의 환호를 받는 대통령이 탄생되는 꿈을 꿔본다. 그래도 꿈을 꾸기에 우리는 행복한 것이다. 무소불위의 힘으로 정국을 주도해나가는 세력들로 인하여 대한민국도 가평군도 심한 몸살을 앓고 있다. 그래서 다음 대통령 선거에는 국민을 사랑하고 국가의 안보를 걱정하는 훌륭하고 국민들이 국가를 걱정하지 않는 대통령이 나오기를 고대하면서 이렇게 글로나마 잠시 위안을 삼는다. 무더위보다도 무서운 대한민국의 현실이 안타까울 뿐이다.

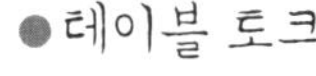

●테이블 토크

철학적인 두뇌의 소유자 김진복 청평정미소 회장

김진복(82) 청평정미소 회장은 청평면 출신이다. 청평에서 자라 초·중·고교를 청평에서 다녔고, 서울에서 대학을 나온 전형적인 가평 사람이다. 해학(諧謔)적인 성품에 지식이 풍부한 사람이다. 청평면의 역사 그리고 가평을 사랑하는 김진복 씨는 항상 사물을 연구하고 생로병사에 대해 누구보다도 깊게 생각하고 또한 모든 만물의 성장과 죽음을 생각하는 약간은 철학적인 두뇌의 소유자이다. 선이 굵어서 싫고 좋고가 분명하며 자기가 선호하는 사람들이나 사물에는 깊은 애정을 주는 사람이다. 호불호가 분명하기에 그의 주위 사람들이 김진복을 평가하는 기준은 제각각이다. 하지만 누구보다 가평을 사랑하고 청평을 사랑한다는 데는 이견이 없다. 예전의 의리를 중요시 여기며 한 번 맺은 인연을 오래 가지고 가는 끈질긴 성품의 소유자다. 자수성가로 청평면 굴지의 재력가로 성장한 그의 성공담은 매우 감동적이다. 수많은 노력으로 오늘의 부를 축적한 김진복. 하지만 돈보다 건강을 우선시하는 나이가 되었다. 부쩍 건강을 챙기는 모습을 보면서 돈, 명예, 건강 중에 가장 중요한 게 건강이라는 사실을 느꼈다. 요즈음 건강 문제로 고민하는 김진복 회장의 건강과 아울러 해학적인 그와의 만남이 오래도록 계속되었으면 하는 바람이다.

한여름에 크리스마스를 생각한다

한여름이다. 온 대지가 이글이글 타오르고 있다. 그것도 기상청 관측 이래 처음으로 어제는 홍천이 41도를 넘었다는 기사를 보았다. 우리 사는 가평군 역시도 비공인 40.6도가 넘었다는 일간지의 기사를 보았다. 지금 우리는 폭염 공화국에서 살고 있다. 아프리카의 더위를 겁낼 것이 없는 펄펄 끓는 대한민국에서 살고 있다. 덥다기보다는 가히 살인적인 더위에서 일상이 이루어지는 것이다. 거리에는 사람이 안 보이고 자동차가 헉헉거리며 신음을 하고 달리고 있다.

이렇게 더운 날인데 새벽 일찍이 조간신문의 헤드라인은 온통 나라의 부채와 일방적으로 북한으로 끌려다니는 문 정부의 모순으로 도배가 되어 있다. 정말로 더위를 이기기에는 역부족으로 대한민국도 갈피를 잡지 못하고 있는 모습이다. 지금이 새벽 다섯 시이다. 그런데 이미 가평의 기온은 30도를 웃돌고 체감온도는 32도라는 핸드폰의 액정 표시가 오늘 하루를 공포로 몰고 가고 있다. 정말로 한겨울의 추위도 무섭지만 한여름의 더위도 이렇게 무서운 것인가 하는 생각이 든다.

이럴 때일수록 정부에서는 국민이 시원함을 느낄 수 있도록 청량감 있는 정책을 내놓아야 하는데 아침에 일어나면 온통 나라가 어지럽다는 소식만 들린다. 최저임금 그리고 엊그제는 영국이 한국의 원지로 산업을 믿을 수 없다며 한국과의 원자로 협정을 중단하는 사태로 인하여 22조 원의 국가 이익이 날아가버렸다는 기사를 보았다. 세계 최고의 원자력 기술 국가가 한없이 끝없이 날개를 잃은 철새처럼 끝없이 끝없이 추락을 하는 것이다. 이러다보니 온 국민들이 스트레스를 받아 더위보다도 무서운 나라 걱정으로 곱배기 더위를 느끼고 있다.

정말로 미치도록 더운 날씨다. 우리가 잘 아는 김삿갓[金立]은 솜바지 저고리 한 벌로 1년을 보냈다는 기록을 보았다. 이 더위에 반바지를 입어도 숨이 목까지 차오르는데 솜바지를 입고 여름을 보낸 김삿갓의 기행(奇行)을 우리는 알 수가 없다. 그런데 만일에 김삿갓이 오늘의 대한민국의 현실과 더위를 체감하였다면 그는 어떠한 생각을 하였을까. 아마도 김삿갓은 머리가 돌았을 것이라고 생각한다. 할아버지 김익순을 역적으로 몰아서 장원 급제를 한 김삿갓은 집에 돌아와서야 김익순이 자기 할아버지였다는 사실을 알고 그 길로 집을 나가 팔도 유람을 하고 하늘이 보기 부끄러워서 삿갓을 쓰고 일생을 유유자적한 기인이며 당대 최고의 해학 시인이었다. 그 김삿갓이 여주에서 살다 가평에서 한 2년 정도 살다가 영월로 들어갔다는 기록으로 볼 때에 여주에서 배를 타고 이삿짐을 부린 곳이 지금의 북한강 변의 금대리 아니면 호명리였을 가능성이 높다. 하지만 김삿갓이 가평에 살았다는 기록만 있을 뿐 그가 어느 곳에 이주를 하여 살았는지는 정확히 알 수가 없다.

너무나 더우니까 글 쓰기조차 힘이 든다. 정권을 잡은 자들은 국가의 공짜 전기를 쓰며 시원한 에어컨을 하루 온종일 발이 시리도록 켜놓고 살고 있지만 우리 같은 가난한 서민들은 전기료가 무서워서 호랑이가 곶감을 무서워하는 것처럼 에어컨을 마음 놓고 사용 못하고 있다. 그래서 한여름에 크리스마스를 생각하며 글을 써 내려가는 것이다. 흰 눈이 내리는 크리스마스가 오면 거리에는 예쁜 크리스마스 트리가 반짝이는 작은 전구의 불빛을 자랑하며 스피커에서 흘러나오는 아기 예수 탄생을 축하하는 크리스마스 캐럴이 그리워지는 것이다. 나 그날이 오면 그날이 오면 이 더위를 잊어버리고 사랑하는 사람들과 이야기를 하면서 기분 좋은 거리를 걸어가는 모습을 그리는 것이다. 또한 그날이 오면 올 수만 있다면 우리 국민들이 존경하고 사랑하는 좋은 정부와 좋은 대통령을 만나는 꿈을 꾼다.

이렇게 날씨가 더운데 매일같이 흘러나오는 것은 찜통보다도 더 힘겨운 뉴스만 흘러나오니 대한민국이 덥고 우리가 사는 가평군이 뜨겁도록 더운 것이다. 그래서 이렇게 한여름에 크리스마스를 기다리며 글을 써가는 것이다. 사람들이 살아가는 가장 쾌적한 온도가 24도에서 오르락내리락 하는 온도와 습도가 가장 즐겁고 일에도 능률이 오르고 또한 생산성도 배가가 된다고 한다. 그런데 연일 38도 이상을 기록하는 날이 벌써 한 달여 계속되고 있으니 지금의 대한민국이 폭염 공화국이 된 것이다. 손오공이 고생을 한 중국의 화염산의 온도가 45도 정도 된다고 알고 있다. 구들장보다도 뜨거운 대지 위를 달리는 자동차들도 힘에 겹다. 중국의 화염산이라고 불리는 손오공의 무대인 화염산이나 지금 한국의 모든 산하가 화염산으로 변해가고 있다. 아이스크림이나 시원한 얼음물 한 잔으로 더위를 이기기에는 역부족이다. 그저 더운 곳을 피하여 작은 선풍기 하나로 납작 엎드려 있을 대한민국 그리고 가평의 가난한 사람들을 위하여 한여름의 크리스마스보다 더 청량한 글을 써 주고 싶은 마음이다.

그런데 아무리 좋은 글을 쓰려고 하여도 지금 현재의 대한민국 상황에서는 시원하고 좋은 글을 쓸 수 없는 것이 필자를 슬프게 한다. 국가의 시책이 국가의 안보가 우선으로 서민들이 잘살고 기업을 하기 좋은 나라로 만들어가는 모습을 보여준다면 이 정도 더위는 김삿갓처럼 솜바지를 입고도 견딜 만하고 즐거울 것이다. 그런데 영국에서 22조 원의 원자로를 한국이 원자로를 포기하는 바람에 국익에 커다란 손해를 보고 대기업이나 중소기업이나 영세 상인들이 한숨만 내쉬고 있는 현재 상황이니 지금의 대한민국은 그리고 우리 사는 가평군은 그야말로 폭염 공화국일 뿐이다.

좀처럼 사무실의 온도가 내려가지 않는다. 덥다, 정말로 덥다. 그리고 생각을 한다. 국민들의 어설픈 지지로 정권을 잡은 자들은 지금 에어컨 속에서 손발이 시리도록 호사스러운 생활을 하고 있는데 우리 같은 서민들은 전기세가 무서워서 에어컨의 버튼을 누르는 것을 겁먹고 작은 선풍기 앞에서 삼복더위를 견디며 오기로 한여름을 보내고 있다. 언젠가 좋은 날이 오면 그때는 하이얀 은쟁반에 잘 익은 운악산 포도를 가득 담아서 내 사랑하는 모든 우리 가평군민들과 함께 나누어 먹는 그런 여름날의 크리스마스를 그리며 그날이 오면 필자는 아무리 더워도 솜바지를 입어도 덥지 않은 시원한 그날을 기다리며 한여름의 크리스마스를 기다린다. 한여름의 크리스마스처럼 시원한 가을의 맑은 하늘과 그리고 계절이 바뀌면 우리 사는 가평에도 정말로 아름다운 낙엽이 거리를 뒹굴고 또한 겨울에는 흰 눈이 온 대지를 하얗게 덮어가는 아름다운 가평의 좋은 날 그런 한여름의 크리스마스를 기다린다.

●테이블 토크

가평을 사랑하는 여인, 작가 권혜정

까만 안경테 너머로 반짝이는 예쁜 눈을 가진 가평 출신 작가 권혜정을 만났다. 기자와는 상면초등학교 선후배 사이이다. 물론 권혜정이 후배다. 어릴 적의 초등학교 시절이 생각이 난다. 나는 6학년이고 혜정이는 2학년이었다. 그런데 그로부터 50여 년 만에 권혜정을 보았다. 어릴 적 모습이 그대로 남아 있는 혜정이, 아니 작가 선생님 권혜정이라고 부르는 것이 맞는 이야기일 것이다. 그런데 어릴 적에도 사물에 관심이 많고 유난히도 호기심이 많던 혜정이, 잠자리를 잡으려던 혜정이를 놀래켜서 잠자리가 날아가자 내 손을 꼭 붙잡고 잠자리를 잡아내라던 혜정이는 가평에서 학교를 졸업하고 일본에서 대학을 졸업하고 그리고 그 후에 캐나다에 살다가 여름방학을 맞아서 딸과 함께 그가 자라난 대한민국 그리고 그의 고향 가평을 찾아왔다. 이제는 굉장한 나이를 가졌음에도 혜정이는 예쁘고 당당하고 자기 소신이 뚜렷한 여인으로 대한민국의 아줌마가 되어 있었다. 아줌마 권혜정은 어울리지 않는 말이다. 왈가닥 루시처럼 모든 사물을 모든 사람들을 즐겁게 하고 가평을 사랑하는 여인으로 변해버린 혜정이가 자랑스럽고 사랑스럽다. 그의 말이 생각난다. '나는 뉴요커 아니면 외지인인 줄 알았는데 어느 사이에 나는 뼛속 깊이 가평 사람이었다는 사실을 느낀다'는 권혜정. 이제 얼마 있으면 혜정이는 그가 사는 캐나다로 돌아간다. 내년에도 아니 방학 때면 또 다시 한국을 찾아올 혜정이가 기다려진다. 자랑스러운 혜정아, 잘 다녀와라.

나는 우담바라를 보았다

불가에서 삼천 년에 한 번 핀다는 꽃이 부처님의 꽃 우담바라다. 삼천 년을 살지도 보지도 못하니 그저 우담바라는 상상의 꽃인 것이리라. 그런데 나는 우담바라를 보았다. 마음속에 핀 우담바라를 본 것이다. 우담바라는 아름다운 꽃이 아니다. 다만 내가 본 우담바라는 아무런 의미도 없는 상상의 꽃이니 말이다. 색깔도 없고 예쁘지도 화려하지도 않은 우담바라를 보기 위하여 필자는 삼천 년을 기다리지도 기다릴 수도 없기에 마음속의 꽃 상상의 꽃 우담바라를 혼자만 본 것이다. 아니 지금도 내 마음의 우담바라가 피어 있다. 우담바라는 마음의 꽃이다. 우담바라는 상상의 꽃이기에 우담바라는 우리들 아니 필자의 마음에 피어 있는 것이다. 그렇게 몇 천 년을 기다려도 볼 수 없다는 우담바라는 내 마음의 꽃이다. 화려하지도 잎새도 없고 줄기도 없는 꽃이 우담바라이다.

한여름에 왜 뜬금없이 우담바라 이야기를 하느냐는 독자들의 궁금증에 필자가 본 우담바라의 이야기를 들려주고 싶다. 그렇게 마음을 비우고 가평을 사랑하는 그리고 이웃을 사랑하는 모든 독자들은 우리 모두가 보고 싶고 꿈에서조차도 볼 수 없다는 마음의 우담바라를 볼 수 있으니 말이다. 우담바라는 마음에 피는 꽃이다. 우담바라를 보려면 마음을 비워야 한다. 무슨 선문답을 하느냐는 독자도 있을 것이다. 그런데 그렇게 아니 평생을 아니 평생보다도 삼천 년에 한 번 핀다는 우담바라를 볼 수 있는 필자는 행복하다. 마음에 핀 우담바라를 보면서 한여름의 찜통더위를 이길 수 있었고 짜증 나는 세상사를 잊을 수 있었으니 얼마나 행복한가. 행복이란 것도 우담바라의 꽃도 모두 다 내 마음에 있으니 정말로 기분이 좋은 것이다.

우리 사는 가평 땅, 천혜의 자연에 둘러싸여 있고 조금만 걸어가면 만나는 아름다운 경관과 자연이 바로 우담바라가 아니고 무엇이겠는가. 눈을 돌려 조금만 그리 깊지도 않은 계곡 아름다운 물소리를 들으면 작은 샘이 흐르는 서늘한 곳에 우담바라가 피어 있다. 꽃이 피지 않는 봄은 없다. 그러기 때문에 우담바라가 피지 않는 날도 없다. 다만 사람들이 봄의 꽃은 구경을 할 수가 있지만 우담바라를 찾는 혜안이 없을 뿐이다. 꽃은 상처를 안고 태어난다. 상처가 없는 꽃은 피울 수 없기 때문이다. 미당 서정주의 국화라는 시가 있다. 한 송이 국화꽃을 피우기 위하여 봄부터 소쩍새는 그렇게 울었고 한여름에 천둥이 내리치는 것을 서정주는 알았던 것이다. 한 송이 꽃을 피우기 위하여 몸통에 상처를 내고 새로운 꽃가지에 얼굴을 내미는 한 송이 꽃은 상처 속에서 피어나는 것이다. 꽃이란 상처가 없으면 필 수 없다는 숭고한 진리를 우리는 얼마나 알고 있을까. 이 평범한 진리를 모르니 우담바라를 볼 수가 없는 것이다.

한여름의 폭염도 지나고 이제 우리 사는 가평의 아름다운 들녘에는 오곡백과가 무르익는 결실의 계절 가을이 왔다. 가을의 황금 들녘 누렇게 익어가는 황금 벼이삭 지붕 위에 덩그라니 올라 앉아 있는 황금빛 호박 그리고 빨갛게 익어가는 가을의 대추. 이 모두가 가평의 우담바라이다. 이 많은 우담바라를 그저 무심히 보기 때문에 삼천 년에 한 번 꽃을 피운다는 우담바라를 찾는 것이리라. 슬프고 즐겁고 외롭고 행복한 모든 것이 자기의 마음에서 우러나온다는 평범한 진리에 그저 고개가 숙여질 뿐이다.

견디기 어려울 정도의 폭염을 우리는 정말로 잘 견디어냈다. 얼마나 더운지 연일 40여 도를 육박하는 수은주를 보면서 여름의 크리스마스를 생각하고 보냈던 올여름의 무더위는 가히 살인적이었다. 그래도 그 더위를 이겨낸 뿌리 깊은 나무에서는 탐스러운 가을의 과일이 주렁주렁 열매를 맺었고, 그 더위를 견디지 못한 뿌리 얕은 식물들은 이미 생을 다하고 누렇게 잎이 말라가는 것을 보았다. 뿌리 깊은 동네의 천 년 되는 느티나무 고목은 고고(孤高)하게 푸르른 잎을 자랑하며 시원한 그늘을 만들어주는 고마움에 우리들은 살아가고 있다. 천혜의 자연이 살아 숨 쉬는 가평 땅 이 아름다운 가평에서 산다는 것이 그리고 이 아름다운 가평에서 여름을 보낼 수 있다는 것이 감사하고 행복하다.

이제 여름은 지나가고 있다. 한여름 뜨거운 태양 아래서 유영을 하던 고추잠자리의 날개가 이제는 다 너덜너덜하여지고 고추잠자리마저도 한여름의 생을 마감하는 가을이 성큼 다가서 있다. 가는 것이 있으면 오는 것이 있는 것이다. 또한 얻는 것이 있으면 잃는 것이 있는 법이다. 이것이 인간사이며 이것이 순리이다. 전쟁에서 이긴 자는 군사를 잃었고 전쟁에서 진 자는 자유를 잃는다. 이기고 지는 것도 하늘의 순리이고 하늘의 법칙이다. 그래서 사람들은 우담바라를 찾는 것이고 삼천 년에 한 번도 피지 않는 상상의 꽃 우담바라를 보았다고 하는 것이다. 이렇게 한여름의 우담바라를 바라보다가 어느 사이에 가을이 슬그머니 우리들 곁에 서 있는 것이다. 아니 서 있다는 표현보다는 여름이 지나가고 가을의 흐름이 우리를 향하여 슬그머니 다가서고 있다는 말이다.

계절은 속일 수 없고 나이는 감출 수 없는 것. 한여름에도 나이를 먹고 시원한 가을에도 우리들은 나이를 먹는다. 흐르는 세월을 감추기 위하여 얼굴 성형을 한 여인들의 얼굴에도 웃을 수조차 없도록 통통하게 인위적으로 성형 수술로 고쳐진 얼굴에도 세월의 두께가 내려앉는다. 성형 수술을 한 얼굴보다는 자연스럽게 나이를 먹는 여인이 아름답고, 사람이 만든 인조화(人造花)보다는 자연 속에서 피어난 야생화가 아름답다. 그러한 사람들은 자연의 우담바라를 볼 수 없지만 순수한 우리들 가평인의 눈에는 삼천 년에 한 번 핀다는 우담바라를 볼 수 있다.

길고 길었던 여름을 보낸 우리 모두에게 가평을 사랑하는 모든 이들에게 가을의 들녘보다도 더 풍요로운 가평의 자연을 선물하고 싶다. 웃지 않는 마네킹처럼 그리고 패션쇼에 등장하는 무표정한 모델들보다도 더 아름다운 가평에 살고 있다는 것이 자랑스럽고 행복하고 사랑스럽다. 그래서 이 더운 여름 아니 뜨거운 여름을 보낸 우리 아름다운 모든 사람들에게 우리들과 함께한 모든 자연들과 감사한 가을을 맞는 것이다. 이렇게 힘든 여름을 보낸 뒤에 찾아온 가을 그 아름다운 가을 들녘에 가평인을 위한 우담바라도 함께 있으니 이 긴 여름을 보낸 모든 이들에게 우담바라를 선물한다.

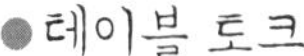

●테이블 토크

인자무적의 가평군 농협 김득이 상무

가평군 농협 하나로 마트를 총괄하는 김득이 상무를 만났다. 체감온도가 50도가 넘는 한여름 농협 하나로 마트 주차장에서 밀짚모자를 눌러쓰고 들어오는 고객의 차량을 일일이 주차장으로 안내하는 그를 보았다. 항상 겸손하고 모든 사람들이 좋아하는 농협 넘버원 맨이다. 직원들도 동료들도 김득이 상무를 싫어하는 사람을 만나본 적이 없다. 그야말로 인자무적(仁者無敵)의 사람이다. 그래서 그의 주위에는 항상 사람들이 모이고 몰려다닌다. 그는 남의 흉을 보지 않는다. 항상 약자의 편이고 직원들의 편이다. 직원들의 어려움이나 고민을 김득이는 함께 풀어나가고 헤쳐나가는 정말로 좋은 사람이다. 기자가 누구를 흉을 보면 김득이 상무는 그의 좋은 점을 먼저 찾아서 기자의 말문을 막아버리는 사람이다. 그만큼 모든 것을 이해하고 조직의 장으로서 한 점 부끄럼도 없는 사람이다. 거구의 몸으로 한여름의 태양을 머리에 이고 이글거리는 아스팔트에서 하나로 마트의 매상을 위해서 그리고 농민 조합원을 위해서 땀을 흘리는 김득이 상무. 한여름의 뜨거운 태양보다도 더 뜨거운 사랑을 나눌 줄 아는 김득이 상무가 있어서 가평은 행복하고 농협은 김득이 상무가 있어 행복하다.

사랑할 때는 사랑이 보이지 않는 법이다

믿음, 소망, 사랑, 그중에 제일은 사랑이라는 성경 구절이 있다. 믿음도 좋고 소망도 좋지만 그것보다도 더 절실히 필요한 것이 사랑이다. 비록 성경 구절이 아니더라도 믿음도 필요하고 살아가는 데 희망도 소망도 필요하지만 그중에 제일은 역시 사랑이다. 부모 자식 간에 사랑도 그리고 이웃과의 사랑도 연인들 간의 사랑도 그 무엇과도 바꿀 수 없는 것이 사랑이다. 그런데 이웃을 사랑하면서 느끼는 것은 이웃을 사랑할 때 사랑을 주는 것이기에 사랑을 모른다. 하지만 이웃의 배신으로 상처를 입을 때 그동안에 사랑을 준 것이 너무나도 분하고 괘씸하기에 사랑을 주었던 아픈 기억을 혼자서 생각을 하게 된다. 연인과의 뜨겁던 사랑도 사랑의 배신으로 돌아온 뒤에야 사랑의 배신을 느끼는 것이다. 이웃을 사랑하고 친구를 사랑하고 그보다는 가족을 우선적으로 사랑을 하는 것이 동서고금을 통한 진리이다.

지금 우리들은 누구를 사랑하고 있는 것일까. 국가를 사랑하고 이웃을 사랑하고 우리 사는 가평을 사랑하는 군민들은 몇 사람이나 될까. 글을 쓰면서 생각해본다. 필자는 대한민국을 사랑하고 대한민국을 자랑스럽게 생각하던 사람이었다. 그런데 지금의 대한민국을 사랑할 수 없기에 마음이 늘 우울하다. 삼천리 반도의 아름다운 자연과 이웃들이 오순도순 모여 살던 평화롭던 어릴 적 대한민국이 생각난다. 그 당시는 정말로 평화롭고 국론이 하나가 되어 모든 국민들이 우리들의 조국인 대한민국을 위하여 피 흘려 지킨 우리 선조들의 뜻을 따라서 우리가 태어난 조국의 풀뿌리 하나도 건드리지 않고 우리 조국 대한민국을 사랑하였다. 그 당시에는 지금처럼 전라도도 없었고 경상도도 없었다. 오직 우리나라 사람들끼리 서로 형제처럼 믿고 의지하며 살아가던 정답고 정에 겨운 민족이었다.

전라도에서 친척이 올라오면 이웃의 모든 사람들이 전라도의 따듯한 인심과 그 이야기를 들으려 마을 사랑방에 모이던 시절이었다. 교통이 불편하던 시절 전라도에서 호남선을 타고 가평으로 친척을 찾아오면 온 동네 사람들이 그를 사랑하고 그의 이야기를 들으며 곡창 지대인 전라도 사람을 그리워하고 전라도의 홍어 이야기를 들으며 그를 환대해주었던 아름다운 시절을 필자는 살았다. 그런데 지금의 대한민국은 전라도 따로 경상도 따로 가평 사람들 따로 이렇게 3분5열되어 살아가는 각박한 사회로 더 크게는 각박한 국가로 정체성이 뚜렷하게 변해버린 시대를 우리들은 살아가고 있다. 정체성이란 국가에도 있어야 하는 것인데 지금 우리 사는 대한민국은 정체성 즉 정통성이 없는 국가로 변해가고 있는 모습을 보면서 가슴이 아프다.

한 나라나 한 가정이나 정체성을 잃으면 혼돈이 오고 배가 표류하는 것처럼 아무런 발전도 없이 흔들리며 살아가야 한다. 국가를 한 가정으로 생각할 때 잘 지어놓은 정미소를 즉 가정의 생산성과 부를 축적할 멀쩡한 정미소를 뜯어버리고 아예 정미소 엔진을 뜯어내어 방아를 찧을 수 없게 하는 가장이 있다면 그 집안은 경쟁력에서 그리고 자식들이 정미소를 운영을 하지 못하여 쇠락의 길로 접어들 것이다. 이와 같은 현실이 지금의 대한민국이다. 사용할 수 있는 원자로를 폐기시키고 국민이 원전을 찬성하는데 지금도 문재인 정부는 원자력 발전소를 폐기시키기 위하여 어용교수를 동원하여 원자력 발전소 폐기의 당위성을 계속 설명하고 있다. 한 마디로 정부의 정책을 시키는 대로 하여 글을 팔아먹는 사람들이 어용교수인 것이다. 독재를 미화하고 잘못된 정책을 잘된 것처럼 호도(好道)하는 집단과 이를 학문적으로 뒷받침하여 현 정부의 입맛대로 발언을 하고 호도를 하는 학자 즉 교수들을 어용교수라고 부른다.

지금도 문재인 정부의 입맛을 맞추기 위하여 어용교수가 양산이 되고 있지 않나 생각해본다. 교수나 지도자들은 자기의 학문을 팔아먹고 사는 사람들이다. 그런데 이 사람들조차 정체성이 없을 때는 우리는 누구를 믿고 살아가야 하는지 답답하기가 끝이 없다. 엇그제 우연히 국책방송인 KTV에서 원자력 발전 폐기의 당위성과 원자력 발전을 하면 더 이상 선진국가가 아니라는 어용교수의 정책방송을 보았다. 이는 마치 유신체제의 당위성을 말하던 박정희 시절 어용교수보다도 더 나라를 좀먹는 발언을 하는 것이다. 유신으로 국가 발전이 중단이 되는데도 그 당시 어용교수는 박정희 독재를 칭찬하고 미화하던 시절이 있었다. 지금의 어용교수 역시도 원자력 발전이 필요한 것을 알면서도 현 정부의 입맛대로 움직이는 앵무새

교수에 불과한 것이다.

이렇게 정체성도 없고 사랑도 없는 국가에서 살아가는 우리들은 불행하다. 그리고 불행한 국민인 것이다. 그래서 생긴 말인가 생각을 한다. 사랑을 할 때는 사랑이 보이지 않는다는 말 말이다. 잘못된 정책을 밀고 나가려니 잘못이 보이지 않는 것이다. 사랑을 하면 미운 털이 보이지 않는다. 그러나 그 사랑이 잘못되고 사랑하는 사람과 헤어질 때는 미움도 보이고 지나간 일들과 사랑을 하였던 사람이 미워지는 것이다. 믿음, 소망, 사랑, 그중에 제일인 사랑을 올바로 할 수조차 없는 것이 지금 우리가 살아가고 있는 현실이기에 마음이 무겁다. 아무리 자식들이 아버지의 독선을 이야기하여도 듣지 않는 가정의 비애를 우리는 느끼며 살아가고 있다.

이제 오곡백과 넘실대는 결실의 계절 가을이다. 농부들은 들에 익은 곡식을 수확하며 잘 익은 볏단을 들고 파안대소를 하던 우리가 어렵던 시절의 포스터가 영상의 자막처럼 머리를 스치고 지나간다. 그 시절의 풍요로움과 농부들의 파안대소(破顔大笑)를 볼 수 없는 지금이 우리들의 암흑기가 아닌가 하는 생각이 든다. 전 국민들과 그리고 기업을 하는 모든 기업인들이 현 정부를 믿고 생산성과 투자를 높여가며 기업을 하고 노동자는 기업을 믿고 국가를 믿는 그러한 시절이 우리에게는 요원(遼遠)한 것인가. 국민이 국가를 사랑하고 아들이 아버지를 믿는, 그런 국가나 가정이 행복한 국가이며 행복한 가정이다. 우리도 사랑으로 가득 넘쳐나는 사랑스러운 대한민국을 위하여 국가가 국민을 위하여 무엇을 할 것인가를 생각하기보다는 국민이 국가를 위하여 무엇을 할 것인가를 생각하는 그러한 시절이 지금이 아닌가 생각한다.

조금은 억울하고 분한 생각도 들지만 그래도 내 사랑하는 조국 대한민국을 위하여 무엇을 할 것인가를 생각하는 가을을 맞이하고 싶다. 그래서 조금은 밉지만 조금은 섭섭하지만 모두를 사랑으로 감싸는 그러한 넉넉한 가을이 그리워지는 것이다. 이제 조금 있으면 거리에 낙엽이 흩날리고 먼 산에 아름다운 단풍이 가을의 낙엽을 채색하는 그야말로 만산홍엽(滿山紅葉)의 아름다운 대한민국이 단풍으로 물드는 날, 그 아름다운 빠알간 단풍잎에 하이얀 와이셔츠가 빨갛게 물이 들도록 우리 대한민국의 아름다운 산하를 휘젓고 다녀보고 싶다. 산이 좋아 산에 가는 것이다. 하지만 산이 그곳에 있기에 산을 찾아가는 것이다. 그래도 사랑을 할 때는 사랑이 보이지 않는 법이지만 미움보다는 사랑이 좋은 것이 아닐까 생각을 한다.

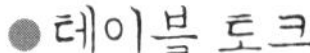

고향 가평을 사랑하고 그리워하는 김익진 교수

가평 출신 한서대교수 김익진을 만났다. 언제 만나도 겸손하고 언제 보아도 김익진 교수는 신사다. 그리고 그의 몸에서는 가평의 냄새가 물씬 풍기는 순수 100% 가평 사람이다. 그래서 나는 그를 사랑하고 좋아한다. 한 번도 남을 헐뜯지 않고 남을 배려하는 김익진 교수를 보면서 그와 같은 가평인이라는 것이 자랑스럽다.

김익진 교수의 고향은 상면 행현리이다. 상면 초등학교, 청평중학교, 가평고등학교를 졸업하고, 한양대학교를 졸업하여 지금은 한서대에서 후학을 양성하는 역량 있는 교수이다. 가끔씩 여름방학이나 겨울방학이 되면 성큼 문을 열고 들어오는 김익진 교수. 그는 고향을 찾을 때마다 기자가 좋아하는 맥주를 그것도 기자가 선호하는 H 맥주를 두어 박스 사들고 문을 두드린다. 그 맥주를 마시면 익진이 냄새가 난다. 어릴 적부터 귀엽게 한 번도 말썽 없이 자란 김익진 교수를 나는 잘 알고 있다. 김익진 교수의 큰누님인 김정희 여사가 기자와 동창이다. 김정희 여사는 지금 발안에서 동물병원을 하는 수의사의 아내로서 가정주부로서 잘 지내고 있다는 소식을 익진이를 통하여 듣고 있다. 누나의 친구인 기자를 유난히도 잘 챙기고 잘 따라주고 더구나 가평의 발전을 위하여 무엇을 할 것인가를 생각하는 김익진 교수를 보면서 그의 고향인 가평과 그가 사랑하는 가평 사람들이 너무나 순수하다는 생각을 한다. 언젠가는 은퇴해서 아니 빨리 은퇴해서 고향을 지키며 고향을 위해서 일을 하고 싶다는 익진이를 보내면서 혼자 생각을 하였다. 익진아, 참 너는 가평의 보배야. 그리고 익진이가 꿈속에서도 사랑하는 너의 고향 가평을 네가 다시 돌아오는 날까지 세천이 형이 지켜줄게.

심연(深淵)의 백두산(白頭山) 천지(天池)를 보았다

며칠 전에 북한으로 가는 백두산 천지가 우리에게 처음으로 공개가 되었다. 우리나라로 통하는 유일한 백두산 가는 길이 동쪽으로 올라가는 동파 코스이다. 중국에서는 장백산(長白山)으로 불리며 우리는 지금까지 서쪽으로 올라가는 서파 코스를 통하여 백두산 천지를 볼 수 있었다. 그리고 중국에서 또 다른 코스인 북파 코스 즉 이도백하(마을 이름)를 지나면 미니 봉고버스로 정상까지 도달할 수 있는 유일한 코스가 북파 코스이다. 그런데 어려운 일정에서도 우리나라 최초로 대통령에게 북한이 길을 열어주어 우리 대통령과 취재인 일행에게 북한의 백두산 코스가 처음으로 공개가 되었다. 필자는 백두산을 서파와 북파로 두 번이나 여행을 하였다. 그리고 심연의 백두산 천지를 보았다. 상상도 못 할 웅장한 파노라마에 그저 탄성을 지르던 기억이 지금도 생생하다.

저 너머가 북한 땅이라는데 그곳으로 올라오는 경치가 천하절경(天下絶景)이라는 이야기를 가이드를 통해 들었다. 내 고향 내가 태어난 조국을 잊지 못하는 것이 외국 여행을 하면서 느끼는 감정이다. 하물며 지척의 거리인 북한 땅을 밟지 못하는 아쉬움으로 백두산 천지를 보면서 무엇인가 서운한 감정을 자제할 수가 없었다. 그런데 이번에 백두산을 오른 북한 코스가 처음으로 언론에 공개된 모습을 보면서 언젠가는 북한의 삼지연 공항에 내려 북쪽의 백두산 우리나라 땅 백두산 천지를 볼 수 있을까 하는 생각으로 글을 쓴다.

나는 심연의 백두산 천지를 보았다. 그저 할 말을 잃고 백두산 천지를 보면서 우리 민족의 영산(靈山)인 백두산의 천년의 기를 가슴 속 깊이 호흡을 하고 언젠가는 북쪽으로 우리나라 땅 백두산 천지에서 커다란 심호흡을 할 수 있는 날을 기다렸던 것이다. 하지만 북한으로 가는 백두산 천지가 우리에게 우리 대한민국 국민에게 길을 내어주리라고는 지금도 기대하지도 기대조차도 하지 않는다. 그들의 상투적인 거짓말에 우리는 속고 또 속고 살아온 70년이기에 이제는 그들의 말을 곧이들을 수 없기 때문이다. 이렇게 좋은 봄날이 오다가도 언제 북한이 돌변하여 마음이 변할지는 아무도 모르기 때문이다. 그저 그냥 물끄러미 지켜보고만 있을 뿐이다.

북한의 상투적인 거짓말을 보면서 자란 필자에게는 우리나라 땅으로 백두산을 오를 수 있는 날을 기대하지도 않는다. 다행히도 언론으로 공개된 북한으로 백두산 가는 길을 본 것으로 만족을 할 것이다. 안개 속으로 피어오르는 백두산 천지의 쪽빛 물빛을 보면서 느꼈던 그 감정이 다시 한 번 떠오른다. 얼마나 아름다운 광경이 그리고 그림으로 그릴 수 없는 백두산의 풍광이 영화의 파노라마처럼 머릿속을 지나간다. 죽기 전에 백두산 천지를 보고 싶다던 노인들이 백두산을 기어오르고 또한 노약자들은 가마꾼들의 도움으로 백두산을 향하여 오르던 생각이 난다.

심연의 백두산은 말이 없다. 또한 그곳을 찾아온 수많은 사람들도 할 말을 잊지 못하는 것이 백두산과 백두산 천지인 것이다. 백두산의 구룡폭포 온천수로 계란이 익어가는 온천지대. 이 모두는 지금은 중국 땅이다. 우리가 만약에 북한으로 백두산을 오를 수 있다면 그곳에는 무엇이 있을까 궁금하다. 하지만 생각은 말아야지 옛말에 못 오를 나무는 쳐다보지도 말고 가지 못할 곳은 꿈도 꾸지 말라는 이야기로 우리 땅 북쪽의 백두산을 상상만 하는 것이다.

안개가 서서히 걷히는 백두산 천지의 모습을 무엇이라고 표현을 할 수가 있을까. 그저 인간은 자연의 섭리대로 자연에 순응하고 사는 방법 이외에는 아무것도 할 수 없다는 자연의 섭리를 가르쳐준 것이 백두산 천지에서의 느낀 순수함이다. 과연 저 아래 백두산 천지의 심연에는 무엇이 있을까. 태고(太古)의 아름다운 자연이 숨을 쉬고나 있을까. 아니면 남이 장군의 말처럼 백두산 석(石)은 전장에 나온 병사들의 칼을 가느라고 다 닳아버리고 압록강 물은 말이 먹어 줄어들었다는 고사(古史)를 생각하면서 인간의 나약한 존재를 백두산 심연에 묻어 놓고 온 것이리라.

백두산을 돌아보고 위화도 회군으로 유명한 이성계 장군의 뼈아픈 역사를 백두산은 모두 다 듣고 알고 있었을 것이다. 우리 앞에서 있는 백두산을 보면서 그리고 그 깊이를 알 수 없는 심연의 백두산 천지를 보면서 민족의 아픔을 분단의 아픔을 모두 다 쓸어안은 심연의 백두산 천지가 우리를 보고 무엇이라고 말을 할 수 있겠는가. 그저 억만 년 이어나갈 민족의 혼이 담긴 심연의 백두산 천지는 말이 없었다. 그리고 그 깊이만큼 우리들의 속내도 점점 더 작아지는 느낌이었다. 기억이 지금도 생생하다. 백두산 천지를 보면서 자연은 위대하다는 어느 사람의 이야기가 생각난다. 정말로 자연은 위대하다. 그저 그렇게 묵묵히 억만 겁의 세월을 흘러온 자연의 위대함과 인간의 나약함을 알게 하여준 것이 자연이며 백두산의 심연이 아니겠는가.

비행기에서 내려다보면 성냥갑보다도 작은 빌딩들 그리고 또한 망망대해(茫茫大海)에 떠 있는 수만 톤급의 커다란 배들조차도 일엽편주(一葉片舟)로 보인다는 사실을 우리는 알고 있다. 그런데 그것을 가까이 보면서 우리는 인간이 위대하다는 이야기를 하는 것이다. 하늘에서 내려다보면 이집트 기자의 피라미드 역시도 작은 조형물에 불과하고 달에서도 보인다는 중국의 만리장성도 한 줄기 하나의 띠에 불과하다는 사실을 심연의 백두산 천지를 보면서 느낀 감정이다.

지금 가평의 가을이 깊어간다. 오곡백과(五穀白果)가 풍성한 결실을 토해내며 늦은 가을로 달려가고 있다. 과일이 있고 풍성한 햇곡식이 있어서 좋은 계절이 가을이다. 넉넉한 가을에 백두산 천지처럼 심연의 아픔이 있는 사람들과 그리고 말할 수 없는 고통을 가슴에 묻어 놓고 사느라 마음이 아픈 수많은 가평 사람들의 근심을 저 멀리 백두산 심연에 묻어버렸으면 얼마나 좋을까 하는 생각이 든다. 그래서 우리 곁을 지키고 있는 풍성한 가을에 가평 사람들 모두가 근심과 걱정이 없는 황금의 가을을 맞이하는 꿈을 꾸면서 글을 써가고 있다. 그래서 서민들이 살기가 좋고 서민들의 아픔을 아는 지도자가 탄생이 되고 우리 같은 민초들의 아픔이 사라져버리는 그날이 온다면 백두산 천지에 올라서 마음껏 소리치며 대한민국 국민임을 자랑하는 그날을 기다리는 것이다. 그래도 천하의 절경인 가평의 아름다운 산하에 묻혀 사는 우리들 가평군민은 행복한 것인가 아니면 이 아름다운 자연을 모르고 사는 우리 가평 사람들이 불행한 것인가는 우리들 마음에 달려 있다. 천고마비의 계절 가을을 맞이하여 가평군민 모두가 풍요로운 가을과 함께하는 즐거운 날이 되기를 바라는 것이 필자의 마음이다.

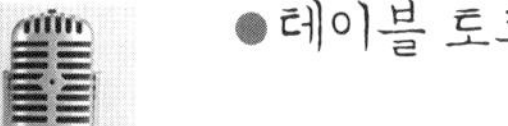

뚝심으로 살아가는 김석구 가평군 농협 조합장

가평군 농협 김석구 조합장을 만났다. 항상 바쁜 일정으로 6,000여 농민 조합원을 그리고 200여 명의 직원을 대표하는 김석구 조합장. 부지런한 그의 일정을 보면서 철인이라는 생각을 한다. 농민 조합원 행사를 한 번도 빠지지 않고 참석하는 그의 열정이 놀랍다. 수많은 행사장에서 그를 자주 만난다. 인사하기가 무섭게 다른 일정으로 다른 행사장으로 이동하기가 바쁜 사람이 김석구 조합장이다. 그에게는 보이지 않는 철학이 있다. 싫어하는 사람에게도 좋아하는 사람에게도 본연의 얼굴을 드러내지 않는 마법 같은 카리스마가 들어 있다. 기자는 한 번도 그의 내면의 세계를 들여다본 적이 없다. 아니 들여다볼 수 없게 철두철미하게 자기를 관리하는 사람이다. 단 한 가지 사람을 믿으면 끝까지 믿어버리는 것이 그의 장점이며 단점인 것은 아닐까 생각해본다. 그래서 나를 따르라가 아니라 내가 당신 곁으로 간다는 사람은 무서운 사람이 아닐까 생각해본다. 그렇게 바쁜 일정 속에서도 자기를 관리하고 가평군의 두 번째 조직인 가평군 농협을 대표하는 사람으로 열심히 살아가는 그를 보면서 생각한다. 따듯한 정이 있지만 표현을 안 하고 정도를 걸어가는 그의 모습은 항상 모든 사람들에게 귀감이 되는 것이라고. 언제 보아도 언제 만나도 반가운 얼굴 아니 싫어도 싫은 척을 안 하는 김석구 조합장의 내면의 세계에는 과연 무엇이 들어있을까. 아무도 모르는 일이다. 그저 김석구만의 뚝심으로 살아가는 그의 인생의 항로에는 두려움도 즐거움도 있을 것인데 도대체 그의 모습에는 희로애락의 모습을 표출하지 않는 포커페이스의 김석구 조합장을 보면서 그가 살아온 인생길을 더듬어본다.

〈전원일기〉(田園日記)의 눈물들

예전에 한 20여 년 전쯤에 MBC 문화방송에서 주말 아침 드라마로 방송된 〈전원일기〉란 농촌 드라마가 있었다. 그런데 이 〈전원일기〉를 국책방송인 KTV에서 매일 밤 10시에 재방송을 내보내고 있다. 필자는 하루도 빠짐없이 KTV의 〈전원일기〉를 보고 있다. 1980년대 이야기가 〈전원일기〉로 나오니 격세지감(隔世之感)을 느끼며 그 드라마를 모니터하듯이 어김없이 보고 느끼며 그 시대를 살아온 사람으로서 그리고 그 시대의 추억을 머금으며 드라마를 본다. 지금으로 말하면 일용 엄니(어머니)인 김수미의 오버 연기와 고두심의 예쁜 연기도 다 꾸며진 것이며 투박한 농촌 사람들의 삶을 이야기로 전개하는 작가의 소재가 매일 쳇바퀴 굴러가듯 비슷한 내용의 드라마가 수십 년 장수를 할 수 있었다는 것이 우습게 생각이 된다. 그저 시간 때우기 식의 구태의연(舊態依然)한 이야기를 드라마로 만들고 좀 수준과 질이 떨어지는 그 시대 사람들의 입맛과 기호에 맞추어 꾸며낸 억지 드라마라는 느낌이다.

그래도 옛날의 추억상자를 끄집어 놓는 〈전원일기〉가 재미가 있다. 가난한 살림을 감추려고 노력하는 일용 엄니와 배운 척 말투를

꾸며 교양이 있는 척하는 김 회장댁(최불암 역) 큰며느리 고두심의 말투는 역겨운데도 그 시대 사람들은 무슨 고두심이 착한 며느리인 줄 알았고 진짜 대학을 나온 며느리가 시골에서 대가족을 모시고 사는 현모양처(賢母良妻)의 대명사처럼 생각한 것이 그 시대의 〈전원일기〉를 보고 자란 우리 아니 필자 세대와 그 위의 세대들이 느끼는 공통점이 아닌가 하는 생각이 든다.

그런데도 이 드라마를 하루도 빠짐없이 보는 것은 앵무새처럼 현 정부를 지지하는 다른 모든 방송들을 보기가 싫어서 딱 한 가지 채널 밤 열 시에 〈전원일기〉를 보는 마음이다. 물론 KTV도 국책방송이다. 그런데 밤 열 시에 이 드라마를 방송으로 내보내니 어쩔 수 없이 이 방송을 보는 것이다. 물론 중국의 C채널 그리고 역사물 그리고 다큐멘터리를 다루는 정부의 편파적인 보도를 하지 않는 일부 채널의 좋은 프로도 가끔은 시청을 한다. 앵무새처럼 떠드는 종편이나 국영방송을 본 지가 언제인지 기억도 없다. 남북 정상회담도 월드컵도 세계의 모든 주요 사건도 그저 한 줄 신문을 보고 나서야 아는 이 시대의 바보 언론인으로 살아가고 있는 것이다.

한 마디로 정보의 뒷전에 있는 〈전원일기〉 시대를 살아가는 필자를 생각하면서 이 시대를 함께 살아가는 모든 사람들에게 부끄러운 것이 아닌가 생각한다. 그 시대의 억지 연기와 김 회장의 지나친 효심을 보는 것도 어쩌면 이 시대를 살아가는 필자의 운명인지도 모르리라. 효심이 지나치다는 필자의 글이 지금은 좀 어색하게 들릴지도 모른다. 그런데 그 시대에 김 회장이 어머니한테 이야기책을 읽어주는 모습이 지금도 가끔씩 방송에 나온다. 물론 그 시대에는 그러한 노인들이 있었을 것이라는 생각도 한다. 하지만 지금 같은 핵가족 시대를 살면서 마치 전설 따라 삼천리를 보는 기분이 드는데도 그 드라마의 끈을 놓을 수 없는 것이 인간이란 추억을 먹고 사는 동물이기에 가능한 것이라고 생각한다.

어려운 시절의 눈물이 있고 어려운 시절의 이웃들의 정이 있어서 고맙다. 친척보다도 가까운 그 시대 이웃들의 이야기가 그리워진다. 어려운 이웃의 아픔을 보고 함께 어려움을 나누는 모습에 억지 눈물을 흘리는 것이 아니라 그 시대 우리들의 어려움, 필자의 어려운 시절을 생각하며 눈물을 흘리는 것이다. 매일 밤 우리 막내딸 시내와 카톡을 한다. '아빠는 전원일기 봄'이라는 문자를 보내면 우리 막내는 항상 '아빠 울지 말고 봐'라는 답글을 보내온다. 우리 막내도 아빠의 여린 심성을 아는 것 같다. 〈전원일기〉의 수많은 이야기는 우리들의 작은 역사이다. 마치 지금의 영화보다는 예전에 나왔던 오래된 영화를 보고 있는 것이다. 그 영화에는 우리들의 삶이 있고 우리들의 아픔과 추억이 있다. 흑백영화를 보고 자란 필자의 세대들이 이룩해 놓은 이 아름다운 금수강산 대한민국에도 〈전원일기〉처럼 푸릇푸릇한 복길이가 자라났고 그 당시 아역 배우들은 지금쯤 4~50의 중년이 되어 있을 것이다.

이렇게 세월은 빠르다. 어느 사이에 그 더웠던 여름이 지나가고 지금은 아침저녁으로 서늘한 가을이 우리 곁에 서 있다. 여름 내내 태양을 바라보던 해바라기도 고개를 떨구고 길가의 코스모스도 힘겹게 자기들끼리 등을 기대며 가을의 꽃을 간신히 지탱을 하고 서 있다. 그 옆에는 여름 내내 유영을 하던 고추잠자리가 다 떨어진 날개로 간신히 가을을 즐기며 코스모스 꽃에 살며시 내려앉는 모습이 보인다.

가을이다. 가을은 결실의 계절이다. 아무것도 거둘 것이 없는 농부보다는 여름 내내 뜨거운 태양을 등에 지고 뜨거운 땀방울을 흘린 농부들에게 즐거운 가을이 왔으면 하는 바람이다. 여름 내내 베짱이처럼 살아온 우리들의 이웃이 있다면 그들 역시도 우리들의 이웃이며 군민이다. 모두 다 함께 잘살고 함께 즐기는 10월이 되었으면 한다. 개미와 베짱이는 우리들의 슬픈 이야기이다. 개미가 잘살고 베짱이가 못사는 시대는 우리에게는 지나버린 이야기이다. 지금 우리는 풍족한 세월을 살아가고 있다. 정부의 풍족한 지원과 모든 이들이 함께 잘 살아갈 수 있는 세월이 왔다. 2~30년 〈전원일기〉 세대의 우리들이 아닌 것이다. 못살던 일용 엄니의 한을 우리는 잘사는 대한민국으로 바꾸어버린 것이다. 〈전원일기〉를 보면서 그 시대 어려운 이웃들을 보면서 흘리는 눈물을 오늘 밤에는 기뻐서 감사해서 흘리는 고마운 눈물로 바꿀 것이다.

그래 시내야, 오늘 밤에는 〈전원일기〉를 보면서 가평의 아름다운 이야기와 가평의 아름다운 산하를 그리면서 행복한 〈전원일기〉를 볼게. 어려운 세대를 함께한 우리의 모든 이웃들과 우리 6만 군민과 함께 행복한 가을을 함께 즐기는 그러한 10월이 되었으면 한다. 가을의 곡식과 오곡백과로 가득한 풍성한 가을을 만들어 놓은 우리 군민들의 노고와 그들이 흘린 땀으로 가평을 풍요롭게 만들어주신 모든 농민들에게 진심으로 감사를 드린다. 농자천하지대본(農者天下地大本)이라는 감사의 말이 생각난다. 다시 한번 그 더웠던 여름에 묵묵히 논과 밭에서 땀 흘리신 모든 농민들에게 감사를 드린다.

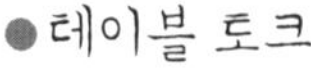

야망을 향해 가는 최승수 전 군의회 의장

최승수 전 군의회 의장을 만났다. 전 군의회 의장으로 전 농업 경영인 회장으로 활동을 하였던 최승수 전 의장. 언제 만나도 점잖고 중후한 사람이다. 항상 남을 배려하는 최승수. 그렇기에 농업 경영인 회장으로 군의원으로 그리고 마지막 임기에 가평군의회 의장을 지낸 사람이다. 차갑게 보이지만 따듯한 사람이다. 언제 보아도 언제 만나도 그 얼굴이 그 얼굴이다. 그냥 돌부처처럼 중후한 것이 그의 매력이 아닐까 생각을 한다. 지금은 고향 북면에서 생활하고 있고, 각종 행사장을 돌면서 여러 사람들을 만나고 있다. 그의 심중에 있는 이야기를 들어보았다. 마지막 봉사를 각오하고 내년 3월에 치러지는 농협조합장에 도전하겠다는 이야기다. 농협을 이끄는 농협 수장이 하고 싶고 되고 싶은 그의 오랜 야망을 보았다. 선거란 조합원들이 선택하는 것이다. 그래서 그는 요즈음 각종 행사장에 얼굴을 내밀고 열심히 사람들을 만나고 있다. 최승수를 만나면서 인간은 야망으로 한층 더 성숙해간다는 사실을 알았다.

살아 있는 말[馬]이 죽은 말[馬]보다 낫다

살아서 움직이는 말이 죽은 말보다 낫다는 이야기이다. 말이란 아니 모든 동물은 살아서 움직일 때 그 효용 가치가 높다. 그래서 생긴 말이 죽은 말보다는 살아 있는 말이 낫다는 이야기이다. 인간이란 아니 모든 우주의 만물들이 영원한 것이 아니기에 귀에 닿는 이야기이다. 효도도 살아서 하는 것이고 정치도 살아서 젊었을 때 하는 것이기에 이만큼 우리들의 삶은 중요하다. 그래서 사후약방문(死後藥方文)이라는 이야기를 우리들은 듣고 자란 것이리라. 살아 있을 때 좋은 약이 필요한 것이지 죽은 후에는 아무리 좋은 약이 있다 한들 아무런 쓸모가 없다. 그래서 살아생전에 부모님께 효도하고 살아계실 적에 좋은 음식이나 좋은 옷을 사드려 부모에게 즐거움을 드리라는 이야기이다.

또 한 번 삼국지의 이야기를 인용하자. 북벌을 주장하고 출사표를 던진 제갈공명 역시도 그의 나이 54세에 죽으면서 선황(先皇)의 마지막 유언을 지키지 못하고 하늘에 운명을 맡겨버렸고, 제갈공명의 최대 적수인 사마의 역시도 살아생전에 그가 꿈꾸던 대업을 이루지 못했다. 그것이 인간이다. 제갈공명의 처는 이방인(異邦人), 지금으로 말하면 국제결혼을 하였고 사마의 역시도 미천한 백정의 딸을 아내로 두고 평생을 살아온 역사적인 인물이다. 두 명의 책사(策士) 역시도 그들의 꿈을 이루지 못하니 인간이란 얼마나 나약한 것인가 하는 생각이 든다. 이렇게 내로라하는 영웅호걸들 역시도 하고 싶은 말을 하고 싶은 일을 다 못하고 일생을 마치는데 나 같은 필부(匹夫)가 무슨 말을 할 수가 있겠는가.

요즈음은 온통 나라가 민노총 세상인 모양이다. 그들의 힘으로 정권을 창출하였으니 그들의 힘이 얼마나 좋을까 생각해본다. 그들의 힘으로 대통령이 되고 나니 그들의 힘과 세력이 두려운 것이다. 사사건건 그들의 이야기와 그들의 입김을 피할 수 없는 집권세력들이 살아 있는 말에게 꼼짝을 못 하고 있는 것이다. 여기서 말하는 말은 세력을 의미한다. 죽어 있는 말보다 살아 있는 말이 말을 듣지 않으니 현 정부는 진퇴양난(進退洋亂)의 협곡에서 그들의 주장대로 나라를 이끌어갈 수밖에 없는 모양이다. 무조건 목소리 큰 사람이 승리하는 세상이 우리 대한민국이 아닌가 생각한다. 노조의 힘이 대한민국을 좌지우지하는 세상이다. 기업의 주인이 노조원들에게 구타를 당하고 그야말로 무소불위(無所不爲)의 경지를 지나서 그들의 세상으로 우리들은 빨려들어가고 있다.

정말로 살아 있는 권력과 살아 있는 말들의 위세가 대단하다. 어제는 자막에 삼성전자가 자체 주식 4조 8천억 원어치를 소각하였다는 스팟티 뉴스를 보았다. 4조 8천억 원의 자기 주식을 소각하는 이유가 무엇일까. 아무리 생각을 하여도 알 수가 없다. 자기 자산을 불태워버리는 이 현실을 무엇이라고 설명할 수 있을까. 필자는 경제통이 아니라서 그 의미를 알 수도 알려고도 하지 않는다. 다만 내

자산 4조 8천억 원 주식을 태우는 기업의 심정을 헤아리기도 헤아릴 수도 없다는 것이 슬프다는 생각을 하였다.

기업을 하기가 가장 어려운 나라가 대한민국이라는 이야기가 들린다. 중소기업인들의 약 20%가 직자라는 이야기도 현실싱 있게 들어야 한다. 그들의 이야기대로 중소기업인 20%가 적자를 이루고 있다면 우리나라의 앞날도 경제성장도 곤두박질을 치는 것이다. 그러면 우리나라의 모든 경제가 어려워진다는 사실을 우리는 얼마나 알고 있을까. 우리 사는 대한민국은 예로부터 금수강산이라고 칭하는 살기 좋은 나라였다. 그래서 외침을 가장 많이 받고도 반만 년의 역사를 이어온 것이다. 그럴 때 즉 어려운 역사 속에서는 구국의 영웅이 탄생되어 이 나라를 지켜온 것이다. 성웅 이순신 장군이 있었기에 오늘의 대한민국이 존재하는 것이 아닌가 생각을 한다. 전하, 신에게는 아직도 12척의 전함이 남아 있습니다,라는 이순신 장군의 이야기가 역사로 남은 것이다.

임진왜란의 피해로 나라가 기울어가는 어려움과 슬픔을 겪은 우리 민족. 그리고 지금은 일본이 자랑하는 도자기를 굽던 조선 도공들을 일본으로 강제로 데리고 가서 세계인이 알아주는 도자기를 만드는 일본을 우리는 미워만 할 수 없다. 일본은 이미 하나가 되는 단결력을 보여주었다. 또한 일본은 단결력으로 제2차 세계대전의 패전국(敗戰國)이면서도 지금은 세계를 호령하는 강한 나라로 태어났다. 그들의 무서운 단결력이 부럽다. 승전국 미국은 일본 천왕을 굴복시키고 일본을 통치하였지만 일본인들은 그들 승전국 미국을 사랑하며 살아가는 민족인 것이다. 그래서 오늘날 세계 최강의 일본으로 재탄생을 한 것이다.

그런데 우리나라는 6·25전쟁으로 풍전등화(風前燈火) 같은 대한민국을 미군의 젊은 피 5만여 명의 죽음으로 대한민국을 구해주었지만 그들을 원수처럼 생각하는 일부 집단으로 인하여 나라가 멍들어가고 있다. 대한민국을 구원해준 세계의 영웅 맥아더 원수의 동상을 철거하자는 이러한 민족이다. 이렇게 의리가 없고 단결이 안 되는 대한민국이 어떻게 이렇게 잘사는 나라로 발전하였는지 아이러니한 일이 아닌가. 그 발전의 틀을 만든 것이 박정희 대통령이라는 사실을 우리는 부인할 수가 없다. 그러면 우리나라를 구해준 맥아더 장군과 박정희 대통령은 우리 근대사의 가장 중요한 부분이라는 것을 알 수가 있다. 그런데 일부 무리들이 살아 있는 말을 타고 초원을 헤집으며 초원의 순한 양을 마구 몰아내는 횡포를 부리고 있는 시절을 우리는 살아가고 있는 것이다.

살아 있는 말이 정말로 죽은 말보다 나은지 묻고 싶다. 속담에는 살아 있는 말이 죽은 말보다 낫다는데 정말로 생각해볼 문제이다. 대한민국도 하나이고 가평군민도 하나이다. 우리는 피할 수 없는 공동체이다. 그런데 우리가 살아가는 공동체가 일부 불순 세력으로 인하여 피멍이 들어가고 있다. 지금은 대한민국도 가평군도 하나가 되는 구심점을 찾아야 한다. 속담처럼 살아 있는 말이 죽은 말보다 낫다는 그리고 국민과 군민이 하나 되는 그러한 시절을 기다린다.

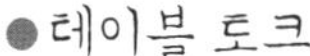

정이 많은 사람 김영우 자유한국당 의원

언제 만나도 반가운 사람이다. 동안의 미소를 띠며 모든 사람들에게 다가서는 김영우 의원을 만날 적마다 애증이 교차된다. 열심히 지역구를 누비는 김영우 의원. 그는 가난한 집안에서 태어나서 아버지가 포천시의 미화원으로 근무하는 것이 부끄러워 아버지가 저만큼에서 거리 청소를 하면 아버지를 피하여 뒷골목을 돌아갔다며 눈가에 이슬이 맺히는 사람이다. 국회의원 3선으로 국회 국방위 위원장을 지낸 대한민국의 중견 국회의원이다. 그 이름 아버지, 필자도 아버지만 생각하면 눈물이 난다. 왜 살아계실 때 불효를 하였을까 생각을 하면서. 그런데 김영우 의원은 대한민국의 자랑스러운 국회의원으로 지금은 지하에 계신 아버님에게 기쁨을 드릴 수 있는 영광스러운 그리고 자랑스러운 국회의원이다. 그런데 김영우 의원을 만나면 밉다는 생각이 가슴 절반을 넘는다. 어떻게 선출한 대통령인데 박근혜를 탄핵하고 나라를 요 모양 요 꼴로 만들어 놓으면서 필자에게 악수를 청할 수 있을까,라는 생각을 한다. 글을 쓰는 필자는 정치를 모른다. 그리고 정치적인 역학관계도 모른다. 김영우 의원,

그는 분명히 역사적인 순간에 박근혜 대통령을 탄핵한 정치인이다. 그런데도 김영우가 밉지 않다. 돌아온 탕아처럼 다시 본집으로 돌아온 김영우 의원 언제 만나도 반가운 사람, 정이 많은 사람이지만 그 많은 정을 어디다 다 버리고 어떻게 박근혜 대통령 탄핵에 찬성하였는지 언젠가는 묻고 싶다. 그러나 물어보지 않을 것이다. 나는 그를 사랑하니까. 영화의 제목처럼 미워도 다시 한번 그를 사랑하는 필자의 마음도 편안하지 않으니 어쩌란 말이냐.

제❸부

파랑새는 날아 오지 않는다

다사다난하였던 무술년(戊戌年) 한 해가 지나가고 기해년(己亥年) 새해가 밝아왔다. 작년에는 6·13 지방선거를 비롯하여 격동(激動)의 한 해가 흘러갔다. 우리 사는 가평군도 군수를 제외한 도의원 군의원이 새로운 옷으로 갈아입고 군정을 펼치고 있다. 그래서 모든 것이 달라지고 모든 것이 바뀌어가고 있다. 대한민국의 힘이 가평군에도 강하게 미치는 것이다. 정권이 바뀌고 가평군 의회 개원 이래 처음으로 민주당 의원이 대거 4명이나 당선이 되어 의회를 장악하고 또한 도의원 역시도 민주당에서 당선자를 내어 지금의 가평군은 민주당 세력에 의하여 군정을 이끌어가고 있고 또한 그들을 견제하는 마땅한 대안이나 세력도 미비한 현실이다. 그래도 가평군은 불협화음 없이 열심히 잘사는 가평을 위하여 달려가고 있다. 지난 6대 의원들까지 단 한 사람의 민주당 의원이 당선되지 못하고 있다가 지난 6·13선거로 선거혁명을 이루었다. 그런데 파랑새가 날아오지 않으니 문제가 있는 것이다.

그래서 우리들은 파랑새를 기다린다. 정권이 바뀌고 새로운 역사가 시작이 되면 우리들은 희망을 가지고 그 정권을 지지하고 동참을 한다. 그런데 일당 독주 체제로 끌고 가는 집권당의 위력이나 위세가 얼마나 강한지 한 마디 말을 못하고 그들의 전횡(專橫)에 이끌려가고 있다. 타협도 없고 국민의 의견을 무시하는 그들의 힘은 도대체 어디에서 나오는 것인가. 가히 촛불의 위력을 실감한다. 파랑새를 기다리는 희망도 날아가버린 지 이미 오래된 일이다. 그래도 가평군은 가평군의 정서대로 가평을 이끌어가는 의원들과 군수가 협치(協治)로 성공적인 드라이브를 하고 있다. 집행부나 행정부가 서로의 마찰을 피하고 아름다운 동행을 하는 것에 감사하고 있다. 의회는 의회대로 열심히 행정부를 견제하고 도와줄 것이 있으면 발 벗고 나서는 가평군 의회는 자랑스러운 의회이다. 그래서 가평에는 작은 파랑새가 살고 있는 것이 아닌가 생각을 한다.

저울의 추는 한쪽으로 기운다. 이것이 힘의 논리이다. 하지만 한쪽으로 기우는 힘이 강하면 강할수록 반대편의 약자들은 고통을 당한다. 즉 소수의 목소리 작은 군민들만 힘을 잃고 불행해지는 것이 정치의 논리이며 힘의 위력이다. 이러한 곳에는 파랑새가 살 수가 없다. 자꾸만 한쪽으로 기울어가는 대한민국의 힘을 보면서 파랑새의 꿈이 날아가버리는 것을 보고 있다. 역사는 승자가 쓰는 것이고 역사 또한 승자의 몫이다. 영원한 것은 역사가 없는 것이다. 즉 다른 말로 이야기를 하면 영원히 죽지 않는 사람이 있으면 그것은 역사가 아니다. 그 사람의 일생인 것이다. 그래서 모든 만물은 죽어가는 것이고 죽음이 있으므로 역사가 쓰여지고 역사가 기록되는 것이다. 세종대왕이 지금까지 살아 있다면 세종대왕은 역사 속의 인물이 아니다. 그래서 사람들은 죽어가고 태어나고를 반복하는 것이 역사인 것이다.

파랑새를 본 사람이 몇 명이나 될까. 그리고 봉황을 본 사람이나 용을 본 사람이 한 명도 없는 것이 역사를 성립시키는 것이다. 허구든 진실이든 우리는 역사 속에 살고 역사를 쓰면서 살아간다. 그래서 우리들은 희밍을 가지고 희망을 잃지 않으며 파랑새를 기다리는 것이다. 내년은 돼지띠의 해. 그중에서도 사람들이 가장 좋아하는 황금 돼지띠의 해란다. 기해년 새해에는 황금 돼지가 들어오고 파랑새가 날아오는 그러한 대한민국이 그리고 우리 사는 가평군이 되었으면 한다. 아침에 참새를 만났다고 길조라고 좋아하는 사람이 있는가. 적어도 까치가 울어대야 좋은 일이 있을 것이라고 생각을 한다. 참새란 참 약은 동물 아니 조류(鳥類)이다. 그래서 생긴 말이 참새 굴레를 씌운다는 속담이 있다.

참새들은 무리로 생활을 하면서 작은 공동체를 이루고 살아간다. 한 마리가 날아가면 우르르 다른 곳으로 이동을 하는 집단이다. 그런데 참새의 영역은 그리 넓지 않은 것을 알 수가 있다. 매일 모이는 장소를 이동하며 사는 모습을 본다. 그런데 그보다 많이 큰 까마귀는 좀 다르다. 집단생활을 하면서 아마도 리더가 있는 모양이다. 높은 곳을 날다가 전선줄에 한 마리가 내려앉으면 모든 무리의 까마귀가 그 전선줄에 앉는다. 그런데 까마귀들은 모두 다 질서정연하게 부리를 나란히 하고 한쪽 방향으로 수백 마리의 까마귀가 일정한 방향을 보고 앉아 있는 모습을 보았다. 하지만 참새는 오합지졸(烏合之卒)로 아무렇게나 내려앉는 모습을 보면서 생각을 하였다. 덩치가 큰 짐승이 머리도 영리하다는 것을 알았다.

하물며 이렇게 말 못하는 미물인 조류들조차도 질서가 있는데 우리는 무엇을 배우고 살았는가. 툭하면 광화문 광장으로 나서는 집단들에게 대한민국의 수도 1번지가 불법으로 당하는 모습을 보면서 우리들에게 파랑새는 없다는 생각을 하는 것이다. 일간지에 난 기사를 보면서 더욱 지금의 대한민국이 한심하다는 생각을 하였다. 군부대에서 박격포를 사격하였는데 자기네 부대로 떨어졌다는 일간지의 기사를 보았다. 자율자동차를 만들기 위하여 미국으로 기업이 이전하였다는 기사도 나란히 실려 있다.

이러한 군(軍)을 믿고 이러한 국가의 기업 홀대와 정책이 있으니 우리나라에 언제 파랑새가 날아온다는 말인가. 정말로 답답하고 분통이 터진다. 연병장에 내린 눈을 민간인들이 쓸어주어야 하고 연병장에 난 잡초들을 민간인들이 제초작업을 해주어야 하는 군대를 보면서 그리고 자율자동차를 다 개발하여 놓고 규제가 심하여 외국으로 나가는 기업과 과학자들을 보면서 우리는 그리고 우리 가평군민들은 무엇을 믿고 또 누구를 믿고 살아야 하는지 묻고 싶은 것이다. 그래도 절망보다는 희망이 있다는 생각을 가지고 기해년 새해를 기다려 본다. 오지 않는 파랑새를 기다리며 사는 것도 인생이기에 절망보다는 희망이 있다는 사실이 그나마 다행이다.

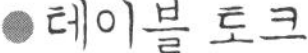

이제는 가평 사람 가요계의 별 장경수

가평에서 살면서 가평을 늘 떠나 있던 가요계의 유명한 작사가 장경수를 만났다. 장경수, 주옥같은 가사를 1,300여 곡이나 발표한 가요계의 큰 별이다. 그의 대표작으로는 최진희의 꼬마인형. 박정식의 천년바위, 유미리의 젊음의 노트, 신유의 잠자는 공주, 주현미의 이태원 블루스 등 이루 헤아릴 수 없을 정도로 많은 가사를 쓴 사람이다. 항상 긍정적이고 사람들을 좋아하는 장경수. 그래서 그의 곁에는 인기 가수들이 그리고 그를 따르는 수많은 가수 지망생들로 바쁜 일상을 보내는 사람이다. 그 바쁜 중에도 필자를 만나면 세상 사는 이야기를 가평으로 이사 온 것을 자랑하는 바쁜 사람 장경수다. 그리고 가평을 위하여 자랑스러운 가평군민이 되었다며 가평을 위하여 무언가를 하고 싶고 도울 수 있는 일이 있다면 함께하는 가평군민이 되겠다고 말한다. 반짝이는 두뇌와 많은 식견을 가평을 위하여 써달라는 기자의 부탁을 긍정적으로 받아들이는 장경수 작가. 그는 지금 상면 임초리에 둥지를 틀었다. 이미 20여 년 전부터 임초리 아니 가평과 인연을 맺은 장경수 작사가. 그는 이제는 완전한 가평 사람이다. 가평을 사랑하고 제2의 고향인 가평을 사랑하는 장경수 작사가의 눈에 비친 가평이 언젠가는 가평을 빛내줄 가사로 가평군이 떠오를 날을 기대하면서 장경수를 만난다. 기자의 이러한 소망과 희망사항이 언젠가는 장경수가 살고 있는 가평을 빛내줄 그날을 기다려보자.

어둠이 짙어야
별이 빛나는 법

어둠이 짙어야 별이 빛나는 법이다. 맑은 하늘의 별은 아무런 가치가 없다는 이야기이다. 저녁이 되고 밤이 되고 더욱 어두운 밤이 될 때에 비로소 별은 빛나는 것이다. 우리들의 어머님 아버님 같은 존재가 아닐까 생각한다. 필자가 나이를 먹어가니 이제야 부모님 생각이 나고 좋은 글을 쓸 수 있도록 교육을 시켜준 부모님을 향하는 생각인 것이다. 이른 아침에 일찍이 일어나서 하루를 시작한다. 필자가 사는 곳 도로변에는 아침이면 스쿨버스가 어린이들을 태우러 온다. 나란히 줄을 서 있는 어린이들과 부모의 손을 잡고 버스가 있는 곳까지 아장아장 걸어오는 1학년 아이들을 보면서 세월이 참 빠르다는 생각을 한다.

필자가 예전에 중학교나 고등학교 시절에 역사나 지리 시간에 배웠던, 미국의 어린이들이 스쿨버스를 타고 학교에 간다는 교과서에 실린 글을 보면서 미국은 얼마나 부자일까라는 생각하면서 공부하였던 기억이 난다. 그 시절은 즉 필자의 중·고등학교 시절은 대한민국이 세계에서 가장 가난한 나라로 미국의 원조가 없으면 살아갈 수 없는 아주 가난한 대한민국이었다. 그런데 그로부터 50여 년이 흐른 지금은 세계에서 무역을 가장 많이 하는 6천억 불의 수출을 하는 나라 그리고 세계 6위의 경제 대국으로 성장한 대한민국이 자랑스럽다. 하지만 경제가 발전이 되고 사회가 발전이 되어도 대한민국의 정치는 끝없는 후퇴를 하고 있으니 문제이다. 다른 것은 빠른 속도로 발전하는데 정치만 뒷걸음질을 치고 있으니 이 얼마나 불행한 일인가. 그래, 그래도 희망을 가지고 살아가는 방법 이외에는 아무것도 할 수 없으니 답답한 노릇이다. 정치가 잘 되고 국가의 경제와 국민들이 희망을 심어줄 푸르른 정치는 언제나 올 것인가. 기다려지는 것이다. 이렇게 정치가 엉망이다보니 국가의 경제가 흔들리고 그 여파로 가평의 경제도 실종이 되어간다.

먼젓번 칼럼에 아버지라는 글을 실었다. 많은 독자들이 감명을 받고 좋은 글이라는 이야기를 들었다. 언젠가는 우리들의 어머니에 대한 글을 쓰고 싶다. 어머님의 젖가슴처럼 평온한 그러한 대한민국의 정치가 온다면 그때는 어머님에 대한 글을 쓸 것이다. 지금처럼 파국으로 치닫는 정치 현실을 보면서 도저히 어머니에 대한 글을 쓴다는 것이 마음에 와닿지 않기 때문이다.

어둠이 짙으면 별은 빛나지만 국가에 어둠이 내려앉으면 백성이 피곤하다. 그래서 생긴 말이 국태민안(國泰民安)이다. 국가 즉 나라가 우리 사는 가평군이 평안하여야 국민이 군민이 즐겁고 편안하다는 말이다. 작은 말로 가화만사성(家和萬事成)이라는 말도 있다. 가정이 평안하여야 가족과 가정이 잘된다는 이야기이다. 이렇게 국가가 평안하고 가평군이 평안한 그날이 오면 어머니의 젖가슴 같은 따듯한 글을 써볼 생각이다. 어머니, 한 번만 불러도 좋은 이름. 그 어머니를 그리워하는 많은 사람들과 함께 국가가 평안하고 가평군이 평안한 그날을 기다려본다. 그래서 그날이 오면 어머니보다도 더 좋은 우리 조국 대한민국을 사랑하는 그러한 글을 쓰고 싶은 것이 작가의 정신이며 또한 칼럼을 쓰는 필자의 희망사항이다.

국가의 정체성이 흔들리는 나라에서 사는 것이 힘이 든다. 목소리 큰 소수가 승리하고 집권자의 횡포를 막을 수 없는 그러한 시대를 살아가는 국민들과 군민들이 애잔해 보인다. 언젠가는 정의가 바로서고 좋은 나라가 될 것이라는 희망이 있기에 그래도 대한민국 가평군에 산다는 것이 행복한 것이다. 어둠이 짙어야 별이 빛나고 해가 져야 달이 뜨고 달이 지면 해가 뜨는 이러한 순리 아니 자연의 섭리를 그저 존경스럽게 바라보고 살아가는 것이 우리들의 삶이다. 어제가 즐거웠다고 오늘이 즐거울 수가 없고 또한 어제가 슬펐다고 오늘도 슬픈 것이 아니지 않은가.

별은 빛나야 제 몫을 하는 것이고 구름은 비를 내려야 제 몫을 하는 것이다. 한 송이 꽃은 아픈 상처의 여문 자리이며 한 송이 국화꽃을 피우기 위하여 봄부터 소쩍새는 그렇게 울었고 구름 속에서 천둥이 울부짖을 때 한 송이 국화꽃이 피어나는 것이다. 상처 없는 영광은 없는 것이고 땀 흘리지 않고 승리할 수 없는 이러한 평범한 진리가 무너지면 모든 것을 잊어버린다는 사실을 우리들은 얼마나 알고 있을까.

겨울의 문턱을 지나서 내일모레면 벌써 입춘(立春)이다. 봄의 절기가 우리들 사는 가평군에도 어김없이 찾아온다. 봄이면 대문에다가 입춘대길(立春大吉)이라고 크게 써 붙이던 옛날이 생각난다. 그리고 또 한쪽 대문에는 건양다경(建陽多慶)이라는 휘호를 써 붙이던 옛날의 우리 조상들의 모습이 생각난다. 봄이 오면 모든 것이 크게 길하고 건강한 기운이 그리고 경사스러운 일이 많이 일어나기를 바라는 마음이 건양다경이다.

여자 국회의원 하나가 자기의 이익을 위하여 온 국가를 들썩이게 하는 나라 그래도 자기들 식구를 껴안으려는 집권 여당의 이야기를 들으며 하루를 보낸다. 이러다보니 하루가 즐거울 수가 없는 것이 우리 국민들이고 군민들이다. 자고 일어나면 양파의 껍질처럼 드러나는 그 여성 국회의원 이야기가 아니고도 이미 우리 사는 세상은 더 기다릴 것도 없이 끝없이 추락을 하는 것 같아서 가슴이 아프다. 날개도 없이 민심을 저버리고 추락하는 그들의 모습이 두렵다. 언제까지 두 손바닥으로 하늘을 가릴 수 있다고 생각하는 것인지 묻고 싶다. 이러다보니 우리 군민들은 어둠 속을 헤매는 것이다.

정체성 없는 정책과 끝없는 혼돈의 세상을 살아가는 우리들 그래도 어둠 속에서 별은 빛나듯이 언젠가는 우리 군민들이 즐겁고 행복한 그날이 오면 아버지보다도 더 좋고 사랑을 많이 주었던 어머니에 대한 글을 한 번쯤 써 보고 싶다. 그날이 하루라도 빨리 왔으면 얼마나 좋을까. 어둠에 빛나는 별처럼 우리 사는 대한민국과 가평군에도 희망찬 국정이 그리고 군정이 펼쳐지는 그날은 언제 오려나. 그날이 오면 하이얀 모시적삼에 그리고 하이얀 은쟁반에 잘 익은 청포도를 먹을 수 있는 그날을 기다리는 것이다. 이렇게 슬픈 나라 대한민국. 대한민국의 경제 성장율은 2,7%로 6년 만에 최악의 상황이다. 이것은 누구의 책임인가. 생각하고 또 생각해보자.

아버지

내가 세상에서 태어나 두 번째로 배운 이름 아버지,라는 노래 구절이 있다. 노래 잘하는 가수 유지나와 국민 MC 송해 선생님과 함께 부른 아버지와 딸이라는 노랫말이다. 내가 태어나 두 번째로 배운 이름이 아버지라는 노랫말에 가슴이 뭉클하다. 아버지는 늘 우리 곁에 있는 줄 그리고 오래오래 함께 계실 줄 알았는데 필자 세대들은 아버지가 안 계신 지 이미 오래된 일이다. 그래서 아버지가 그립고 아버지라는 노래를 들으며 눈물을 흘리는 것이다. 세상의 모든 아버지들이 정말로 얼마나 많은 고생을 하고 자식 사랑을 하였는지 필자의 나이가 되니 알고도 남음이 있다.

얼마나 그리운 이름 불러보고 싶은 이름 아버지인가. 돌아가신 아버지가 저 멀리서 살아 돌아오신다면 얼마나 좋을까. 하루에도 몇 번씩 아버지가 그리워진다. 아버지의 끝없는 사랑을 몰랐던 필자의 가슴이 저리어온다. 눈 오는 날도 비오는 날도 그리고 이렇게 추운 날에도 아버지가 생각이 난다. 세상에 한 분밖에 없는 아버지에게 불효한 것을 두고두고 아마 이 세상을 떠나는 날까지 아버지에게 용서를 빌어도 못다 한 불효를 용서받을 수 없을 것이다.

이렇게 소중한 우리의 아버지들이 소리 없이 늙어가고 소외되고 있다는 사실을 우리는 얼마나 알고 있을까. 그늘진 아파트 현장에서 추운 겨울철 새벽시장에서 자기 자식과 가족을 위하여 눈물겹도록 고생하는 우리의 모든 아버지들, 망망대해를 누비고 이른 새벽 바다에 그물을 치는 우리의 아버지들의 모습을 보면서 눈물을 흘린다. 자식 위해 한평생 등골이 휘도록 노력을 하셨던 모든 아버지들, 오늘의 대한민국을 만들고 가족의 행복을 위해서 자기의 목숨을 걸고 월남의 전쟁터를 누비던 우리의 아버지들, 그리고 열사(熱沙)의 사막에서 흘릴 땀조차 없이 말라버리는 무더운 사막에서 가난한 나라와 가족의 생계를 위하여 땀을 흘렸던 중동 근로자들이 우리 모두의 아버지가 아닌가. 그들의 힘으로 지금은 세계인들이 부러워하는 대한민국을 만들어 놓은 모든 우리의 자랑스러운 아버지들에게 이 글을 바친다.

아버지, 불러보고 싶은 아버지. 아버지의 이름 석 자가 그리워지는 겨울이다. 이렇게 추운 날에 동구 밖에서 아버지가 서울 다녀오시면 좋아라 아버지의 손을 잡고 아버지가 사 오신 과자 봉지를 들고 행복해하였던 어린 시절이 떠오른다. 필자의 아버지는 사업을 하셨기에 그 당시에도 어려움을 모르고 보릿고개도 모르고 필자는 행복한 유년 시절을 보냈다. 지금 생각하여도 정말로 행복한 유년 시절을 보냈다. 그래서 아버지의 사랑이 가득한 그 시절 지금 다시 태어나도 부러움이 없는 필자의 유년 시절을 떠올려보는 것이다. 그런데 필자는 아버지가 살아계셨을 때 단 한 번도 아버지를 즐겁고 기쁘게 해드린 적이 없는 불효막심한 아들이었던 것을 지금에서야 아니 아버지가 돌아가신 다음에 알았다. 살아생전에 아버지가 나를 보고 즐거워서 자랑스러워서 커다랗게 웃는 모습을 그야말로 아들이 자랑스럽고 착해서 하얀 이가 드러나도록 파안대소(破顔大笑)하시는 모습을 한 번도 못 본 것을 두고두고 후회를 하는 것이다.

옛 글에 아버님 살아계실 때 효도를 다하라는 글귀를 천만 번도 더 듣고서 자란 우리들 즉 필자들의 세대이다. 그런데 그 말이 그저 쇠귀에 경 읽기 즉 우이독경(牛耳讀經)으로 흘려버린 그 구절이 지금도 생각이 난다. 살아생전에 효도를 못 하면 부모님이 돌아가신 후에 후회를 한다는 삼강오륜의 첫 대목을 모두모두 잊어버리고 살아온 지난 시절을 이렇게 늦게나마 후회하고 반성을 하는 것이다. 대한민국의 아버지들 그리고 가평의 모든 훌륭하신 아버지들과 함께 이 글을 쓰고 이 글을 바치고 싶다. 어려운 시절에 태어나 못 먹고 못 입고 못 배운 설움을 자식들에게 대물림하지 않으신 우리의 모든 아버지들에게 감사를 드린다. 그리고 감사하고 고맙다는 말씀을 드리고 싶다. 대한민국의 아버지들 아니 전 세계의 아버지들 그리고 가평군의 자랑스러운 우리의 아버지들에게 정말로 감사를 드린다.

팔십이 넘은, 필자가 아는 노인 한 분이 계시다. 그 노인은 아버지의 덕으로 어렵던 시절에 대학교를 졸업하시고 지금은 초야에 묻혀서 가평 사람으로 그리고 가평의 자랑스러운 아버지로 건강하게 활동을 하시는 모습을 본다. 그 노인의 이야기는 지금도 아버지가 살아계시면 매일 업어서라도 좋은 구경과 좋은 음식을 대접하고 싶다는 이야기를 사석에서 가끔씩 하신다. 그러나 어쩌랴. 이미 아버지는 돌아가셨고, 그 노인마저 거동이 불편하여 아버지를 업기는커녕 자기가 업혀서 다녀야 하는 나이가 되었는데도 아버지를 그리는 모습을 보면서 가슴이 뭉클하다. 이렇게 훌륭한 아버지들이 살아계시는 가평은 그리고 아버지가 생존해계시는 모든 이들은 행복한 것이다. 이 글을 읽고 잠시나마 아버지를 회상하는 시간을 가져보았으면 한다. 올해는 기해년 황금 돼지의 해란다. 건강하고 복 많이 받으시는 아버지들이 되시기를 바란다. 송해 선생님과 유지나가 함께 부른 아버지와 딸의 가사를 함께 보낸다.

아버지와 딸

내가 태어나서 두 번째로 배운 이름 아버지
가끔씩은 잊었다가 찾는 그 이름
우리 엄마 가슴을 아프게도 한 이름
그래 그래도 사랑하는 아버지
세상 벽에 부딪쳐 내가 길을 잃을 땐
힘을 내서 오라고 집 잘 찾아오라고
밤새도록 기다리던 아버지
내가 시집가던 날 눈시울을 붉히며
잘 살아라 하시던 아버지
사랑합니다 우리 아버지

●테이블 토크

진정한 보수 아이콘 남궁재 자유한국당 부위원장

반가운 사람 그리고 반가운 얼굴이다. 남궁재 자유한국당 부위원장을 만났다. 그렇게 많은 시간이 흐른 것 같지도 않은데, 처음 만난 지가 벌써 한참 된 가평군의회 2대 의장을 지낸 남궁재. 세월이 빨리도 지나갔다. 동안의 그의 얼굴을 보면서 참으로 세월이 빠르다는 생각을 했다. 그 역시도 정치의 꿈을 꾸고 가평군을 누비던 때가 엊그제 같은데 벌써 10여 년의 세월이 흘렀다. 이제는 뒤에서 자라나는 정치인들을 컨트롤하며 자유한국당의 부위원장으로 역할을 하고 있다. 김영우 위원장과 원만한 관계를 유지하며 나서지 않고 조용히 뒤에서 가평의 정치인들을 만나는 남궁재 부위원장. 보수의 아이콘으로 그리고 가평군을 사랑하는 그가 있었기에 가평군의 군수나 군의원 모두가 그와 함께 선거를 치러낸 사람들이며 승자인 것이다. 그런데 남궁재 부위원장은 선거는 승자의 몫이라며 자기의 공과(功課)를 내밀지 않는 사람이다. 조용히 뒤에서 자유한국당의 부활을 노리는 그의 노련미가 빛나는 날이 언제 올 것인가. 만나면 반가운 사람이 되기 위하여 노력하는 남궁재 자유한국당 부위원장을 보면서 가평에도 어둠이 걷히고 새로운 희망의 날이 언제 오려나 함께 기다려보자고 생각했다.

박근혜 대통령의 미운 사랑

사랑할 때는 두 눈이 멀어 사랑이 보이지 않는 법이다. 그래서 눈 먼 사랑으로 모든 것을 주고 모든 것을 잃는 것이 사랑이다. 믿음, 소망, 사랑, 그중에 제일은 사랑이라는 말이 있다. 남녀 간의 사랑, 부모가 자식을 사랑하는 사랑. 이 모든 것이 얼마나 지고지순하고 고귀한 것이기에 믿음도 소망도 사랑만 하지 못한 것인가. 그래서 남녀 간의 사랑은 이 세상 무엇보다도 바꿀 수 없는 것이기에 사랑을 위하여 목숨을 버리는 애틋한 사랑이 있었기에 우리들은 그 사랑의 소중함에 울고 웃는 것이다. 못 다 이룬 사랑을 위하여 현해탄에 몸을 던진 윤심덕 그리고 사랑의 대명사인 로미오와 줄리엣의 사랑 이야기. 이를 비롯한 모든 사랑의 이야기는 사랑을 하고 사랑을 받고 사랑을 쟁취하는 것이 역사가 아닌가 생각을 한다.

사랑이 없는 정치는 있을 수 없는 일이고 사랑을 빼고 정치와 정객(政客)을 논할 수 없는 것이 아닌가. 절대권력보다도 무서운 것이 사랑이기에 사랑은 귀한 것이다. 그런데 그렇게 사랑을 할 때는 아무것도 보이지 않으니 문제가 생겨나는 것이다. 그야말로 집권자의 무조건적인 사랑으로 나라가 혼돈(混沌)이 오고 혼란(混亂)이 오는 것이다. 이는 아주 잘못된 사랑이다. 자기가 좋아하는 사람은 무조건 용서해주고 이해해주고 좋아하는 사람의 잘못을 덮어버리는 지도자로 인하여 우리나라 대한민국이 피멍이 들어가고 있다.

자기가 좋아하는 사람이라도 잘못이 있다면 야단을 치고 엄벌을 처하는 지도자가 없기에 지금의 대한민국이 추락하는 것이다. 그 결과가 2.7% 성장, 지난 6년 동안 최악의 경제 성적표가 문재인 정부의 성적표이다. 국론을 양분시킨 대가가 2,7%의 성장이 아닌가 생각한다. 사랑보다는 채찍이 필요한 것이 현 정부의 정책이 아닐까 생각을 한다. 최순실을 향한 무조건적인 사랑으로 대통령직에서 쫓겨난 박근혜 전 대통령을 보면서 사랑의 어리석음이 얼마나 위험한 것인가를 생각하는 것이다. 또한 장녹수를 무조건적으로 사랑을 한 연산군은 무조건의 사랑의 대가로 왕권을 잃어버리는 어리석음이, 이 모두 잘못된 사랑으로 파국을 맞이한 것이다.

부모가 자식을 사랑하는 것 그리고 형제들의 사랑 아니면 어려운 이웃을 사랑하는 이러한 사랑이야말로 좋은 사랑이 아닐까 생각을 한다. 그 많고 많은 사랑 중에 집권자가 어리석은 사랑을 하는 것이 가장 무섭다는 사실을 우리는 박근혜 전 대통령을 보면서 깨달았다. 독선으로 국정을 이끌고 그 결과로 자기가 태동한 한나라당의 의원들이 반기를 들고 탄핵을 찬성한 결과로 나라가 요 모양 요 꼴로 양분되고 반분되고 진보와 보수로 등을 돌린 대한민국이 되었다는 사실을 우리는 알아야 한다. 집권자의 잘못된 사랑으로, 그 결과가 작년도 우리나라 대한민국의 경제 성장률이 6년 만에 최저치인 2.7%로 추락하였다는 사실을 우리 군민들은 똑똑히 알고 정신을 차려야 한다.

넘쳐도 안 되고 부족하여도 안 되는 것이 사랑이다. 과유불급(過猶不及)이라는 말이 딱 들어맞는 말이 아닌가 한다. 사랑이란 이렇게 넘쳐도 불행한 것이고 모자라도 불행한 것이기에 사랑이 소중하고 중요한 것이리라. 우리 가평군의 현직 국회의원인 김영우 자유한국당 의원도 그리고 그전에 우리의 국회의원이었던 5선의 정병국 의원도 사랑이 모자라서 탄핵에 동조한 것은 아닌지 우리 모두가 생각을 해보아야 할 것이다. 만약에 박근혜 전 대통령이 정병국 의원이나 김영우 의원에게 정치적인 사랑을 베풀었다면 두 국회의원 모두가 탄핵에 찬성하기 위하여 당을 떠나지는 않았을 것이라는 생각을 한다. 그들 두 사람이 박근혜 전 대통령에게 단 한 번의 정치적인 사랑을 받았다면 이렇게 참담한 결과가 없지 않았을까도 생각을 한다. 필자는 정치는 모른다. 그리고 정치에 개입하기도 싫다. 그냥 정치가 재미가 없다는 생각만 할 뿐이다. 배신과 배반이 판을 치는 정치판을 보면서 정치에 신물이 난 지가 이미 오래되었다.

사랑이 없는 정치란 이렇게 무서운 것이다. 또한 사랑이 없는 사회는 이렇게 요즈음처럼 삭막한 것이다. 아직까지도 촛불과 태극기는 대립을 하고 있다. 보이지 않는 미움과 증오가 태극기와 촛불 사이에 꺼지지 않고 활활 타오르고 있다는 사실이 무섭다. 지금도 길을 지나가면, '야! 재는 촛불이야. 우리하고는 다르다. 무조건 촛불이 옳다고 하는 사람이야.' 촛불은 '야! 재는 태극기야. 우리들하고는 다른 사람이야' 하고 다니는 것이 지금 가평군의 현주소라는 사실이 우리를 어둡고 힘들게 한다. 이제는 전라도와 경상도의 문제보다도 더 큰 것이 태극기와 촛불의 보이지 않는 앙금 덩어리이다. 그 앙금 덩어리가 아직도 가평에 잔존하고 뿌리를 내려간다는 사실에 경악을 금할 수 없다. 그래서 지도자가 특단의 결단을 내려 촛불과 태극기의 앙금을 걷어버리고 지워버리는 일이 지금 대한민국에서 가장 시급한 문제가 아니겠는가.

그래서 전라도와 경상도의 앙금보다도 깊은, 태극기와 촛불이 하나가 되는 그러한 새해 2019년 돼지해를 기다려보는 것이다. 태극기도 우리나라 국민이고 촛불도 우리나라 국민이다. 15억의 중국도 이러한 지역감정이 없는데 중국보다도 무지무지하게 작은 나라 대한민국의 5천만 국민이 하나 되는 날이 이렇게 힘이 들고 멀 줄이야 어느 누가 생각을 하였겠는가. 지금의 대한민국의 앙금은 정치적으로 푸는 방법 이외에는 다른 뾰족한 수가 없다. 그런데 정치권에서는 아예 등 돌리고 독선과 독주로 일방통행을 하고 있으니 우리 국민들의 깊게 파인 골짜기의 앙금도 날이 갈수록 깊어지는 것이다. 작은 사랑으로 풀 수 없는 일이기에 가슴이 답답하다. 앙금이란 걷어내고 새로운 물로 깨끗이 씻어버려야 하는데 그러한 깨끗한 물을 퍼 넣을 지도자가 없다는 것이 우리 5천만 국민을 슬프게 한다. 믿음, 소망, 사랑, 그중에 제일은 사랑이라는데 올해는 사랑으로 모든 앙금이 걷히는 그러한 기해년 한 해가 되기를 독자들과 함께 사랑으로 기원을 하고 사랑으로 기도를 하자.

그렇게 슬픈 시절이 있었답니다

지금은 채널 TV가 발달이 되어 예전에 30여 년 전 프로그램을 재방송하는 텔레비전 방송이 100여 개 이상이 송출이 되는 것으로 알고 있다. 30여 년 전 프로그램 중에 MBC에서 방송이 된 〈전원일기〉 그리고 KBS에서 방송이 된 〈대추나무 사랑 걸렸네〉라는 프로를 매일 밤 9시부터 11시까지 방송을 내보내고 있다. 요즈음 정치에 식상을 한 필자는 아예 종편이나 정부기관의 앵무새 방송을 하는 모든 방송에 문을 닫고 예전에 기획된 시사 프로그램이나 여행 방송에 채널을 고정시키고 살아온 지가 벌써 2년이 넘는다. 좋은 세상이 올 때까지는 종편이나 앵무새 방송을 안 보기로 한 필자 혼자만의 약속을 지금도 꾸준히 잘 지켜나가고 있다.

그렇게 어렵던 시절의 방송을 보면서 필자는 혼자서 많은 생각을 한다. 그 당시의 시대상을 보면서 억지웃음이 나오고 어렵던 우리나라 대한민국이 생각이 나서 슬픈 눈물을 흘리며 텔레비전을 본다. 외출복이 없어서 쩔쩔매는 일용이와 일용이 엄니(어머니)의 가난하던 시절의 우리나라 우리 농촌이 떠올라서 가슴이 뭉클하다. 배우지 못한 설움을 위장 학력으로 포장을 하고 자기네 집이 부자였다 하는, 필자가 아는 어느 여자분은 지금도 쌈밥집에 가면 보리밥을 안 먹는 모습을 보면서 애처롭고 마음이 짠하다. 어릴 적에 얼마나 고생을 하고 어려웠으면 지금도 보리밥을 안 먹을까 하는 생각을 하는 것이다.

그래, 그 시절은 우리나라가 세계에서 가장 가난한 나라였기에 보리쌀이 싫어서 지금도 보리밥을 안 먹는 그의 심정을 헤아려본다. 그토록 어렵던 우리나라 대한민국이 지금은 세계인이 부러워하는 잘사는 나라가 되었다. 지금처럼 정치가 엉망진창이 아니고 살기 좋고 아름다운 나라를 만들고 5천만 국민을 함께 대한민국을 잘 이끌고 국민을 행복으로 이끌어가는 지도자를 적어도 추억의 지도자 박정희 대통령 같은 지도자를 만났다면 우리나라는 이미 선진국 5만 불 시대를 살아가는 잘사는 선진국 대한민국이 되었을 것이다.

그런데 지금은 경제 성장 2,7%의 초라한 대한민국의 경제 성적표가 그것도 6년 만에 최저치인 문재인 정부 밑에서 우리는 살아가고 있다는 사실을 우리 국민들은 이제야 실감을 하는 모양이다. 하도 급하니까 총선용으로 문재인 정부가 지방공항 제2의 공항을 들먹이며 총선용 표심을 달래는 모양이다. 그런데 대한민국 15개의 공항 가운데 인천, 김포, 김해, 제주, 대구 등 5곳을 제외한 10곳은 만성 적자라는 사실을 우리는 알아야 한다. 최근 5년간 누적된 적자가 3,534억 원이라는 사실을 알고 있는데도 또 다시 지방공항을 짓겠다는 이러한 약속을 집권자가 하다니. 국민의 혈세로 정권 연장을 하기 위한 수단이 아닐까 독자의 상상에 맡기기로 하자.

이렇게 퍼주기 민심 달래기로 나라가 운영이 되니 국민소득 3만 불이 요원한 것이다. 집권당인 더불어민주당은 연초부터 전국을 돌며 예산투어를 하는 모양이다. 이례적으로 선거가 있는 상반기에 예산 집행과 실시를 하여 국민의 마음을 달래려는 그들의 심사로 인하여 심기가 불편하다. 그런데 지금의 민심은 어떠한지 알 수가 없으니 궁금하다. 먼젓번 지방선거처럼 민주당 간판이면 무조건 당선되는 꿈을 또 한 번 꾸는 것이 집권당인 더불어민주당이다. 그런데 국민들이 그렇게 녹록지 않으니 지방공항이다 예산투어로 국민의 마음을 달래보려는 것이 그들의 속셈이다. 국민들은 한 번 속지 두 번 속일 수 없다는 사실을 그들은 알고나 있는지 궁금하다.

박근혜 시절에 한나라당이 전국을 싹쓸이한 것을 보고 모두 다 선거의 여왕이라고 불렀던 박근혜 전 대통령 생각이 난다. 고집불통의 여인 박근혜는 지금 교도소에 수감 중이다. 남의 말을 듣지 않고 고집불통과 오만의 대명사였던 박근혜 전 대통령의 초라한 모습으로 국민들은 이미 태극기와 촛불로 양분이 된 지 오래이다. 지난번 지방선거처럼 더불어민주당이 이번 총선에서 싹쓸이한다는 보장은 어디에도 없다. 6년 만에 최저치 2,7%의 초라한 경제 성장률 그리고 최악의 실업 사태를 국민들이 그렇게 두고 보지는 않을 것이다. 그렇게 초라한 시절을 살아왔던 우리 민족이 이제는 어디로 가야 하는지 방향을 잃은 것이다.

국론이 양분이 되니 여도 아니고 야도 아니고 도대체 국민들이 믿고 의지할 정부와 지도자가 없는 현실이 안타깝다. 보리밥이 싫어서 보리밥을 안 먹는 그러한 필자의 세대들과 아무 근심과 걱정이 없이 자라난 지금의 세대들이 언젠가 하나가 될 수 있을까. 아주 요원한 일이다. 그야말로 영원히 하나가 되는 대한민국이 올 날은 점점 더 멀리 가고 있다. 30여 년 전 드라마를 보면서 배운 척 교양을 떠는 김 과장의 처 고두심(며느리 역)의 오버 연기를 보면서 그 시절을 상상하고 김 회장(최불암 역)의 지극한 효심을 보면서 현재를 비교해본다. 또한 황 놀부의 〈대추나무 사랑 걸렸네〉를 보면서 묘순 역의 어느 탤런트의 부족힌 연기를 보고 그 시질의 모자라는 연기력이 지금은 승화가 되어서 모두들 톱 탤런트가 되었다는 사실을 알 수가 있는 것이다. 부족한 연기로 극중 재미를 반감시키던 황 놀부의 고명딸 말숙이(고현정 역) 역시도 지금은 사극물을 소화해내는 명연기자로 성큼 자라난 30여 년의 세월이 훌쩍 흘러갔다.

그 시대의 눈물을 머금고 함께 자란 필자 역시도 이제는 중년을 넘어 노년으로 접어든 시간이란 이렇게 빠르게 흐르는 것이다. 가난의 설움을 아는 것도 필자의 나이이고 필자의 세대들이다. 아버지가 초등학교 소사였던 과거를 숨기고 교육자 집안의 교장 선생님의 딸이라고 거짓말을 하던 시절의 여자는 서울 뚝배기라는 30여 년 전 드라마에 나온다. 지금도 아버지가 교장 선생님이라고 가난을 숨기는 우리 이웃들이 있다는 사실을 보면서 가난과 못 배운 이들의 한을 보면서 마음이 짠하다. 그래도 지금은 모든 것이 넘쳐나는 세상이다. 하지만 못 배운 한과 어릴 적 배고픔을 보면서 그렇게 슬픈 시절이 있었다는 이야기를 글로 쓰면서 30여 년 전 드라마를 보면서 흘리는 눈물은 고귀한 눈물이 아닌가. 그렇게 슬픈 시절이 있었는데 지금의 대한민국은 더 슬프지 아니한가. 국론이 양분되고 전라도와 경상도, 태극기와 촛불로 갈라진 사분오열의 대한민국이 더 슬픈 것이다.

●테이블 토크

푸르른 희망 장동규 가평군 농업기술센터장

장동규. 이름만 들어도 반가운 사람이다. 검게 그을린 얼굴 아니 그의 얼굴은 원래 피부가 까맣다. 하지만 그의 마음은 농민을 사랑하는 푸르름이 가득한 파란 마음의 소유자이다. 우리들 마음에 빛이 있다면 여름엔 여름엔 파랄 거예요,라는 동요가 생각이 난다. 가평읍 금대리 출신으로 강원대학교를 졸업하고 가평군청에서 근무하며 오로지 농민들과 함께 회로애락 생사고락을 함께한 정통 농촌 공무원이다. 한 번도 자기를 내세우거나 자랑하는 것을 들어본 적이 없다. 모든 공은 상사인 군수에게, 모든 공을 부하 직원들에게 돌리는 장동규 농업기술센터장을 만나면 가평에 산다는 것이 행복하고 자긍심을 갖는다. 무엇이고 다 농민들의 공이고 무엇이든 다 부하 직원들의 공이라는 그의 인간미에 매료가 되는 것이다. 상사에게 충성하고 부하직원을 사랑하고 농민을 사랑하는 장동규가 있어서 가평은 행복하고 푸르른 그의 마음처럼 가평의 푸르른 희망을 보는 것 같다. 농민들은 장동규가 있어서 행복하고 장동규는 농민이 있어서 행복하고 글을 쓰는 기자는 장동규를 만나서 행복하다.

꿈이 있어야
꽃이 피는 것이다

꿈이 있어야 꽃이 피는 것이다. 이미 봄은 시작이 되었다. 겨우내 움츠렸던 새싹들이 기지개를 켜고 활동하는 시기가 왔다. 꿈이 있어야 꽃을 피울 수 있다는데 지금 우리 사는 대한민국은 어디로 가고 있을까. 한참을 생각해보아도 도대체 답이 나오지 않으니 문제이다. 오늘 아침 조간신문에 2월 수출 실적이 -11%로 31개월 만에 최대 폭으로 하락하였다는 기막힌 기사를 보았다. 이런 나라에서 무엇이든지 무상으로 모든 것을 해결하려 하니 수출이 잘된들 무슨 소용이 있겠는가.

작년도 12월부터 3개월 수출이 연속 하락이란다. 그런데도 정신을 못 차리고 적폐청산이다, 무엇이다로 정국을 이끌고 가는 문재인 정부의 무소불위의 저력을 보면서 전율을 느낀다. 그야말로 그들의 모습으로 인하여 국민들이 군민들이 갈 곳을 잃고 설 자리를 잃어가는 기분이다. 중·고등학교도 무상급식이고 고등학교 교복도 우리들 세금으로 무상으로 제공하는 것이 지금의 현실이다. 중학교나 고등학교나 선배들이 입던 교복을 내리 물림해서 입던 아름다운 전통과 미풍양속이 하루아침에 사라져버리는 신기루 같은 세상을 우리들은 살아가고 있다. 그저 무엇이든지 무상으로 주겠다니 얼마나 좋은 일인가. 빈둥빈둥 놀아도 실업급여를 받고 젊은이들은 취직을 할 때까지 월 오십여 만 원을 준다는 이야기도 들리고 정말로 대한민국이 이렇게 부자 나라인가 생각해본다.

일하지 않는 자는 먹지도 말라는 이야기를 듣고 자랐다. 그만큼 숭고한 노동의 대가를 잃어버리는 나라가 우리 대한민국이 아닌가 생각도 해본다. 노동의 대가를 잃으면 무능해지는 것이다. 무능은 곧 가난으로 찾아온다는 진리를 모르는 것일까. 빈둥빈둥 놀고먹는 젊은 세대들에게 이 나라 대한민국을 맡긴다는 것은 대한민국이 나락으로 떨어져 내린다는 숨어 있는 사실을 우리들은 얼마나 알고 있을까. 그야말로 무능하고 무능력한 자를 양산하는 것이 지금의 정부 정책이다. 일하는 사람이 대접을 받고 놀고먹는 사람이 없을 때 가정이나 국가가 부흥하고 부강해지는 게 사실이다.

개미와 베짱이 교훈을 잊어버리는 우리나라 대한민국의 앞날이 심히 걱정된다. 꿈이 없는 젊은이를 만들어버리는 국가 정책으로 인하여 입는 피해는 잠시 후에 우리들에게 그리고 지금처럼 놀고먹는 젊은이들에게 쓰나미처럼 덮쳐올 것이다. 무상으로 나누어주던 세계 선진국들이 지금은 나락을 헤매는 것을 우리는 이미 보지 않았는가. 세계적으로 잘사는 그리스 그리고 60년대까지도 동남아의 패권을 겨루던 필리핀의 모습을 보면서 정치 지도자 한 사람의 잘못된 선택으로 잘살던 나라가 원조국이 되는 아픔을 우리는 두 눈으로 똑똑히 보고 자랐다.

꿈이 있어야 꽃이 피는 것이다. 봄이 온 것도 모르고 잠이 들어 있는 식물은 없다. 하기야 사람들이 봄이 온 것을 모르고 살 수는 없는 노릇이다. 만물의 영장이라는 사람들이 아니 우리 대한민국 국민이 그리고 우리 사는 가평군민이 지금의 시대상을 한 번쯤 심사숙고해봐야 하는 것이 아닐까 생각한다. 절망을 하기보다는 꿈을 잃어버리는 것이 가장 큰 시련이고 아픔이라는 사실을 우리들은 얼마나 알고 있을까. 나라가 이렇게 수출도 안 되고 극렬하게 갈라져 있어도 우리들은 희망의 꿈을 꾸어야 한다. 꿈을 꾸지 않는 자는 희망도 그리고 미래도 없다는 사실을 알아야 한다. 그래서 생긴 말이 있다. 젊은이여, 야망(野望)을 가져라. 이 말을 우리는 잘 알고 있다. 그런데 지금의 대한민국 젊은이들의 야망을 죽이는 것은 정부에서 포퓰리즘 정책을 펴기 때문에 야망을 잃어버리고 사는 것은 아닌가 하는 생각을 한다.

빼앗긴 들에도 봄은 오고 우리 집에 봄이 오면 이웃집에도 봄은 온다. 여기서 봄이란 희망을 말하는 것이다. 희망을 잃은 민족이나 전의(戰意)를 상실한 병사를 가지고는 전쟁에서 승리할 수 없다. 사기가 오르고 전쟁에 이기려는 의지와 필승의 신념으로 뭉쳐진 강한 군대가 역사적으로 승리를 한다. 칭기즈칸은 불과 6만여 명의 병력으로 말 달리는 속도로 영토를 넓혀갔다는 사실을 알려주고 싶다. 칭기즈칸의 군대는 용맹하고 또한 논공행상(論功行賞)에 있어서 모든 것을 올바로 나누어주고 배분을 하였기 때문에 매일 전쟁에서 승리할 수 있었고, 전쟁의 승리로 인하여 가족들이 잘살고 행복할 수 있다는 꿈을 칭기즈칸이 심어준 결과가 세계를 지배하는 몽골인의 위대함으로 나타난 것이다.

하지만 그 강대국이던 몽골은 지금 추운 북쪽의 사막화되어가는 땅 위에서 인구 일백오십 만의 허울 좋은 국가로 전락해버렸다. 칭기즈칸 이후에 뚜렷한 지도자나 그들을 이어서 국가를 통치할 사람이 없었고 더욱이 문화가 없는 미개한 유목민이기에 낳은 결과가 지금의 몽골인 것이다. 넓은 초원이 하루가 다르게 사막으로 변하고 꿈을 잃은 민족들이 몽골의 수도 울란바토르에 3분의 2가 모여 사는 현실을 보면서 우리는 지금 무엇을 생각하고 무엇을 할 것인가를 고심해보아야 한다. 초원에는 이미 꿈이 없기에 몽골은 사막화되어가는 것이다. 그래서 꿈이 얼마나 중요한 것인가를 생각해봐야 한다.

대한민국에도 가평에도 봄은 찾아왔다. 우리는 꿈을 꾸어야 한다. 그래야 희망이 있다. 비록 지금 우리 사는 시대가 난국에 처하여 있다고 하여도 자유민주주의 꿈을 놓아버려서는 안 된다는 것을 알려주는 것이다. 대한민국은 민주공화국이다. 모든 권력은 국민의 손에서 나온다는 헌법 전문이다. 개인 한 사람의 손에서 대한민국을 잃어버릴 수는 없고 또한 꿈을 잃어버리는 꿈을 꾸지 않는 국민으로 군민으로 살아서는 더욱더 안 된다. 젊은이들이 야망을 가지고 꿈을 키우고 일하는 자들이 행복한 대한민국을 그리고 우리 사는 가평을 만들기 위하여 우리는 무엇을 하여야 할 것인가를 생각하자. 칼럼의 제목처럼 꿈이 있어야 꽃이 피는 것이다. 우리 6만 군민들의 소중한 꿈이 활짝 꽃피는 그러한 3월의 대한민국의 봄을 그리고 가평의 봄을 기다린다.

●테이블 토크

바빠서 행복한 김호명 청평로터리클럽 회장

청평로터리클럽 김호명 회장을 행사장에서 만났다. 항상 바쁜 일정을 살아가는 가평인이다. 로터리클럽 회장으로 산림조합 감사로 왕성한 사회 활동을 하는 사람이다. 바쁘지만 시간을 쪼개 각급 행사장을 찾아다니며 봉사의 손길을 놓지 않고 있어 언제 만나도 반갑다. 사람이 좋고 술이 좋고 친구가 좋아서 그의 곁에는 항상 사람들이 넘친다. 엊그제는 회장 임기의 피날레를 장식하는 어린이날 행사를 청평면에서 성대하게 마쳤다. 약방의 감초처럼 이곳저곳을 다니면서 이 사람 저 사람을 두루 만나는 동서남북을 휘젓고 다니는 팔방미인의 성격이어서 누구도 말릴 수 없는 사람이다. 동에 번쩍 서에 번쩍 가평을 누비며 바쁘게 살아가는 그의 모습을 지켜본다. 그렇다고 무슨 정치적인 욕심이나 사심이 있어서 바쁜 건 아니다. 생각하기에는 역마살이 붙어 있지 않나 할 정도로 이익도 없이 바쁜 그의 행보를 보면서 생각을 하였다. 움직이는 사람이 가만히 앉아 있는 사람보다 더 능동적이고 창의적이란 사실을 김호명 청평로터리클럽 회장을 보면서 느꼈다. 여유 있게 차 한 잔 할 시간도 없이 바쁜 그가 오늘은 설악면에 행사가 있다며 종종걸음으로 자리를 떠났다. 그의 뒷모습을 보면서 바빠서 행복한 김호명이구나 하는 생각으로 오늘도 또 서둘러 그를 보냈다.

권력이란 사이클이 있는 법이다

요즈음 농·축·산림조합의 3대 조합장 선거를 치르고 가평 축협, 그리고 산림조합은 2기 체제로 먼젓번의 조합장들이 제2기 내각을 구성하고 새로운 출발을 하고 있다. 그런데 가평군 농민의 최대 조직인 가평군 농업협동조합은 최승수 당선자가 새로운 농민의 농협을 이끌어가고 있다. 그야말로 농민 조직원들이 선거 혁명을 이룩한 결과로 최승수 당선자를 만들어낸 것이다. 그래서 권력이란 사이클이 있다는 이야기를 하는 것이다. 올라가면 반드시 내려와야 하는 법이고 정상에 있으면 하산을 준비해야 한다. 그런데 한 번 오르면 내려오지 않으려는 것이 모든 권력가들이 가지고 있는 마음이다. 무소불위의 권력자로 그리고 여성 대통령으로 한 시대를 풍미(風味)한 박근혜 대통령의 말로를 보면 권력의 끝자락이 얼마나 초라한가를 알 수 있다.

지방의 작은 권력에서부터 위로는 대통령까지 권력은 유한(有限)한 것이다. 무한 권력과 절대 권력은 썩어버린다. 그래서 권력이란 수직이동이 있고 그 이동으로 인하여 많은 사람들이 상처를 그리고 아픔을 당하는 것이 권력이다. 권력자의 주변을 맴도는 사람들을 우리는 간신(奸臣)이라고 표현한다. 권력자가 충신(忠臣)들만을 사랑하고 간신을 미워할 수 없는 것은 권력자는 아부하는 사람을 좋아하기에 아부형 부하들과 어울리다보니 충신을 제대로 알아보지 못한다. 충신들은 직언(直言)을 하지만 간신들은 듣기 좋은 말만 하기에 정치란 하기 어려운 것이다. 그래서 간신들 틈에서 비위를 맞추고 아부만 하는 부하들에게 둘러싸여 있다가 다음 선거에서는 그들로 인하여 낙마하거나 상처를 입는 것이 권력자들의 모습이다.

듣기 싫은 말은 귀에 거슬리는 것이고 듣기 좋은 말은 귀까지 찢어지는 함박웃음을 주는 것을 권력의 자리에 정상에 있을 때는 모른다. 권력의 자리를 남에게 내어주고 나서야 후회를 하는 것이 우리 인간들이다. 아무리 좋은 권력도 십 년을 넘기지 못하고 아무리 붉은 꽃이 예쁘다고 하여도 열흘 붉은 꽃이 없다는 이야기이다. 이렇게 권력이란 주기가 있고 사이클이 있는 것이기에 그 권력의 끈을 놓을 수 없고 놓기가 싫어서 마지막까지 안간힘을 쓰고 권력의 자리를 지키려는 것이 모든 권력자의 속성이다. 권력자를 가장 힘들게 하는 것이 인의 장막이다. 간신배들로 온통 가득한 권력자의 주위로 아무도 들어설 수 없게 간신배들이 둘러싸고 있다는 것을 권력자만 모르고 있다. 그래서 권력자들은 눈이 멀고 귀가 막혀버리는 것이다.

칼럼을 쓰면서 감히 생각을 해본다. 이번 농·축·산림조합 선거를 일기예보가 맞아 들어가듯이 이미 당선자를 알고 있었던 필자의 가슴이 서늘하다. 마치 천기누설(天紀漏泄)이나 하는 것처럼 많은 유권자나 선거에 관심이 있는 사람들이 전화나 사석에서 당선자를 물어보는 것에 대답하기가 힘이 들었다. 그러나 정확한 정보와 여러 가지 정황을 보면서 당선자를 미리 말해준 적이 있다. 정말로 어려운 예측을 한 것처럼 생각할 수 있으나 상대방 후보자와 당선자의 다른 점을 알고 있다는 사실을 그 사람들은 그저 주먹구구식으로 풍문으로 들었고, 필자는 여러 가지 상황을 시뮬레이션처럼 비교하고 연구하여 얻어낸 결론이다. 그만큼 지역을 누비고 여론의 방향을 찾아다니고 여러 유권자의 의견을 반영한 결과물인 것이다.

발로 뛰지 않고 귀로만 듣고 당선자를 그리고 당선자의 윤곽을 알 수는 없다. 단 한 가지 역대의 어느 선거에서도 직원들이 등을 돌리는 후보자가 당선이 안 된다는 사실을 필자는 이미 알고 있었다. 단 한 번도 조직의 직원들이 그의 수장에게 등 뒤에서 비수를 꽂으면 그 선거의 결과는 꼭 패배로 돌아온다는 사실을 이미 알고 있었다. 그래서 어느 조직이나 또한 어느 단체도 간신배들이나 해바라기들이 조직을 장악하면 많은 사람들이 돌아선다는 숭고한 진리가 선거에는 숨어 있었고 살아서 움직인다는 사실을 알고 있었던 것이다.

선거도 사람이 하는 것이고 벼슬도 사람이 하는 것이다. 그래서 사람이 즉 유권자가 중요하다는 말이다. 한 사람에게만 정을 주어서는 열 사람이 등을 돌리고 열 사람 모두에게 사랑을 주면 열 사람 모두가 좋아하는 것이다. 이렇게 사람이란 자기에게 관심이 있거나 사랑을 받는다고 생각할 때에 사랑을 주는 사람에게로 정이 가고 그것이 그 사랑의 대가가 표로 연결되는 것이 선거이다. 믿음, 소망, 사랑, 그중에 제일은 사랑이라는 이야기다. 사랑 앞에는 모든 것이 무너져 내린다.

따듯한 봄이다. 양지쪽에는 이미 봄이 와 있다. 태양의 사랑을 가장 먼저 받는 곳이 양지쪽이다. 이렇게 만물이 모두가 사랑받는 것을 좋아하는 것이다. 골고루 비추는 태양처럼 많은 사랑을 베풀고 사랑을 나누어준 전국의 모든 후보자들이 당선이 되었다. 그들은 아마도 사랑을 나눌 줄 아는 사람들이 아니었나 생각해본다. 권력의 정점에 있다가 야인이 되어 집으로 돌아오는 권력자들을 많이 보아왔다. 권력의 높은 의자도 책상도 모두 다 치워진 자리를 지키는 모습은 힘이 들고 외로운 것이다. 어제의 일들이 주마등처럼 생각이 나고 내가 그 자리에 있을 때 모든 사람들에게 좀 더 잘해주었으면 하고 후회하는 모습을 보았다.

이렇게 권력이란 허무한 것이고 신기루 같은 것이다. 어느 가수의 노래처럼 있을 때 잘할 걸,이라는 노래 가사를 생각해본다. 그러나 있을 때 잘하는 사람이 과연 몇 명이나 될까. 부모님이 돌아가셔야 불효를 후회하고 남의 아픔을 즐기는 사람들이 살아가는 세상이다. 상처는 어루만져주어야 하고 승자는 패자를 위로하는 아름다운 사회가 되었으면 한다. 지금의 당선자들도 언젠가는 그 권력의 자리에서 내려온다는 사실을 한시라도 잊어서는 안 된다. 권력이란 유한한 것이지 무한한 것이 아니라는 사실과 권력이란 사이클이 있다는 사실을 알아야 한다.

● 테이블 토크

차분한 성격의 장봉욱 가평군 농협 노조위원장

가평군 농협은 노조가 있다. 가평에서 알아주는 거대 조직이기에 노조가 있을 수 있다는 생각을 하였다. 가평군 농협 노조는 합리적으로 전 노조원들이 농협과 공생하는 민주 조직이다. 이 노조를 책임지고 있는 장봉욱 노조위원장을 만났다. 항상 겸손하고 남의 이야기를 잘 듣는 그리고 상황을 정확히 파악하는 장봉욱 노조위원장은 조용하면서도 차분한 성격의 소유자이다. 나서지 않고 천천히 합리적으로 노조를 대변하는 그의 모습을 항상 보아왔다. 많은 업무 중에도 노조원을 다독거리고 노조원들의 모든 이야기를 소화하는 그의 재능이 부럽다. 이 사람 저 사람 이야기를 모두 다 들어주고 그들의 기분을 상하지 않게 하는 특유의 노련함이 안경 너머로 보인다. 농민 조합이라는 농협에서 잔뼈가 굵은 정통 농협 맨이다. 항상 뒤에서 일하고 모든 문제를 슬기롭게 대처하고 강약을 조절할 줄 아는 슬기로움은 어디에서 나오는 것일까. 안경테 너머로 반짝이는 그의 두 눈을 보면서 생각하였다. 아하, 그것이었구나. 바로 사람을 볼 줄 알고 사랑을 볼 줄 아는 그의 눈빛에서 농협을 사랑하고 농협의 많은 노조원을 사랑하는 마음을 읽었다. 수많은 문제점이 있는 노조의 많은 현안을 해결하고 노조원을 이끌어가는 그의 모습이 믿음직하다.

좋은 요리는 늦게 나오는 법이다

우리는 매일같이 음식을 섭취해야 한다. 아침을 먹고 얼마 지나면 점심을 그리고 저녁이 되면 저녁밥을 먹어야만 살 수가 있다. 그래서 인간이란 살기 위해서 먹느냐 먹기 위해서 사느냐로 논쟁을 벌이고 있다. 그래서 모든 것이 어떻게 하면 잘 먹고 잘 놀고 하는 것에 인간들은 목표를 세우고 살아간다. 그런데 권력이나 사회의 모든 룰이 우리 인간들에게 결코 녹록치 않은 것이기에 인간들은 그 굴레를 벗기 위하여 안간힘을 쓰고 살아가는 것이 아닌가 하는 생각을 한다.

비가 온 뒤에 구름이 걷히면 밝은 태양은 어느 때보다도 맑고 눈이 부시다. 비 온 뒤에 땅이 굳어진다는 속담도 있다. 서로 싸우고 난 후 화해를 하면 좋은 사이가 될 수도 있다. 그래서 허겁지겁 밥을 먹고 난 뒤에는 아무런 생각도 없는 것이 우리들 인간이다. 배가 잔뜩 부른 뒤에 좋은 요리가 나온들 무슨 소용이 있는가. 이미 양이 차서 한 숟가락도 먹을 수 없는데 좋은 요리가 나온들 무슨 소용이 있을까.

인간들은 눈앞의 이익에만 급급하여 빠르게 배를 채우고 좋은 음식이 나올 때 손도 못 대는 것이 우리들 살아가는 일상이다. 조금만 더 천천히 기다렸으면 좋은 음식을 마음껏 먹을 수 있는 것인데 조금만 참고 기다렸으면 좋은 자리로 승진을 할 수가 있는데 조급하게 서두르다가 모든 것을 잃고 마는 인간들의 습성으로 좋은 음식은 늦게 온다는 속담이 생겨난 것이다.

내 자리가 아닌데 내가 올라갈 자리가 아닌데 무조건 내 자리라고 생각하는 사람들 때문에 문제가 생긴다. 흔한 말로 남대문 지게꾼도 순서가 있다는 이야기이다. 급히 먹는 밥은 체하고 일의 순서를 무시하고 급하게 일을 진행하다보면 부실공사가 발생하는 것은 우리 모두가 잘 알고 있는 사실이다. 그런데도 욕심을 부리니 한 술 밥에 배가 부를 수 없다는 속담이 생각나는 것이다. 천천히 그리고 아주 천천히 천리 길도 한 걸음부터라는 속담을 가지고 우리들은 일생을 살아가야 한다.

중국을 자주 여행을 한다. 생각과는 달리 그들은 무엇이 급한지 굉장히 시끄럽다. 그런데 그들의 말투가 그러할 뿐 절대로 서두르지 않는다는 사실을 알았다. 만만디 아주 천천히 아주 천천히가 그들의 일상이라는 사실을 알았다. 목소리는 크지만 그들은 그들만의 내공을 가지고 있고 그들의 내공대로 살아가는 것이다. 식당에서 주문을 하면 얼마간의 시간이 지나도 도대체 종업원이나 주방의 직원들이 손님을 그냥 놔두고 자기들 할 일을 먼저 하고 천천히 음식을 준비하는 모습을 보면서 느낀 감정이다. 음식이 부족하고 반찬이 부족하여 추가 주문을 시켜도 그저 대답만 할 뿐 서두르지 않는 그들의 모습에 처음에는 짜증이 났다. 그런데 그것이 그들의 문화라는 사실을 알고는 중국을 이해하게 되었다. 친절하지도 않고 빠르지도 않은 중국의 미학에 사로잡혀버린 것이다.

이렇게 만만디로 천천히 천천히 가는 나라 중국이 언젠가는 미국을 제치고 G1의 자리에 오를 것이라는 사실을 우리들은 알아야 한다. 물론 군사적인 면이나 경제적으로 미국을 능가한다는 것은 지금으로서는 요원한 일이다. 그런데 우리나라는 4개월째 무역이 마이너스 곡선을 그리고 반도체가 반 토막이 나고 정말로 힘이 든 나라에서 살아가고 있다는 사실을 우리는 알아야 한다. 좋은 요리는 정말로 늦게 나오는 것일까 생각해본다.

지금의 대한민국 경제나 정치적으로 보아서는 기다리고 기다리면 좋은 요리가 나올 것 같다는 생각을 아예 할 수 없는 것이 글을 쓰는 필자의 솔직한 심정이다. 그야말로 이보다 더 망가지지 않는 세상을 희망하며 살아가는 것이다. 다음 정권에나 희망을 가져본다는 마음으로 살아가고 있다. 그래야 마음이 편할 것 같으니 말이다. 마이웨이로 치닫는 문 정부에게 희망을 잃어버리고 사는 자체만으로도 힘이 드는 게 사실이다. 그러니 좋은 요리가 늦게 나온다는 생각을 할 수가 있겠는가. 그저 굶지만 않아도 좋다는 것이 글을 쓰는 사람의 심정이다.

희망이 없다는 것은 참으로 괴롭고 슬픈 일이다. 저녁에라도 좋은 음식을 기대하며 살아왔는데 이제는 저녁까지도 좋은 음식이 나온다는 희망을 잃어버리고 있으니 이 얼마나 슬픈 일인가. 점심에 좀 잘 못 먹었으면 저녁 만찬에는 무엇이 나올까 기대해야 하는데 지금 대한민국은 저녁이 없는 삶으로 변해가고 있다는 사실을 우리들은 얼마나 알고 있을까. 생각을 해본다. 저녁에는 황금 만찬이 있고 가족들이 오순도순 모여서 행복한 내일을 기약하며 힘찬 노동의 대가를 즐기고 내일의 행복한 꿈을 키우는 그날은 언제 오려나. 그러나 희망을 잃는 것은 모든 것을 잃는다는 이야기가 있기에 그 끈을 희망의 끈을 놓지 못하고 살아가는 것이다. 희망을 잃은 민족은 망하는 것이고 희망을 잃은 국가에 산다는 것은 그리고 희망을 잃은 가정에 산다는 것은 생각만 해도 가슴이 아픈 일이다.

만물이 소생하는 봄이다. 우리에게는 언제나 이 푸르른 새봄처럼 봄날이 올 것인가. 앞 냇가에 개울물 소리처럼 봄을 노래하는 희망 찬 봄의 교향곡으로 가고 싶다. 그래서 늦게 나오는 좋은 요리를 기다리는 넉넉함과 여유로움이 있는 그러한 봄을 기다린다. 동요의 한 구절이 생각난다. 봄 처녀 제 오시네, 새 풀옷을 입으셨네. 새 옷을 입은 봄 처녀처럼 우리 사는 대한민국에도 희망의 새봄이, 그리고 우리들 살아가는 아름다운 가평에도 희망의 새봄이 오기를 기대한다. 그래서 좋은 요리가 늦게 나오는 것처럼 희망과 행복이 넘치는 가평이 되었으면 한다. 짓궂은 봄바람이 불어오지만 지금 가평은 완연한 봄이다. 조금 있으면 초록의 빛깔로 뒤덮일 아름다운 가평 땅에 제비가 찾아오고 노오란 꾀꼬리와 뻐꾸기의 울음 소리가 들리는 그러한 봄, 정말로 살기 좋은 가평 땅에 늦어도 좋으니 좋은 요리가 배달이 되었으면 하는 바람을 가져본다.

●테이블 토크

배려를 아는 전 가평군수 양재수

전 가평군수를 역임한 양재수를 만났다. 80 노객으로 보기에는 아직도 당당하다. 그의 꼿꼿한 자세를 보면서 영욕의 세월을 보낸 노 정객의 모습이 자랑스럽다는 생각을 한다. 이제는 집에서 소일하며 가끔씩 친구들과 이야기하고 소주 한잔을 곁들이는 낭만이 있는 사람이다. 시간이 나면 골프도 치고 또 시간이 허락하면 여행을 떠나는 그의 모습을 보면서 지나간 수많은 시간이 떠올랐다. 먼젓번 러시아를 함께 여행하면서 많은 배려와 남을 위해 자신을 내려놓는 모습을 보았다. 친구를 사랑하고 후배를 알아주는 그의 모습을 보면서 많은 생각을 하였다. 가을 햇살에 고개를 숙인 황금 벼이삭처럼 아름다운 노년을 즐기는 그의 모습이 반가울 뿐이었다. 남을 배려하고 친구를 사랑하는 그의 노련미에 가평을 경영하던 양재수 전 군수의 모습을 떠올려보았다. 새벽 일찍부터 늦은 시간까지 가평의 구석구석을 찾아다니던 그의 부지런함과 건강을 우리는 배워야 하지 않을까. 경영이란 잘 하는 사람에게는 이루어진다는 사실은 진리이다. 지금도 건강하게 가평을 걱정하고 사랑하는 전 군수 양재수와 함께하는 가평이 있어 행복하다.

상처 입은 호랑이가 더 무섭다

산중제왕(山中帝王)이라는 호랑이는 이제 우리 사는 땅 대한민국에는 동물원을 제외하고는 사라져버린 상상의 동물이다. 호랑이가 얼마나 무섭고 산중 깊은 곳에 많이 살았으면 예전의 우리 선조들은 호환(虎患)이나 마마[痘疫]를 가장 무서워하였던 것이다. 마마는 지금으로 말하면 천연두(天然痘) 즉 심한 열병으로 인하여 죽거나 살아나서도 곰보가 되는 무서운 병이었다. 그러나 천연두도 의학의 발달로 이미 자취를 감추었고 지금은 사라져버린 병이다. 그리고 호환이라고 불리는 호랑이가 사람을 물어 죽이는 일이 흔했던 예전에 산중에서 호랑이가 사람을 해치는 것을 우리는 호환이라고 불렀다.

그런데 이 두 가지 무서운 호환 마마가 다 사라져버렸는데 그것보다도 무서운 것이 더 많은 세상이 되었다는 것을 우리들은 얼마나 알고 있을까. 경제위기, 핵폭탄 그리고 삼성전자의 분기이익이 곤두박질치고 또한 내리 4개월째 수출이 하락하는 것을 그냥 보고만 있는 우리들의 무관심이 더 무서운 것이다. 상처 입은 호랑이가 더 무섭다는 사실이 실감이 난다. 지금의 우리 현실은 상처 입은 고양이를 언제 만날까 하는 두려움으로 이 시대를 살아가고 있다. 문재인 정부의 거칠 것 없는 독주와 그 기세에 눌려서 꼼짝도 하지 못하는 대기업들 그리고 할 말이 있으나 여당이 무서워서 말 한마디 제대로 못하는 야당을 보면서 참으로 상처 입은 호랑이보다도 더 무서운 정국을 살아가고 있구나 하는 느낌이다.

무소불위의 문 정부에 제동을 걸거나 걸 수 있는 정당이나 대항할 수 있는 힘없는 백성들이 모두다 상처 입은 호랑이보다도 더 무서운 일당 독주에 숨을 죽이고 살아가는 것이다. 어제 끝이 난 한미 정상회담도 노딜 말 그대로 아무런 성과도 없이 끝이 났다는 기사를 보았다. 공연히 미국에만 갔다 온 것이 아닌가 하는 생각이 든다. 한미 정상회담이 이렇게 맥없이 힘도 없이 끝이 난 것을 보면 한국의 경제는 더욱더 어려워질 것이다. 컴퓨터 종주국인 미국에 밉게 보여서는 우리의 컴퓨터 산업 즉 반도체 수출도 반 토막이 날 것이 아닌가.

미국은 세계의 종주국이다. 누가 무어라 하여도 지금의 세계를 호령하는 것은 미국이다. 그런데 우리는 지금 미국의 눈 밖에 나고 있으니 문제가 아닌가. 한국 아니 우리 사는 대한민국이 세계 최강대국인 미국으로부터 왕따를 당하고 있다는 것을 우리들은 이미 잘 알고 있는 사실이다. 그저 북한의 눈치만 보는 현 정부의 고립된 외교가 한미 정상회담이 아무런 성과도 없이 빈손으로 돌아오는 결과를 초래한 것이다. 미국을 제쳐두고 남북 간의 밀월이 가능하다는 생각은 아예 할 수도 없는 것이 지금의 남북 현실이다. 북한 핵이 해결이 되지 않는 한 남북 간의 경제협력도 개성공단도 금강산 관광도 재개할 수 없다는 것은 삼척동자도 다 알고 있는 사실이다.

그런데도 지금 우리는 좌표를 잃고 항해하는 배를 타고 있는 것이 아닌가 하는 생각을 한다. 좌표를 잃은 배는 침몰할 수 있고 상처 난 호랑이는 사람을 물어 죽일 수 있다. 이만큼 힘이 드는 시국을 살이기는 우리 가평군민들, 거리에는 사람이 없고 장사가 되지 않아서 영업장의 문을 닫는 가평의 슬픈 사람들에게 언제나 희망이 올 것인가 생각을 한다. 어제는 시내의 모 음식점 유흥음식점에 들러보았다. 개점 휴업 상태라서 낮에 아르바이트라도 하려고 벼룩시장을 뒤적이는 주인의 모습을 보았다. 지금 가평의 현주소를 말하는 것 같아서 마음이 아팠다. 정치만 잘 하였으면 나라가 좀 더 안정이 되었으면 대기업에서 투자를 하고 그로 인하여 중소기업이 활기를 찾고 많은 중소기업 사람들이 밤거리의 문화를 지켜준다면 이렇게 어려운 가평이 아니 되었을 거라는 주인의 푸념에 동감 또 동감하였다. 지금 우리가 살아가고 있는 대한민국의 현주소이며 또한 가평군의 현실이다.

이렇게 경제가 어렵고 가평이 각박해지고 있다. 이 모든 것이 누구의 책임인가. 모두 다 정치를 하는 사람들의 책임이다. 정치를 잘하고 올바른 정치를 하였다면 지금의 가평군 현실이 이렇게까지 되지는 않았을 것이다. 나락으로 추락하는 가평군을 보면서 슬픈 생각이 들었다. 얼마나 힘들여 가꾸어 놓은 우리 대한민국인데 어쩌다 요 모양 요 꼴로 추락을 하였단 말인가. 그런데 엎친 데 덮친 격으로 미국은 개성공단 금강산 관광 이런 소리 하려면 우리 대통령보고 미국에 오지 말라는 워싱턴의 소리를 우리들은 깊이 생각하고 들어야 하는 심각한 문제다.

월남의 패망을 지켜본 필자가 여러 모로 생각 또 생각을 하여 보아도 기가 막힌 일이다. 그나마 매주 토요일 일요일이면 모이는 태극기 부대들에게 이 나라의 운명을 맡길 수밖에 없는 어두운 현실에 눈앞이 캄캄할 뿐이다. 그렇다고 힘없는 자유한국당에 기대를 거는 것도 어려운 일 아닌가. 상처 난 호랑이가 더 무섭다는 사실을 우리들은 알아야 한다. 맹수가 상처를 입으면 아무것도 보이지 않는 것이다. 지나간 세월호 이야기나 꺼내들고 서해의 영웅들이 목숨을 바쳐서 지킨 이 나라 대한민국은 지금 어디로 가고 있는가.

지금 창밖은 완연한 봄이다. 우리 사는 아름다운 가평 땅에도 봄의 햇살이 따듯하다. 이렇게 봄의 햇살처럼 따듯하고 만물이 기지개를 마음 놓고 켜는 그러한 봄의 대한민국을 그려본다. 지금의 이 어두운 현실에서 언제나 탈피할 것인가. 아주 요원한 이야기인가 혼자서 독백을 해본다. 이 자랑스러운 대한민국에 희망과 행복이 넘치는 봄의 햇살 같은 희망이 넘치는 대한민국으로 만들어 달라는 나만의 우리 모두의 염원을 담아 이 글을 쓴다. 오늘은 창밖의 햇살이 유난히도 곱다. 저 고운 봄빛처럼 봄 처녀 같은 희망의 대한민국을 그리는 것은 필자 혼자만의 생각일까 묻고 싶다.

벤치마킹은 허울 좋은 여행 구실에 불과하다

벤치마킹이라는 미명을 달고 해외 선진지 견학이라는 허울 좋은 이름으로 각종 단체가 해외연수 나가는 모습을 보면서 글을 쓴다. 벤치마킹의 뜻은 좋은 것을 배우고 견학하여 우리의 것으로 만들자는 이야기이다. 그런데 각급 단체에서 남의 돈으로 해외여행을 자주 떠나는 것을 이제는 더는 두고 볼 수 없는 것이다. 갈 테면 자기 돈으로 가라는 이야기이다. 내 돈을 내고 내가 모임을 조직하여 해외여행을 하라는 이야기이다. 어디 임원이다, 무엇이다 해서 자기가 소속이 되어 있는 단체의 돈으로 여행을 하는 그게 무슨 벤치마킹인지 묻고 싶다. 그러한 명목으로 또는 단체의 직분으로 또는 임원으로 해외여행을 하는 것은 절대로 벤치마킹이라는 단어를 사용하여서는 안 된다. 남의 돈 가지고 해외로 가 실컷 놀고 즐기고 마시고 하면서 선진지 견학이라니 지나가는 개가 웃을 일이 아닌가. 이러한 형태의 선진지 견학이니 벤치마킹이 가평군부터 사라져야 하는 것이 아닌가 묻고 싶다.

어제 가평군의회 의장 부의장하고 면민 행사장에서 점심 식사를 하는데 우리 면민 중의 한 사람이 죄송하지만 의장님 그리고 의원

님한테 부탁을 드리겠다며 우리 가평군 의회는 어떠한 일이 있더라도 해외 선진지 견학을 하지 말라는 간곡한 부탁을 하는 것을 보았다. 이에 송기욱 의장과 최정용 부의장은 올해는 해외연수 예산이 아예 없으니 안심하십시오. 우리 가평군 의회는 절대로 의회 예산으로 개인의 이익이나 관광을 하기 위하여 해외 연수를 안 갈 테니 믿어달라는 답변을 들었다.

참으로 훌륭한 의장과 의원들이 가평을 책임지고 있다는 사실에 글을 쓰면서도 즐겁다. 물론 가평군 의회는 이 약속을 지켜줄 것이라고 믿고 또 믿는다. 비록 사석(私席)이지만 군민의 정중한 건의를 받아들이고 군민의 대변인인 송기욱 의장 최정용 부의장의 약속이니 말이다. 이렇게 가평군민의 대변인인 가평군 의회가 앞장을 서고 있으니 참으로 기분 좋은 일이 아닌가 해서 군민들에게 이 사실을 알려주는 것이다. 정말로 기분 좋고 감사한 일을 가평군 의회부터 실천하는 것을 보고 가평군에 산다는 희망과 자부심을 느꼈다.

지금의 우리 사는 대한민국은 위기의 대한민국이다. 겉으로만 태평성대이지 말로는 표현할 수조차 없는 악조건 그리고 어려운 경제 속에 곤두박질치고 있다는 것을 우리들은 얼마나 알고 있을까. 정부의 발표를 믿을 수 없는 지경까지 지금의 정부는 우리들에게 믿음을 주지 못하는 것이 문제이다. 이러한 어려운 여건 속에서도 발등의 불이 떨어진 것도 모르고 선진지 견학이다, 벤치마킹이다, 우리가 피땀 흘려 모은 돈을 남의 돈이니까 쓰고 보자는 해외여행 벤치마킹에 대해 이제는 좀 더 생각할 시간이 아닌가.

대한민국은 지금 끝없는 불황의 늪으로 빠져들어가고 있다. 경제는 반 토막이 나고 실업률은 고공 행진을 하고 있다. 정치를 잘하는 미국이나 일본은 젊은이들의 일자리가 차고 넘쳐서 사람이 없어서 외국의 젊은이들을 영입한다는 소식을 일간지에서 읽었다. 이렇게 세계는 지금 빠르게 변해가고 있는데 우리 사는 대한민국만 이렇게 실업률이 고공행진을 하는 이유가 무엇인지 독자들이 알고도 남음이 있을 것이다. 정치의 부재로 인하여 젊은이들과 기업들이 설 자리를 잃어가고 있기 때문에 대한민국의 경제가 마이너스 성장을 하는데도 벤치마킹을 한다고 해외로 공공의 자금을 쓰러 여행을 떠나는 것은 이제는 더 이상 하여서는 안 된다. 자기의 돈으로 자기가 번 돈으로 여행하는 것은 누가 무어라 하여도 칭찬을 들어야 하는 것이고, 자기 가족에게 해외여행을 시켜주는 것은 부모에게는 효도하는 것이고 가족에게는 가족의 사랑을 함께할 수 있는 일이기에 아무런 문제점이 없다는 이야기이다.

세계를 여행하다보면 선진 유럽 국가의 사람들이 가족 단위로 여행하는 것을 많이 보았을 것이다. 우리 대한민국처럼 관광 전세버스로 해외 단체여행을 하는 것은 무조건 공적인 자금으로 단체 여행을 하는 것이라고 생각한다. 기업이나 각급 단체는 공적인 자금이 있다. 이 공적자금은 공공의 이익을 위해 쓰려고 마련해 놓는 것이지 그 공적인 자금을 모아서 해외여행이나 하라고 모아 놓은 것은 아니다. 어느 공공기관이나 각 기업체에서도 공적인 자금을 가지고 해외연수라는 명목으로 벤치마킹이나 여행을 보낼 때는 상당한 근거와 여행자가 그 회사나 기업에 막대한 이익을 준다든지 아니면 꼭 필요한 여행에만 자금을 지원하여야 한다.

그런데 가평군 각 단체의 생각은 문제가 있다. 2~30여 명의 인원을 무조건 자기들 방식대로 자기 잣대에 맞추어서 선진지 견학이라고 해외여행을 주선하고 문제가 생기면 여행비의 일부를 모든 회원들이 조금씩 보태어서 여행을 하였다고 합리화를 시킨다. 그런데 이러한 말에 속아 넘어갈 사람이 몇 명이나 될 것인가. 다 거짓말이고 공적인 자금을 가지고 여행을 하면서 문제가 생길 것에 대비하여 여행비의 일부를 조금씩 보태는 방식으로 편법으로 여행 경비를 합리화시키는 것이다.

공적 자금을 가지고 여행을 떠났던 모 가정주부는 정말로 이러한 여행이 필요한 것인가 생각하였다는 이야기를 하였다. 몇몇 놀기 좋아하는 사람들이나 좋은 거지 그러한 자금을 우리 가평을 위하여 쓰는 것이 열 번 백 번 옳은 일이라는 이야기를 하였다. 이 가정주부의 말처럼 가평군의 모든 단체나 기관들이 공적자금을 가지고 선진지 견학이니 벤치마킹이라는 미명하에 남의 돈 가지고 흥청망청 해외여행을 즐기는 문화를 우리 스스로 반성하고 고쳐나갈 때에 가평의 아름다운 선진 문화가 탄생하는 것이다.

가평군에 산재하여 있는 각급 관변단체나 또는 공공성을 띤 기업이나 업체들이 이제는 정신을 차리고 무차별한 여행이나 해외 선진지 견학을 자제할 때 가평군의 아름다운 하모니가 들릴 것이다. 그리고 우리 6만여 군민이 공적자금을 가지고 해외여행을 나가는 단체를 규탄하여야 한다. 그래야 무분별한 해외여행이 사라질 것이다. 많은 군민들이 눈여겨 지켜볼 때에 남의 돈 가지고 해외여행을 떠나는 악습이 사라질 것으로 생각한다.

●테이블 토크

국민 오빠 국민 MC 송해 선생님

전 국민을 일요일 TV 앞으로 몰아넣는 일요일의 남자, 마법 같은 국민 MC 송해 선생님을 만났다. 작은 키에 잔주름조차 보이지 않는 그의 건강 비결에 다시 한번 머리가 숙여진다. 올해 한국 나이로 92세라는 건 전 국민 모두가 알고 있는 사실이다. 하지만 그의 목소리나 건강은 온 국민이 부러워할 정도로 대한민국 국민 모두의 사랑을 받고 있는 국민 오빠, 국민 MC라는 것을 부정할 사람은 아무도 없다. 전국노래자랑이라는 방송 최장수 프로로 전국을 누비는 그의 건강 비결이 목욕과 걷기를 좋아한다는 사실도 모두 알고 있을 것이다. 작년 가평군에서 벌어진 전국노래자랑 후, 일 년이 넘었는데도 그는 아직도 청춘이다. 삼십여 분을 무대에서 홀로 서서 노래와 특유의 재담으로 팬들을 열광시키는 송해 선생님이 참으로 부럽다. 그의 인기도 부럽지만 그의 건강 비결이 부러운 것이다. 인생은 60부터라는 이야기가 부끄러워진다. 전 국민이 송해 선생님처럼 건강하고 사랑을 하고 사랑을 나누어줄 줄 아는 사람이 되었으면 얼마나 좋을까 생각하였다. 행사를 마치고 떠나는 순간까지도 그를 알아본 모든 사람들에게 인사하고 차창을 열고 손을 흔들며 가는 송해 선생님처럼 우리 대한민국 그리고 우리 사는 가평군민 모두가 건강하기를 함께 빌어본다.

땅은 이름 없는 풀을 키우지 않는다

우리가 살아가는 지구상에는 수많은 인종 그리고 셀 수 없을 정도의 자연 만물이 우리 인류와 함께 생존하고 있다. 사람도 이름이 있듯이 온갖 나무와 식물들에게도 고유의 이름이 있다. 하늘이 있으면 땅이 있고 땅이 있으니 하늘이 있는 것이다. 그런데 이 지구상에 자라나는 모든 식물들이 이름조차 없는 풀 한 포기에 불과하지만 땅은 이름이 없는 풀을 키우지 않는다. 우리가 모르는 이름을 땅만큼은 알고 그들 식물을 키워낸다. 그래서 우리가 모르는 식물의 이름을 그를 키워낸 땅만큼은 알고 있는 것이다. 그래서 생긴 말이 땅이란 이름 없는 풀을 키우지 않는다는 이야기이다. 이와 함께 사람도 이름이 없고 쓸모가 없다고 생각하지만 태어날 때부터 소질을 타고나며 자라면서 그 소질을 발휘하는 것이다. 그래서 기술자가 생기고 과학자가 생기고 정치인이 생기는 것이다.

타고난 저마다의 소질을 개발하고 사는 것이 우리들 인간이다. 이름 없는 풀 한 포기라도 그만큼 소중한 것이다. 그런데 사람이야 오죽이나 귀하고 귀한 것인가. 모든 사물 중에서 사람의 목숨보다도 더 귀하고 비싼 것은 없다. 이렇게 소중한 우리들이며 인간들이다. 사람은 사람값을 하여야 하고 비슷한 말로 호랑이는 죽으면 가죽을 남기고 사람은 죽으면 이름을 남긴다는 이야기를 우리들은 듣고 자랐다. 그래서 사람들은 자기의 명예를 더럽히지 않으려고 좋은 삶을 살아가기를 원하고 바란다. 목숨보다 더 귀한 사랑이라는 노래가 있지만 그저 유행가에 불과한 이야기이다. 사람의 목숨을 무엇과도 바꿀 수 없는 것이 진리이다. 그래서 풀 한 포기조차도 우리들이 살아가는 땅 위에 있는 것은 모든 만물이 존재의 가치를 가지고 있는 것이다. 하물며 만물의 영장이라는 사람은 이 지구상의 그 무엇보다도 귀한 존재인 것을 우리들은 알아야 한다.

무심한 땅조차도 이름 없는 풀 한 포기를 키우지 않는데 사람이야 오죽하겠는가. 자식이 태어나면 꺼질세라 넘어질세라 온갖 정성을 다하여 우리들의 부모님들은 우리를 키워주었다. 그런데 그 고마움이 점점 더 사라져가고 나 혼자 세상에 태어난 양 모든 사람들이 부모의 은공을 잊어버리고 살아간다. 그래서 말로만 효자(孝子) 효부(孝婦)이지 우리 사는 세상에 효자 효부를 찾아볼 수 없는 시대를 우리들은 살아가고 있다.

5월은 효(孝)의 달이다. 말 그대로 부모님 은공을 생각하고 살아가는 달이다. 어버이날이 지난 지금 어버이 은공을 생각하고 살아가는 한 달이 되었으면 한다. 글을 쓰는 필자 역시도 효자는커녕 불효자 중에서도 으뜸가는 불효자였던 것을 참회하고 후회하면서 살아가고 있다. 나실 제 괴로움을 다 잊으셨다는 부모님이 살아계셨으면 얼마나 얼마나 좋을까 생각하면서 이 글을 쓴다. 그래서 부모님 살아계실 제 효도를 하여라, 부모님이 돌아가시고 나면 늦게 후회를 한다는 이야기를 듣고 자라왔지만 세상의 모든 사람들이 부모님께 효도를 못 하고 부모님이 돌아가신 후에 참회의 눈물을 흘리는 모습을 우리들은 보면서도 그것이 모두가 남의 일인 양 그냥 스쳐 지나가는 것이리라. 말 없는 땅조차도 이름 없고 보잘것없는 식물이지만 그들을 키운다는 숭고한 진리에 잠시나마 머리가 숙여진다.

지금의 대한민국은 위기의 대한민국이다. 정체성(政體性) 없이 흘러가는 것을 보면서 전율을 느낀다. 그래서 우리가 살아가는 땅 대한민국에서 민초와 같은 우리들을 보호해주어야 할 영웅이 필요하다. 쓰러져가는 대한민국을 그리고 우리 5천만 국민을 하나로 묶어줄 대한민국의 새로운 지도자가 탄생되기를 기다리는 것이리라. 이 위기의 대한민국을 구해줄 잔다르크 같은 영웅이 필요하다. 5천만 국민을 하나로 뭉치게 하고, 잘사는 대한민국 그리고 민주주의가 꽃을 피우는, 국민이 국가를 사랑하고 국가 국민을 보호하고 사랑하여줄 대한민국을 만들어줄, 하나의 대한민국을 만들어줄 그날을 기다린다. 적폐도 없고, 전라도와 경상도도 없고, 오로지 대한민국 국민이라는 것을 자랑스러워할 그날이 그날이 빨리 왔으면 얼마나 좋을까.

15억의 중국, 56개 소수민족이 모여 사는 중국에도 없다는 지역감정을 없앨 수는 없는 것일까. 물론 중국도 소수민족을 억압하고 즉 무력으로 억압하고 있지만 그들은 공산주의 총칼 앞에서 숨도 제대로 못 쉬고 살아가는 여러 민족이 있다는 것을 우리들은 알고 있다. 인도로 망명한 달라이라마는 이국 땅 인도에서 4천만 티베트인들의 정신적 지주(支柱)로 지금까지 끝없는 항쟁을 하는 것을 볼 수가 있다. 그런데 대한민국처럼 작은 땅에서 전라도 경상도 그리고 사분오열이 되어 있는 것은 정치 지도자들의 이기주의, 패권주의가 낳은 산물이다. 그 결과로 갈기갈기 찢긴 대한민국의 현실이 앞날이 어둠에 짙게 드리운 것이다. 이 어둠이 걷히고 밝은 날이 하루리도 빠르게 찾아오는 민족 대화합이 지금은 필요한 시기이다. 그래서 야당의 총재가 전라도에서 환영을 받고 대통령이 전 국민적 환호를 받는 그러한 날을 고대하고 기다리는 것이다.

내가 찍은 대통령이 아니라고 내가 선택한 야당 총재가 아니라고 서로를 원수처럼 여기는 그러한 극한대립(極限對立)이 망국의 길로 간다는 사실을 우리들은 명심해야 한다. 비록 내가 싫다 하더라도 자기 집을 찾아온 야당대표에게 물병 세례를 하는 그러한 모습이야말로 우리를 갈라놓고 우리의 민족을 양분시키는 결과를 낳는다는 것을 우리들은 알아야 한다. 그래서 국민 대통합이 필요하다.

같은 하늘 아래서 같이 숨 쉬고 살아가는 세상이다. 들길에 피었다 지는 꽃잎에도 이름이 있다 하는데 이제는 우리도 좀 더 성숙한 시민상(市民像)을 만들어가는 자랑스러운 대한민국으로 자랑스러운 가평군 가평군민으로 살아야 하지 않을까 생각한다. 이 작은 고을 가평에서 빗고개가 있고 설악 청평이 있고 상면 조종면으로 편가르기 하는 것을 부끄럽게 생각해야 한다. 상면에 피어 있는 아름다운 민들레꽃이 산 너머 북촌 마을 북면에도 예쁘게 피고 자라는 것이 우리들 살아가는 세상이다. 땅이란 이름 없는 풀포기는 하나도 키우지 않는다. 이와 마찬가지로 우리 사는 가평군에도 이름 없는 군민이 하나도 없고 모두가 필요한 군민인 것이다. 이 작은 가평에서부터라도 하나가 되는, 원년이 되는 시작을 하자는 말이다.

●테이블 토크

가평 문화의 전도사 김만종 가평문화원장

김만종 가평문화원장을 가끔씩 만난다. 행사장이나 사무실에서 그를 만나면 온통 가평군의 이야기로 시간을 멈출 수가 없다. 가평군 문화예술회관에 있는 가평문화원. 그는 항상 세 들어 사는 가평문화원에 대하여 안쓰러움을 이야기한다. 가평군에 문화원 건물 자체가 없는 것만으로도 가평군 문화의 현주소가 아니냐며, 문화원 독립건물을 항상 이야기의 화두(話頭)로 꺼내는 김만종 문화원장이다. 그런데 천만다행히도 그의 뜻이 이루어지는 것을 보면서 그의 가평문화원 사랑이 대단하다는 생각을 하였다. 김만종 원장은 올해 착공한 가평문화원이 완성이 되어 가평군의 모든 문화가 한자리에 모여서 가평군의 문화가 정립되는 것을 생각하는 사람이다. 그만큼 가평을 사랑하고 가평군의 문화와 문화발전을 위하여 노력하는 사람이다. 삼일 만세 운동 재연 그리고 정월 대보름 행사 등, 가평군의 고유문화를 발굴 재현하는 김만종 문화원장을 보면서 생각을 하였다. 문화가 없는 민족은 문화가 없는 가평군은 아무런 가치가 없다는 것을 김만종 원장도 알고 기자도 알고 있기 때문에 가평군의 문화가 발달이 되고 계승이 될 것이라는 사실을 알고 있으니 우리는 행복한 군민이 아닐까 생각한다.

쇠똥구리가 지나가는 마차를 막을 수는 없다

요즈음 우리나라의 현 시국(時局)을 두고 하는 말이 아닌가 생각한다. 쇠똥구리 같은 우리 같은 민초들이 지나가는 마차를 멈출 수 없다는 사실이 실감이 난다. 무한 질주(無限 疾走) 쾌속 질주의 현 정부를 보면서 느끼는 감정이다. 일반인들이나 더구나 장사를 하는 모든 분들은 한결같이 지금은 IMF 때보다도 더 어렵다고 이구동성으로 하는 이야기를 들으면서 쇠똥구리보다도 더 약한 서민들과 글을 쓰는 필자 역시도 하나의 쇠똥구리임을 애써 강조 안 하려 해도 필자는 지나가는 마차를 멈추지 못하는 쇠똥구리임이 분명하다.

그래, 나는 쇠똥구리이다. 그래도 하나도 슬프지 않은 시절이 있었다. 그런데 지금은 슬프다 못하여 분한 세월을 살아가고 있다. 내가 개똥벌레였을 때에도 이렇게 슬프거나 힘이 든 세월을 몰랐던 것이 글을 쓰는 필자의 마음이다. 그래도 전임 정부 시절에는 희망이 있다는 것을 알고 살아왔는데 지금의 정부에는 희망이 보이지 않으니 슬프다. 욕망이라는 이름의 전차가 있듯이 전임 정부 시절에는 그래도 희망이라는 이름의 전차가 있었다. 그런데 지금의 정부는 희망이라는 전차를 아예 없애버렸으니 이 얼마나 안타까운 일인가. 예전의 노랫말처럼, 나는 개똥벌레 친구가 없네, 아무리 우겨봐도 내가 돌아갈 곳은 개똥 무덤인 것을. 그래도 그 시절에 개똥무덤으로 돌아가는 모든 사람들에게는 내일은 해가 뜬다는 희망이 있었다. 그런데 지금의 정부에서는 희망을 찾을 수 없으니 차라리 그 시절의 개똥무덤이 그리워지는 것이다.

지금의 대한민국은 노조가 현 정부를 좌지우지하고 원전이 폐쇄가 되어서 전기 걱정을 하여야 하고 노동자들은 아니 실업자들은 갈 곳이 없고 자영업자들은 폐업을 생각하는 암흑기가 우리들 곁에 슬그머니 서 있다는 사실을 우리들은 알아야 한다. 오늘 조간신문에서 한국은행이 발표한 자료를 보면 1분기 경제 성장률은 OECD 회원국 중에 꼴찌라는 통계가 나왔단다. 그리고 그것보다도 더 충격적인 것은 국민총소득이 -1.4%로 줄어들고 올 한 해에 1%대 성장률이 현실화될 것이라는 놀라운 이야기다. 이런데도 값싼 전기료의 대명사인 원전을 중지시키는 대못을 국무회의에서 의결을 하였단다.

세계 최고 수준인 한국형 원자로와 그를 위하여 일생을 바친 기술자들 과학자들이 통탄을 금치 못하는 일이 지금 대한민국에서 벌어지고 있다. 정말로 무소불위의 정부가 겁이 난다. 브레이크 없는 차량으로 질주하는 그들의 모습을 보면서 전율(戰慄)을 느낀다. 서지 않고 멈춘다는 것이 얼마나 무서운 일인가 생각해볼 필요가 있다. 멈추지 않는 버스를 타고 여행하는 모든 사람들(국민들)은 불안하고 겁이 나는 것이다. 오로지 운전자 마음대로 질주하는 버스를 우리들은 세울 수가 없기에 더욱더 불안하다. 어디가 목적지인지 어디가 쉴 곳인지 모르는 버스를 탄 모든 승객들(국민들)은 불안에 떨면서 운전자가 가자는 대로 가야 하는 것이 지금 우리 사는 대한민국이 아닌가 생각한다.

지나가는 버스(마차)를 멈추기에는 쇠똥구리(국민)의 힘으로는 어쩔 수 없는 것이기에 더욱더 불안한 주행을 운전자에게 맡기고 살아가는 세상이 아닌가 생각을 하는 것이다. 지금 우리들은 이렇게 힘든 세상을 살아가고 있다는 사실을 우리들은 얼마나 피부로 느끼는지 알고 싶고 물어보고 싶은 것이 글을 쓰는 필자의 심정이다. 하지만 글을 쓰는 필자 역시도 쇠똥구리인 것을 어찌하면 좋다는 말인가. 아무런 힘이 없는 쇠똥구리가 쓰는 이 글이 우리 군민들에게 조금이나마 위로가 되고 힘이 되었으면 얼마나 좋을까.

한 나라의 역사 제국(帝國)의 역사도 흥망성세(興亡盛世)가 어느 때는 한 여인으로 어느 때는 한 사람의 폭군으로 제국이 멸망한 사실을 우리들은 역사에서 알고 있다. 당 태종 이세민 역시도 제국의 기틀을 잡는 초석을 놓고 통치 기간에 온갖 좋은 정치를 하려고 하였지만 말년에 황세자를 어리석은 사람으로 황위를 계승하는 우를 범하여 자기의 시종이었고 또한 자기와 몸을 섞은 무측천(측천무후)을 남겨두고 세상을 떠나는 바람에 어리석은 이세민의 아들이 자기 아버지의 연인이었던 무측천과 사랑에 빠져서 당나라의 건국을 잃어버리고 무측천의 나라를 만드는 어리석은 역사를 우리들은 알고 또 알아야 한다.

이렇게 힘이 든 것이 정치가 아닌가 생각한다. 정치란 바르게 협치(協治)를 하는 것이다. 정치에서 독선(獨善)은 독재(獨裁)다. 독재를 하지 않으려는 정치적인 지도자는 없다. 독선으로 그리고 독재로 정치를 하는 것이 정치인의 모든 소망이다. 협치보다는 힘 있는 독재를 하고 싶은 것이 인간의 욕망이다. 왜냐하면 나 혼자의 힘으로 모든 권력을 가지고 싶은 것은 인간의 욕구 중 가장 강한 것이기 때문이다. 그리고 나 혼자만이 가장 아름다운 여인을 많이 차지하고 싶은 것이 인간의 욕망이며 폭군들이 누리는 호사(好事)이다. 그래서 한 번 정권을 잡으면 그리고 한 번 권력을 잡으면 영원히 그 권력의 끈을 놓기가 싫은 것이 모든 권력자나 정치인이 가지고 있는 믿음, 소망, 사랑보다도 더 귀한 권력의 욕심을 버릴 수 없다는 사실을 우리들은 알아야 한다. 쇠똥구리 같은 인생을 살면서 지나가는 마차를 멈출 수 없고, 개똥벌레가 자기 무덤이 개똥이라는 사실을 잠깐은 잊고 싶은 것이 우리들 민초이다. 그리고 우리들 살아가는 대한민국이며 또한 가평군이다.

필자가 사랑하고 자랑을 하는 대구에 사는 부부가 있다. 항상 명랑하고 사회적으로 존경을 받는 사람들이지만 요즈음에는 전화가 오면 아니 필자가 전화를 하면 대한민국의 앞날을 걱정하는 그들 부부가 있어서 그나마 행복한 것이 아닌가 생각한다. 필자보다도 더 대한민국을 사랑하고 우리 사는 5천만 국민을 사랑하는 대구에 사는 아름다운 부부가 있어서 가끔씩은 글을 쓰면서 행복하다는 생각을 한다. 대구는 얼마나 더우냐 하고 물어보면 더운 날씨보다도 대한민국의 앞날을 걱정하는 부부가 있기에 그래도 대한민국에 산다는 것이 즐거운 일이 아닐까 생각해본다. 지금 대구는 덥다는데 대구는 대프리카(대구-아프리카)라는데 시원한 이야기를 언제쯤 들려줄까.

그래, 그래도 좋은날이 오기를 기다려보자. 대한민국 모든 국민들이 행복한 그날까지 그리고 우리 사는 6만의 군민이 행복한 그날까지 이 글을 쓰고 싶다. 그리고 한 가지 작은 소망이 있다면 지나가는 마차가 쇠똥구리를 생각하는 그러한 정치를 하였으면 얼마나 좋을까 생각하는 것이다. 더워지는 여름이다. 이미 사무실 안에서도 더위가 느껴진다. 이렇게 더운 여름에 청량제 같은 좋은 소식은 언제쯤 들릴 것인가. 그저 기다림의 미학이 필요한 시간이 아닌가 생각한다.

쇠똥구리 개똥벌레의 이야기를 쓰면서 한여름을 맞이한다. 한 줄기 소나기처럼 황순원의 「소나기」에 나오는 가슴 뛰는 소년의 사랑처럼 시원한 뉴스가 대한민국 모든 국민을 기쁨으로 승화시켜줄 그러한 소식이 온다면 이까짓 더위쯤이야 얼마든지 견딜 수 있을 텐데 그날이 어제나 오려나. 기다려보자, 그리고 또 기다려보자. 쇠똥구리가 만세를 부르고 개똥벌레가 어깨를 펴는 그날을 기다려보자는 것이다. 나는 개똥벌레 친구가 없네, 아무리 우겨봐도 개똥 무덤이 내 집인 것을. 개똥무덤에 살아도 행복한 그날을 우리들은 기다려보자. 기다림이란 아름다운 것이다. 그래서 기다림의 미학으로 우리들은 그날을 기다리고 그날을 맞이하여야 하는 것이다.

●테이블 토크

강하고도 선한 한규명 농협 수석이사

한규명 농협 이사는 참으로 담백한 사람이다. 아니 강한 사람이다. 그의 깊은 내면 세계에는 의리라는 강한 남자의 마음이 단단히 박혀 있다. 강한 사람에게는 강하고 약한 사람에게 한없이 정을 줄 수 있다는 마음을 기자는 알고 있다. 강하지만 선함을 좋아하는 한규명 이사는 외유내강도 아니고 뒤집어보면 밖으로는 강하고 안으로는 따듯한 사람이다. 의리를 중요시하고 하고 싶은 말을 다 하지만 농협에 관한 이야기는 기자에게 절대로 한 마디도 하지 않는 입이 아주 무거운 사람이다. 농협의 어려움이나 작은 비리를 거의 다 알고 있으면서도 언젠가는 농협을 위해서 아니 농협의 정화를 위해서 커다란 기사거리를 줄 수 있다는 이야기만 하지 도대체 농협의 흉을 보지를 않으니 참으로 안타깝다는 생각을 여러 번 하였다. 그를 만나면 농협에서 일어나는 크고 작은 사건을 알 수가 있다는 기대감으로 항상 만나지만 서두조차 꺼내지 않는 그의 모습을 보면서 기자와 이사라는 직업관이 서로 다르지만 적어도 내가 사는 농협을 지켜준다는 그의 무서운 내공에 기자의 힘이 빠지는 것이다. 그런데 언젠가는 그의 입에서 농협 내부의 이야기를 들을 수 있다는 가냘픈 희망으로 한규명 이사를 만난다. 기자와 농협이 사 참으로 가깝고도 먼 사이이다. 그래도 의리인지 아닌지 농협을 위하는 한규명 이사가 농협의 이야기를 속 시원히 들려줄 그날을 기다리는 것이 기자의 본분이 아닌가 생각을 하는 것이다. 얼마 전에 수술을 받았다는 한규명 이사의 건강한 모습을 자주 보았으면 하는 것이 기자의 바람이다.

청평 사람들은 무엇을 생각하나

가평군 제2의 도시는 청평면이다. 그런데 청평면에는 군의원도 한 명 없고 도의원도 한 명 없다. 더군다나 민선 즉 민선 군수 시대에도 군수를 내지 못한 제2의 도시이다. 그렇다면 청평 사람들은 무엇을 생각해야 하는 것인지 묻고 싶다. 대한민국 제2의 도시는 항도(港都) 부산이다. 부산 사람들은 누구보다도 자존심이 강하다. 대한민국 제2의 도시 부산 사람을 자부하며 그들은 높은 경지의 자부심을 가지고 살아가고 있다. 거물 정치인 그리고 부산 사람들 특유의 단결력으로 지금도 부산은 발전을 하고 있다. 하지만 지금의 부산은 인천시에게 아슬아슬하게 인구의 우위를 점하고 있을 뿐이다. 아마 2~3년 내에 제2의 도시 부산은 2위 자리를 인천에 내어주고 말 것이다. 인천은 인구가 계속 증가하고 부산시는 인구가 점점 더 줄어드는 것이 현실이다. 이렇게 인위적으로 부산이 제2의 도시를 인천에 내어주고 마는 것은 인구의 유동이 가장 심한 곳이 인천이라는 사실 때문이다.

모든 길은 로마로 통한다는 속담이 있다. 지금의 대한민국의 모든 길은 인천으로 통한다. 이유는 간단하다. 한 해에 수천만 명이 오고가는 세계적인 국제공항이 인천에 자리하고 있기 때문이다. 한 해에 3천여 만 명의 국내 여행객이 인천공항으로 몰리는 바람에 지금의 교통 중심지는 서울 아니 인천국제공항인 것이다. 전국의 각 지역의 중요한 고속버스는 서울보다는 인천의 공항으로 더 많이 몰리고 있다는 사실을 우리들은 알아야 한다.

그런데 가평군 제2의 도시인 청평면은 날개도 없이 끝없이 추락하고 있다. 청평 사람들의 이기심, 자만심이 송두리째 나락으로 추락해버린 것이다. 청평면은 나름대로 청평 사람들의 자긍심과 자부심이 가평군에서도 유일하게 강한 지역이다. 청평역을 중심으로 인근 청평 그리고 옛날에는 상하면 사람들이 청평을 경유하여 서울을 가야 하는 교통의 요충 지대이며 가평군의 관문으로 자긍심과 자존심을 세우는 데 청평을 따라갈 곳이 없었다. 각급 체육대회나 흔히 말하는 텃세가 가장 심한 지역이 청평이었다는 사실을 필자 세대들은 알고 있다. 70~80년대에 최대의 번영을 누렸던 청평이 어이하다가 이 지경이 되었는지는 청평면 사람들이 반성하고 생각해야 할 대목이 아닌가.

필자가 젊은 시절에 부산을 간 적이 있다. 부산 사람들이 어디에서 왔느냐고 묻길래 가평에서 왔다고 하니까 가평이 어디냐고 반문하여서 그럼 청평은 아느냐고 물어보았더니, 아, 청평이 가평군에 있군요, 하는 이야기를 들은 적이 있다. 땅 끝 부산 사람들이 알아주는 청평이 지금은 긴 잠을 자고 있다. 청평면에는 우연 홍익표 선생 그리고 그 뒤를 이어서 홍성표 전 국회의원 이후에는 아니 가평을 통틀어서 유일무이하게 국회의원 장관을 배출한 청평면인데 어이하다가 이 지경이 되었는지 인구 1만5천에 가평군 제2의 도시 청평면의 현주소를 보면서 느끼는 감정이다.

청평의 번영을 되찾으려면 이제는 모든 것 다 내려놓고 청평면민이 하나가 되는, 나를 버리고 우리 모두를 생각하는 청평 사람으로 거듭나야 할 것이 아닌가 하는 생각이 든다. 청평 사람들은 자기 지역에서 나온 군수 후보의 지역에다 현 김성기 군수를 위한 선거용 제2 캠프를 차려주고 자기 지역의 훌륭한 후보의 옆구리에 아니 등 뒤에 비수를 꽂은 청평 사람들이 아니었던가. 이렇게 하여서 지금의 청평으로 군의원 하나 없는 도의원 하나도 없는 청평면으로 추락하는 데는 청평의 지도자급 모임들이 문제가 있다고 생각한다. 고향 까마귀도 반갑다는 이야기가 있는데 청평에서 군수 후보가 나왔을 때도 청평 사람들은 자기 지역의 군수 후보를 지지하지 아니하고 타 지역의 후보를 돕고 그 후보를 위하여 안방을 내어준 결과가 지금의 청평으로 전락한 것이 아닐까 생각하는 것이다.

타산지석(他山之石)이라는 옛글이 생각이 난다. 다른 산에서 돌을 고르는 것보다는 자기 산에 있는 돌을 골라서 갈고 닦아서 쓰는 지혜가 청평 사람들에게는 필요하다. 지금이 바로 그 준비를 하여야 하는 시간이다. 그래야만 다음 민선 시대에는 오늘날과 같은 과거가 되풀이되지 않는다는 이야기이다. 백년대계(百年大計)는 아니더라도 다음 민선 지방선거를 준비하여 지금의 청평의 현실을 한방에 모든 설움을 날려버릴 준비를 청평면은 지금부터 바로 시작을 하여야 할 것이 아닌가 생각이 든다. 지난날의 과오를 이제는 청평면 사람들 스스로가 해결하여야 한다. 그래서 청평의 자긍심도 찾아야 하고 청평의 옛 영화를 찾는 데 청평면민들의 단합된 힘이 필요한 시기가 아닌가 생각한다.

호랑이도 죽을 때는 자기의 고향을 찾는다는 이야기가 있다. 이만큼 자기가 태어난 고향이 중요하다. 청평의 자립과 자존심을 세우는 데는 내가 아닌 너 그리고 우리라는 공동체 의식이 절대로 필요하다. 나를 비리고 나를 낮추고 님을 그리고 이웃을 생각하는 공동체 의식이 필요한 시기가 지금의 청평의 현실이다. 그래서 70~80년대의 명예도 되찾고 자랑스러운 청평의 정신을 되찾아야 하는 것이 아닌가 생각한다. 한때는 젊음의 메카로 젊은이들이 가장 많이 모여들고 통기타와 청바지로 청평의 시내를 메우던 젊은이들의 영원한 고향인 청평을 그리워하는 모든 세대들이 청평을 사랑하고 자랑스러워할 그날을 청평 사람들은 만들어야 한다.

가평군 제2의 도시 청평면이 긴 잠에서 깨어나는 것은 오로지 청평 사람들의 책임이다. 청평 면사무소 앞에 세워지는 청평면 다목적 문화센터의 준공을 계기로 다시 한번 청평면민이 하나가 되는 그러한 시대가 하루라도 빠르게 돌아왔으면 얼마나 좋을까. 가평군 제2의 도시 청평면의 무궁한 발전이야말로 가평군이 잘되는 것이고 가평의 발전을 앞당긴다는 사실을 우리 모두는 알고 있다. 청평의 발전을 이룰 수 있는 공은 이미 청평면으로 떨어졌다. 모처럼 상대방 선수에게서 빼앗은 공을 공중으로 날려서는 아무것도 할 수 없다는 사실을 알았으면 한다. 둥근 공처럼 모두가 하나가 되어 청평 발전을 이룩하는 길이 가평의 발전이고 청평면의 발전이 아닐까 묻고 싶다.

모든 걸 내려놓아야 다시 들어 올릴 수 있다

사람들은 누구나 양손에 떡을 쥐고도 또 다른 떡이 생기면 바짓가랑이에라도 끼워서 하나의 떡을 더 얻기 위하여 욕심을 부린다. 그 결과로 패가망신을 당하고 바짓가랑이에서 흘러내리는 떡을 줍다가 양손의 떡을 모두 다 땅에 떨어트리는 어리석음을 범하고 난 뒤에야 후회를 한다. 욕심이 화(禍)를 부르고 화를 당하면 명예도 양손에 들었던 떡도 모두 다 놓쳐버린다. 이만큼 욕심이 크면 지난날의 영광과 명예가 현 시대를 살아가는 데 아무런 도움이 안 된다는 사실을 모르는 사람들이 많이 있기에, 그들이 인격적으로나 사회적으로 만인의 지탄(指彈)을 받는 모습을 자주 본다. 과거는 과거이고 현재는 현재이다. 지난날의 모든 이야기는 그저 아름다운 추억으로만 생각하라는 이야기이다.

로마에 가면 로마의 법을 따르라는 명언이 있다. 이 말을 가장 명심하는 길이 모든 사람들의 칭송을 듣고 사는 것이다. 나 하나쯤이야 어떨까 생각하는 자체가 바보 중에 바보이다. 로마에 가면 로마의 법을 따르는 사람이 승리할 수 있고 모든 사람들에게 대접을 받을 수 있다는 이야기이다. 하지 말라는 일을 끝까지 나 혼자만의 생각으로 나 하나쯤이야 어떨까 하고 사회적인 룰을 어기는 사람은 이 사회에서 영원히 지탄의 대상이 될 수 있다는 사실을 우리들은 얼마나 알고 있을까. 지금은 자존심의 시대이다. 구두 닦는 사람은 그만의 기술과 노하우로 자기의 영역을 지켜나가고 화물차를 운전하는 사람은 화물을 안전하게 나를 수 있다는 자부심을 우리들은 인정하고 또 인정해주어야 한다.

이렇게 전문성이 있는 사람을 우리는 존중하고 그들의 노하우와 기술을 인정해야 한다. 이제는 대한민국도 전문성 전문화가 뿌리를 내리는 세상으로 접어들었다. 그러니 모든 것을 내려놓는 자가 승리하는 것이다. 지난날의 영예와 명예는 자신이 지키는 것이 아니라 그 사람이 잘하고 있을 때 남이 알아주고 남이 지켜주어야 그 명예가 빛나는 법이다. 내가 예전에 무엇을 하던 사람인데 내가 옛날에 얼마나 잘나가던 사람이었는데,는 남이 알아주어야 하는 것이다.

스타라는 이야기가 있다. 한 시대를 풍미하던 은막의 스타 최은희 씨가 양로원에서 쓸쓸한 죽음을 앞두고 있다는 기사를 보았다. 은막(銀幕)의 요정(妖精)으로 춘향으로 인기가 하늘을 치솟던 은막의 여왕 최은희는 자기가 죽은 뒤에 장송곡을 틀지 말고 난 참 바보처럼 살았군요라는 유행가를 틀어달라는 이야기를 남겼단다. 참으로 맞는 이야기이다. 하지만 그의 쓸쓸한 죽음 뒤에는 자식도 하나 없는 최은희의 죽음 뒤에는 난 참 바보처럼 살았군요라는 노래를 틀어줄 사람이나 있을지 의문이다.

지금 같은 세태에서 정승집 개가 죽으면 문상객이 많다는 이야기가 실감이 난다. 이제는 모든 것을 내려놓은 아니 내려놓을 수밖에 없는 은막의 스타 최은희의 삶을 보면서 좀 더 일찍이 내려놓지 못

하는 필자의 주위에 있는 모든 사람들이 안타까울 뿐이다. 다 버리고 다 내려놓으면 편하고 좋은 것인데 마지막까지 자기의 영예와 명예를 지키려고 발버둥 치는 군상들이 불쌍하다는 생각을 하는 것이다. 인간은 내려놓지 않으면 모든 것을 잃어버린다는 순수한 진리에 고개가 숙여진다.

권력자는 권력의 끈을 놓기가 싫어서 독재를 하는 것이고 독재를 하다가 모든 것을 잃어버리는 역사적 사실을 보더라도 내려놓는다는 것은 참으로 힘든 이야기가 아닌가 생각한다. 하지만 모든 것을 일찌감치 내려놓아버리는 사람들의 모습은 평안하고 평온하다. 필자가 다니는 교회의 목사님은 모든 것을 내려놓고 남은 인생을 모든 사람들에게 나누어주려는 마음을 보면 정말로 행복한 목사님이라는 생각이 든다. 물론 글을 쓰는 필자의 뜻과 다른 사람들의 생각은 다를지 모른다. 수많은 교회에서 많은 목사님을 만났지만 내려놓지 못하는 목사님이 아주 많이 있다는 사실을 필자는 보아왔다. 이만큼 내려놓기가 힘이 든다는 이야기이다. 성직자인 목사님도 내려놓기가 싫은데 필자의 주위에 있는 수많은 사람들이 내려놓기를 바라는 것이 필자의 욕심이 아닌가 생각한다.

요즈음처럼 각박한 세태에서 남을 위하고 남을 배려하라는 글을 쓰기가 두렵다. 내려놓기 싫으면 남을 위한 배려라도 부탁하고 싶다. 내가 싫으면 남도 싫다는 평범한 진리를 알려주고 싶다. 나한테 피해가 없다고 길거리에 담배꽁초를 버리고 흡연실 재떨이에 가래침을 뱉어버리는 민족이 대한민국 국민성이다. 가끔 흡연실에 들르면 이건 정말 더러워서 견딜 수가 없다. 지저분한 재떨이에 가래침을 뱉어놓고 재떨이 주위에다 침을 뱉는 더러운 민족이 대한민국 국민이다. 자기 집에서 재떨이나 현관에 침을 뱉는 사람은 없다. 남의 집이니까 남의 건물이니까 아무렇게나 막 사용하여도 된다는 더러운 국민성이 문제이다.

여행을 하면서 느끼는 감정도 하나의 추억으로 남는다. 매 식사 때마다 투정하고 음식이 좋으니 나쁘니 호텔이 좋으니 나쁘니 하는 사람은 어디를 가더라도 계속 투정을 부린다. 그래서 여행이란 둘이서 갔다가 혼자 돌아올 수 있다는 말이 태어난 것이 아닌가 생각한다. 이것 또한 모든 것을 내려놓지 못하는 그 사람의 문제점이란 사실을 알았다. 남을 배려하고 최소한의 공중도덕과 주인의 입장에서 생각하는 배려를 하는 것이 여행이나 우리들 살아가는 데 도움이 된다는 사실을 알려주고 싶다.

세계는 글로벌 시대이다. 남의 나라가 아닌 우리나라의 국민성 개조는 요원하다는 생각을 한다. 거리에 가래침을 뱉고 거리에 꽁초를 아무렇지도 않게 버리는 대한민국인 가평인이 없어질 때 우리 사는 가평군이 대한민국이 잘된다는 사실을 알려주고 싶다. 양보하고 배려하는 문화가 꽃필 때 대한민국의 앞날도 우리 사는 가평군의 앞날도 오색 무지개가 뜰 것이라는 생각을 한다. 나부터 모든 걸 내려놓아야 다시 들어 올릴 수 있다.

가만히 앉아 있어도 땀이 솟는 여름 복중이다. 서로서로 양보하고 배려하고 남에게 피해를 주지 않는 남을 배려하는 마음이 있을 때 이 가평의 더운 여름을 시원하게 날 수 있는 방법이 아닌가. 창밖에는 한여름의 더위가 우리를 지키고 서 있다. 저 더운 여름이 물러가면 시원한 가을이 찾아오는데 가을바람처럼 시원한 여름은 우리가 서로서로 양보하며 지켜나가는 것이 제일 좋은 방법이다.

공자의 나이 40세와
링컨의 나이 40세

지금으로부터 2,500여 년 전에 태어난 공자와 200여 년 전에 태어난 미국의 대통령 링컨은 세계인이 존경하는 사상가이며 정치인이다. 그런데 공자는 나이 40이 되어도 자기를 미워하는 사람이 있으면 인생을 잘못 살았다는 이야기를 남겼다. 공자 사후 2,000여 년이 더 흐른 뒤 태어난 미국의 대통령 링컨은 나이 40이 넘어도 자기의 얼굴을 관리 못 하면 인생을 잘못 산 사람이라는 이야기를 하였다. 나이 40에 남에게 손가락질을 당하거나 나이 40이 넘어도 곤궁한 사람의 얼굴은 인생을 잘못 살아왔다는 증거로 표현한 것이다. 그런데 춘추전국시대의 나이 40이면 지금으로 말하면 8~90대의 연령인 것이다. 왜냐하면 그 당시의 평균 수명이 40을 넘기가 어려웠던 시절이기 때문이고, 링컨이 말하던 시대의 40은 지금으로 말하면 60 이상의 나이로 생각하면 된다. 이만큼 사람들은 좋은 음식 그리고 좋은 환경으로 삶의 질이 좋아지고 높은 의술로 병을 다스리는 기술을 개발하였기에 인간의 평균 수명이 계속 늘어나고 있다.

한국인의 평균 기대 수명이 남자는 82세, 여자는 87이라는 수치를 보았다. 이만큼 평균 수명이 늘어난 것이다. 잘 살고 잘 먹고 좋은 환경이 인간의 수명을 늘리고 그 당시와 비교하면 엄청난 의술의 발달로 인간은 이렇게 긴 수명을 유지하는 것이리라. 종기만 걸려도 죽었고 호랑이보다도 무섭다는 마마는 이미 인간의 의술로 사라져버렸다. 인류 최악의 질병인 암조차도 정복을 하기 위하여 노력하고 있다. 그러니 공자 나이 40과 링컨 나이 40은 지금은 청년인 시대이다.

우리들은 이렇게 좋은 세상에서 살아가고 있다. 문 앞에는 승용차가 있고 거리에는 아름다운 가로수 환경과 예쁜 꽃들이 피어나는 꽃동산에서 우리들은 살아가고 있다. 참으로 살기 좋은 세상이다. 그런데 정치인을 잘못 만나서 우리 국민들은 지금 이 좋은 세상에서 국제적으로 왕따를 당하고 이웃인 일본은 아예 우리나라를 적성국가로 분류해버리는 단계에까지 와 있는 것이다. 이렇게 힘들게 국민들은 살아가고 있는데 집권자나 집권당은 아예 국민들은 아랑곳하지 않고 자기들만 편하면 된다고 자기 입맛에 맞는 추종자들과 함께 대한민국을 어디로 끌고 가는지 정말로 답답한 노릇이다.

수출은 11%나 줄어들고 민생 현장에서 서민들은 모두 다 죽어가는 형편인데도 국민들 생각은 하지 않고 자기 편끼리 좋은 자리를 나누어주고 자격이야 있건 없건 간에 자기들 코드에 맞으면 자기들 편끼리 살아가는 세상이니 우리 같은 서민들은 이제는 아무도 믿을 게 없으니 이 얼마나 답답한 노릇인가. 자기들 편에 서서 앵무새 노릇을 한다고 90분 강연료로 1,500만 원을 받는다는 놀라운 사실에 대한민국 국민이라는 것이 부끄럽고 분하다는 생각을 하는 것이다. 나이가 40이 넘은들 아니 80이 넘은들 우리 같은 서러운 국민들에게는 아무런 희망이 없다는 사실이다.

이 지루한 정치가 언제나 끝이 날 것인가. 푹푹 찌는 여름에 가마솥보다도 더 뜨거운 정치 현실에 한숨이 저절로 나온다. 중복도 지나고 말복도 지났다. 이제 선선한 가을바람이 불어오고 오곡백과가 무르익는 가을이 올 텐데. 우리에게는 희망이 없다는 사실이 우리를 불안하게 한다. 정치의 부재가 온 국민을 이렇게 힘들게 한다는 사실을 우리들은 얼마나 알고 있을까. 정치인들의 거짓말에 속고 사는 국민들과 군민들이 가련하다. 지금의 대한민국과 가평군은 최악의 어려움을 견디며 살아가고 있다는 사실을 우리들은 언제쯤 알게 될 것인가.

경기가 바닥을 치고 거리에 사람이 없다는 사실, 장사가 안 되어 가게들이 문을 닫고 실업자가 거리를 배회하는 가평군 이제는 군민들이 깨어나야 한다. 간판 가게도 너무나 장사가 안 되어 울상이란다. 가게가 망해야 새로운 간판을 다는데 망하는 가게는 있어도 새로 시작하는 가게가 안 생기는 것이 지금 가평군의 현실이다. 이런데도 무조건 정부의 말을 믿고 살아야 하는 것인가. 아니면 잘못된 정부의 정책을 고치는 모습을 보면서 살아야 하는 것인가. 참으로 답답하기 그지없는 노릇이다. 한여름의 더위보다도 무섭고 한겨울의 추위보다도 무서운 정치 현실이 원망스럽다.

구관이 명관이라는 이야기가 있다. 박근혜 정부의 탄탄한 외교력 그리고 국민을 섬기던 우리 국토를 지키려던 대통령의 모습이 그리워진다. 천안함 침몰 당시에 그 현장을 군복 차림으로 방문한 이명박 전 대통령의 모습이 떠오른다. 참으로 국민을 그리고 이 나라를 지키는 군인을 사랑하던 전직 두 대통령의 모습이 애처로울 뿐이다. 그들이 국민을 위하여 그리고 사랑하는 대한민국의 군대를 사랑하던 모습이 떠오른다. 그들 두 대통령은 국민을 사랑하고 국가 안보를 무엇보다도 중요시하던 대통령이었기에 그들이 그리워지는 것이다.

여자 나이 60에 대통령에 오른 박근혜 대통령은 아예 전 대통령인 이명박 대통령을 한 번도 만나주지 않았고 이명박 대통령 계열의 사람들을 소가 닭 보듯 하여서 그들이 뛰쳐나가서 그 당시 야당과 함께 탄핵을 주도하고 찬성하는 바람에 오늘과 같은 시국이 초래된 것이다. 박근혜의 아집으로 오늘 같은 대한민국의 참담한 현실에 빌미를 제공한 것이다. 여자 나이 60이 넘어도 아집은 아집이 있는 것이 아닐까 생각한다. 박근혜 대통령 당시에 좀 더 마음을 열고 이명박 대통령도 만나고 그들을 포용하였으면 지금과 같이 대한민국이 어려워지지는 않았을 거라는 생각을 한다.

하지만 지금 와서 잘잘못을 따져본들 무슨 소용이 있겠는가. 이것이 다 우리 국민들의 복이고, 화가 역사의 굴레에서 헤어나지 못하는 대한민국의 국운이 여기까지라는 사실에 남자 나이 40과 여자 나이 60을 생각해보는 것이다. 엊그제 표구해 놓은 낙엽불원추풍(落葉不怨秋風)이라는 글이 사무실 한구석에 걸려 있다. 그래, 낙엽은 가을바람을 원망하지 않는다는 저 글의 뜻을 되새겨보는 시간을 갖는 것도 이 어려운 시국을 견디는 한 방법이 아닐까 생각한다.

●테이블 토크

파란 꿈의 소유자 김용기 전 북면장

김용기 전 북면장을 만났다. 북면장 그리고 설악면장을 역임하고 정치 일선에 뛰어들어 지난번 선거에서 자유한국당 공천으로 경기도 도의원에 입후보하였지만 민주당의 거센 황색 바람을 이기지 못하고 정치 신인에게 낙선을 하였다. 김용기는 참으로 운이 없는 정치인이라는 생각을 하였다. 면장 그리고 군청에서 과장으로 가평군 일대를 두루 돌아다닌 그가 지난번 민주당 후보에게 참패하였다는 사실을 모든 사람들은 기억할 것이다. 마치 선거의 여왕 박근혜 시절에 한나라당 후보자면 전라도를 제외하고는 모두 다 당선이 되었던 시절이 생각난다. 한나라당 시절에는 자유한국당 공천이면 전라도를 빼놓고는 당선증이라는 공식이 성립되던 시절이었으니 말이다. 이번 선거에서도 민주당 공천이면 당선증을 손에 쥐었으니 참으로 정치란 알 수가 없는 것이다. 그래도 김용기는 지금도 정치 일선을 뛰어다니는 사람이다. 각종 행사장에서 그리고 사람들이 많이 모이는 곳에서 그를 자주 만난다. 속내는 보이지 않지만 아직도 그는 꿈을 꾸는 사람이다. 그의 꿈이 무엇일까. 김용기를 만나면서 그의 꿈을 함께 생각해 본다. 보지 않고 알 수는 없지만 아직도 김용기는 꿈을 꾸는 사람인 것이다. 하기야 꿈이 없는 사람은 아무것도 할 수 없다는 평범한 진리를 모든 사람들이 알고 있는데 정치 현장을 뛰는 김용기가 꿈이 없을 수 있겠는가. 그를 만나면서 그가 꿈꾸는 가평의 이야기를 사알짝 들여다보았다. 파란 꿈을 꾸는 김용기의 꿈이 이루어졌으면 좋겠다.

제 4 부

남자의 결투(決鬪)보다 여자의 질투(嫉妬)가 더 무섭다

남자들의 결투보다 여자의 질투가 더 무섭다는 말이 있다. 물론 남자들의 결투도 무섭지만 여자들의 질투가 얼마나 무섭다는 것을 우리들은 역사에서 배우고 있다. 한 국가를 지배하는 것은 남자이지만 그 남자를 지배하는 것은 여인이라는 사실이다. 역사적으로 장희빈 그리고 그 이전에 중국의 고대사에서도 비빈(妃嬪)들의 싸움으로 하루도 조용한 나날을 보낸 적이 없을 정도로 여인들의 질투가 얼마나 무서운 것인가를 우리들은 잘 알고 있다. 한국 속담에도 여인함원(女人含怨)이면 오월에 비상이라는 말이 있다. 여인이 원한을 품으면 오뉴월에도 서리가 내린다는 뜻이다. 이 속담이야말로 여인들의 질투를 가장 잘 표현한 것이 아닌가 생각이 든다.

세계적인 역사를 보면 동양의 양귀비 그리고 서양의 클레오파트라가 세계사의 양대 인물로 떠오르고 지금까지도 그들의 미모가 회자되고 있다. 서양의 클레오파트라가 얼마나 아름다웠으면 그의 코가 조금만 낮았어도 서양의 역사가 바뀐다는 이야기를 지금까지도 하겠는가. 당 현종이 양귀비의 미모에 반하지 않았다면 당나라가 그렇게 일찍 망하지 않았을 것이라는 정설(定說)을 우리는 알고 있다. 양귀비를 사랑한 아니 황제의 여인 양귀비를 사랑한 안록산의 난(亂)으로 당나라의 운명이 막을 내린 것이다.

양귀비는 원래 당 현종 아들의 부인 즉 세자빈이었는데 당 현종 즉 시아버지가 며느리를 데리고 살았고, 이로 인하여 비극의 역사가 시작되었다. 당 현종으로부터 사랑을 받아서 권력을 쟁취한 양귀비가 안록산을 양자로 들이며 그 역시도 늙고 노쇠한 당 현종보다는 양자인 안록산과 정을 통하는 불륜으로 인하여 당나라가 망한 것이다. 그야말로 팜므 파탈의 여인 양귀비이다. 하기사 시아버지와 정을 통한 양귀비가 명목상 자기 양자로 들인 젊고 패기 있는 안록산과 정을 통하는 것은 양귀비의 양심으로는 얼마든지 허락하고도 남을 일이다. 아들과 살다가 시아버지와 살고 또한 자기의 양자로 들인 안록산과 정을 통하는 것은 양귀비의 눈에는 그저 아무런 죄 의식도 없이 젊음을 끝없는 환락으로 몰았던 팜므 파탈의 여인으로서 즐기고도 남음이 있으리라.

이렇게 여인이란 돌아서면 무서운 것이다. 그래서 오뉴월 한낮에도 서리를 내린다는 이야기가 있는 것이다. 전 경기도지사 김문수의 말대로 박근혜 대통령의 탄핵을 앞장서서 주동해온 김무성 같은 사람은 박근혜가 천년을 저주하여도 그 원한이 풀리지 않을 것이라는 이야기다. 백 번 천 번 맞는 말이다. 박근혜는 믿었던 어제의 동지들이 등 뒤에 비수를 꽂는 잔인함을 모르고 살았던 것일까. 아무튼 그는 한나라당 40여 명의 의원들이 탄핵을 주도하고 찬성을 하는 바람에 지금은 한 평 감옥에서 영어의 몸으로 꼼짝 달싹도 못하고 불행한 시절을 보내고 있다. 그 당시에 박근혜 탄핵을 앞장서서 주도한 김무성 그 역시도 지금은 역사의 뒷전으로 물러설 준비를 하고 있는 모습이 아닌가 생각한다.

대구를 지키려는 박근혜와 유승민의 기 싸움으로 대구는 지금 어떻게 변해가고 있는가. 지난번 선거에서 간신히 현 대구시장이 아주 이슬아슬하게 민주당 후보를 누르고 대구의 자존심을 건졌다는 뉴스를 보았다. 당권 싸움과 자기의 이익을 위하여 싸운 결과가 잘못하면 자유한국당의 홈인 그리고 텃밭인 대구마저 잃을 뻔한 결과를 초래하였다. 그날 선거가 있던 날 대구에 사는 내 동생은 밤새도록 개표를 지켜보며 대구를 지켜야 한다고 전화통을 붙들고 필자에게 전화하던 생각이 난다. 오빠, 대구는 지켰어요, 우리가 이겼어요, 라고 기뻐하며 전화를 하던 내 동생은 지금도 대구를 지키고 사랑하며 열심히 살고 있다는 소식을 전한다. 대구는 덥다는데 잘 있다니 참으로 고마운 일이다.

이렇게 정치란 요동을 치는 것이고 여인의 한이 있으면 국가도 가정도 남자들도 모두 다 힘이 드는 것이다. 여인의 한을 가득 품은 박근혜 전 대통령이 영어의 몸으로 저주를 퍼붓는 것이 아닌가 생각을 한다. 박근혜의 교도소 생활이 시작된 후에 정치도 경제도 수출도 모두 다 부진을 면하지 못하고 있으니 말이다. 그야말로 국가의 근간(根幹)이 흔들리는 모습을 보면서 생각을 하는 것이다. 일본의 화이트 국가 제외, 한미 간의 갈등, 수출의 곤두박질, 외교 부재로 왕따가 되어가는 대한민국 그리고 러시아와 중국의 전투기가 독도 상공을 합동으로 침범하는 이러한 일을 우리는 두고 볼 수밖에 없는 딱한 처지로 변한 것도 여인의 한 때문이 아닐까 생각하는 것이다.

지금의 대한민국은 위기의 대한민국이다. 정치도 경제도 국방도 무엇 하나 믿을 것 없이 브레이크 없는 전차가 달리는 모양이 아닌가. 달리는 말[馬]에는 채찍을 가하라는 속담이 있다. 하지만 브레이크 없이 달리는 자동차는 더 이상 속도를 내어서는 안 된다. 지금은 국민의 말에 귀 기울이고 국가를 안정시키고 외교를 강화하고 국민의 마음을 하나로 모으는 그러한 시간이 절대로 필요하다. 무조건 마이웨이를 달리는 현 정권을 보면서 힘이 없는 나라 분열된 대한민국으로 추락하는 모습이 걱정 또 걱정이다.

인수대비의 잔인한 성품으로 연산군의 어미에게 사약을 내린 결과로 연산군이 등극을 하여 인수대비는 물론 그 당시의 모든 대신들을 죽음으로 몰아넣은 갑자사화(甲子士禍)가 생각이 난다. 이렇게 한이 많으면 역사는 우리들을 심판을 하는 것이다. 나누고 용서하고 함께 가는 상생의 시대일 때 국가이든 가정이든 간에 평화가 그리고 화평이 있다는 사실을 모르는 현 정치가 불안하다. 필자는 화무십일홍이요, 권불십년이라는 이야기를 자주 하고 참으로 좋은 말이라는 생각을 한다. 권력의 끈을 놓는 순간 내가 지내온 뒷자리를 어떻게 살아왔느냐가 중요한 것이다. 지나온 발자취가 눈길 속에 그대로 발자취가 되어 남는다는 사실을 현 정치인들은 기억 또 기억해야 한다. 그래서 국민이 편안하고 국방이 튼튼하고 국민이 정부를 믿고 따르며 의지하는 그러한 시절이 오면 얼마나 좋을까.

지금은 한여름의 푹푹 찌는 더위가 아직도 우리들 곁에 남아 있다. 이 더위가 물러가고 조금 있으면 시원한 가을이 찾아올 것이다. 하늘이 높고 말이 살찌는 풍요의 계절 가을처럼 신선한 대한민국의 상생(相生)의 정치가 시작되면 얼마나 좋을까. 조금 있으면 민족의 명절 추석이다. 더도 말고 덜도 말고 한가위만 같아라 하는 말처럼 좋은 시절이다. 풍요로운 가평 들녘에 누렇게 익어가는 오곡백과 풍성한 결실의 계절 가을에 우리 모두 행복한 국민 행복한 군민이 되는 꿈을 꾸어본다.

●테이블 토크

근면한 송호경 천안1리 노인회장

천안1리에서 태어나고 천안1리에서 고향을 지키는 송호경 노인회장을 만났다. 80의 나이에도 태양광 발전 시설 반대로 또는 동네 노인회장으로 그리고 각 단체를 찾아다니며 설악면 천안1리에 건설 중인 태양광 발전 시설 반대 투쟁을 하는 노익장을 과시하고 있었다. 그러면서도 송호경 노인회장은 해마다 작년도에도 300만 원 성금으로 올해도 가평군에 장학기금으로 300만 원을 기부하는 기부 천사이기도 하다. 바쁜 일정 속에서도 천안1리 노인회장을 8년 동안 역임하고 있는 자랑스러운 노인이 아닐까 생각한다. 천안1리에 있는 자기 집 안마당을 개방하고 이웃들과 정을 나누는 우리들의 친근한 이웃이다. 그렇게 바쁜 일정을 소화하는 자랑스러운 가평군의 노인이다. 자기보다도 남을 생각하고 또는 마을의 안녕과 발전을 위해서 동분서주하는 그의 모습은 아마도 우리 가평군의 근면한 노인들의 표상이 아닐까 생각한다. 송호경 노인회장의 바람대로 설악면의 그가 사는 천안리에 맑고 깨끗한 환경을 자연을 후손에게 물려주자는 그의 설득력 있는 주장에 우리 모두 귀 기울여주어야 하는 것이 아닐까 생각한다.

나무를 꺾는 것은 바람이고
바위를 깎는 것은 파도이다

모진 비바람에 나뭇가지가 꺾이고 세찬 물보라가 바위를 깎는다. 우리네 인생사와 똑같은 이치이다. 이렇게 힘든 것이 우리들 살아가는 인생이 아닌가 생각한다. 내로남불이라는 유행어가 있다. 내가 하면 로맨스이고 남이 하면 불륜이라는 이야기인 것 같다. 지금 대한민국에 정권을 가진 자들의 행태가 이와 같지 않은가 생각한다. 자격이 있건 없건 결격 사유가 있건 없건 묻지도 따지지도 않고 임명을 강행하는 현 정부의 작태를 보면서 과연 이 나라가 어디로 가는지 묻고 싶다. 마치 이번에 대한민국을 강타한 태풍 링링처럼 온 국민을 긴장시키는 것이 바람이고 물이다.

그런데 사람들은 무서운 태풍만 생각하지 그 이상도 그 이하도 생각을 안 한다. 태풍은 억센 빗줄기를 동반한다. 그래서 태풍을 두려워하고 무서워하는 것이다. 하지만 그것보다도 더 무서운 태풍이 사람이 하는 인사(人事) 태풍이다. 무조건 임명을 하는 문재인 정부의 인사 태풍이 얼마나 무서운 것인가는 잠시 후에 역사가 말해줄 것이다. 대한민국의 보수는 비겁하다. 일부 보수를 제외하고는 광화문 광장의 시청 앞 광장의 태극기 부대를 보지 못했을 것이다.

필자는 태극기 부대원으로 태극기와 성조기를 들고 시청 앞을 행진하였고 민주화 투쟁으로 닭장차에 실려 가는 모든 역사적 사건을 다 겪은 사람이다. 군부독재 시절에는 민주화를 외쳤고 지금도 보수로서 국가의 안위와 안보를 가장 최우선시하는 사람이다. 그래서 근심도 많고 걱정도 많다. 오늘 아침 조간신문에서 김정숙 여사가 라오스 방문 시에 대통령보다도 한 발짝 앞서서 손을 흔들고 앞장서서 레드카펫을 걸어가는 모습을 보았다. 참으로 참담한 심정이 아닐 수 없다. 이러한 외교적 결례는 세계적으로 드문 일이 아닌가 생각한다. 참으로 부끄럽다. 일반 가정집에서도 아내보다 남편이 앞장서는 것을 우리는 미덕으로 아니 당연한 것으로 알고 또한 세계적으로도 어느 나라 영부인이 대통령보다도 앞장서서 손 흔드는 일을 본 적이 없다.

세계적인 망신거리가 아닌가. 이런 망신을 당하는 대한민국의 모든 국민들이 불행하다. 반대를 무릅쓰고 조국을 법무장관에 임명하는 대통령의 의지는 무엇일까. 국민은 여론은 아무것도 소용이 없다는 독선을 우리는 두려워하는 것이다. 이러한 독선으로 타협의 여지도 없이 우리들은 그들이 이끄는 대로 따라만 가야 하는 힘없는 백성들이다. 목적지가 어디인지도 모르고 따라가는 것이 얼마나 무섭고 두려운 일인가. 참으로 참담한 심정이다. 조국이 없는 백성은 얼마나 가여운지 우리는 알고도 남음이 있다. 그런데 지금 우리는 보이지 않는 세계를 향하여 영문도 모르는 채로 무한 질주를 하는 것이 아닌지 묻고 싶다.

국가 안위가 흔들리는 모습이 이곳저곳에서 보인다. 무엇이든지 집권자의 의지대로 집권당의 힘으로 마음대로 독주하는 것이 우리를 힘없고 맥없는 사람으로 추락시키는 것이다. 국민의 힘이 있어야 국가가 바로 서는데 지금 우리 국민들의 힘이 과연 얼마나 있을까. 그리고 야당의 미미한 힘으로는 이 난국을 타개할 수 있다는 생각조차 하기 어렵다. 나무를 꺾는 것은 바람이고 바위를 뚫을 수 있는 것은 빗물이라는데 그 세월을 우리는 기다릴 수가 없으니 말이다. 그저 하늘만 쳐다보고 이 나라 대한민국의 영원한 앞날을 자유민주주의의 염원을 기대하고 고대하는 슬픈 운명이 우리를 슬프게 한다.

한 치 앞도 내다보기가 어려운 세상을 우리들은 살아가고 있다. 북한이 미사일을 발사하여도 인천공항 턱밑인 우리나라 땅 함박도(강화도)라는 섬에 레이더 기지를 설치하고 무장군인을 배치하여도 국방부 장관은 애매모호한 궤변만 늘어놓는 것이 지금 대한민국의 현실이다. 안보가 튼튼하던 박근혜 정부 시절에 김관진 국방부 장관이 하던 말이 생각난다. 북한의 이상 징후나 공격을 받으면 선 조치 후에 보고하라는 강력한 그리고 믿음직스럽던 김관진 국방부 장관 시절이 그리워진다. 우리는 이렇게 안보가 튼튼하고 믿음직스럽고 자랑스럽던 김관진 국방부 장관 시절과 김정일 앞에서 고개를 꼿꼿이 들고 인사하던 김장수 국방부 장관 등 훌륭한 군인이 있었기에 오늘날의 대한민국이 있는 것이다. 지금은 그렇게 군인다운 군인이 국가를 생각하는 국방부 장관이 보고 싶다.

조국이 없는 대한민국은 없는 것일까. 나보다 나라를 더 사랑한 애국지사들 앞에 우리 전 국민은 죄인이다. 목숨을 바쳐 지킨 조국 대한민국에는 지금 나무를 꺾는 세찬 비바람이 온 국민을 할퀴고 지나가는 것이 아닌가 생각한다. 바위처럼 단단하던 대한민국이 지금은 세찬 파도를 견디지 못하고 힘겹게 힘겹게 서 있는 것이 아닌가 생각한다. 국민은 국가를 믿고 국가는 국민을 사랑하는 것이 치국의 첫 번째이다. 그런데 지금은 국가 따로 국민 따로 그야말로 따로 국밥의 시대를 우리들은 살아가는 것이 아닌가 생각을 한다. 전 국민이 하나가 되고 튼튼한 안보 속에서 자유평화가 숨 쉬는 그러한 대한민국을 우리들은 그리는 것이다. 국가 없는 백성은 아무런 의미가 없다. 국가 없는 백성은 죽은 백성이나 다름없다.

가을이 되면 메뚜기는 사라진다. 가을이다. 한여름을 뛰놀던 메뚜기가 사라져버렸다. 신기루처럼 사라진 메뚜기처럼 우리들의 앞날도 나무를 꺾는 바람도 바위를 깎는 파도도 사라져버리면 얼마나 좋을까. 풍요의 계절 가을이다. 넉넉한 가을 들녁처럼 행복한 대한민국, 행복한 가평군이 우리를 기다리고 있다는 희망을 가져보는 시간이 지금이 아닌가 생각한다. 안중근 의사가 하얼빈 역에서 이등박문을 저격하고 대한민국의 독립을 위하여 여순 감옥에서 마지막 남긴 글을 보았다. 위국헌신 군인본분(爲國獻身 軍人本分), 즉 나라를 위하여 목숨을 바치는 것은 군인의 본분이라는 뜻이다. 나라를 위하여 목숨을 바친 수많은 애국지사들에게 부끄럼 없는 대한민국을 그리고 가평군을 만드는 것이 우리의 본분이다. 우리 사는 아름다운 땅 가평의 들녘이나 산하가 우리의 것이다. 그리고 우리는 대한민국의 국민이고 자랑스러운 가평군민인 것이다.

막걸리 부활을 염원하는 박성기 우리 술 대표

박성기 우리 술 대표를 만났다. 자라섬 막걸리 페스티발의 숨은 공연자이고 올해 5회째를 맞는 자라섬 막걸리 페스티발의 실제 기획자이고 감독이기도 한 사람이다. 항상 겸손하고 막걸리의 대중화 그리고 발전을 위하여 열심히 막걸리 홍보대사역을 하는 사람이다. 그의 전화 시그널 음악에서도 가평 잣막걸리를 홍보하는 막걸리를 사랑하는 사람이다. 막걸리의 세계화를 위하여 동분서주하는 사람이 박성기 우리 술 대표이다. 일본으로 막걸리를 수출하여 호황기를 누렸던 박성기 우리 술 대표. 그러나 이제 일본으로의 수출 길이 거의 다 막히고 새로운 지역 베트남이나 동남아 쪽으로 발길을 돌려 막걸리의 세계화를 위하여 노력을 하고 있다. 한국인이 가장 좋아하는 술 막걸리. 그러나 언제부터인가 세계화의 급류에 휘말려 화학주인 소주에게 국민주(酒) 막걸리는 자리를 내어주고 말았다. 그리고 젊은 층들이 간단한 소주 문화에 길들어 있어서 막걸리의 부활이 어렵다는 것을 알고 있단다. 하지만 민속주인 가평 잣막걸리의 부활과 세계화를 위하여 동분서주하는 박성기 우리 술 대표의 모습을 보면서 생각을 하였다. 우리들 아니 필자의 젊은 시절에는 마을마다 하루에 네댓 말 정도의 막걸리가 배달되었는데 지금은 거의 사라져가는 막걸리의 부활을 노리는 박성기 우리 술 대표의 노력이 결실을 맺었으면 얼마나 좋을까 하는 생각을 한다. 박성기 우리 술 대표의 말이다. 막걸리는 살아 있는 유산균 덩어리이다. 이 말이 긴 여운을 남긴다.

봄에 피는 꽃보다 가을의 단풍이 아름답다

가평군의 산하가 단풍으로 물들어가고 있다. 만산홍엽(滿山紅葉)이다. 모든 산들이 붉게 물이 든다는 이야기이다. 이렇게 아름다운 가평에 산다는 것이 정말로 행복하다. 설악산 단풍보다도 내장산의 단풍보다도 아름다운 단풍을 마음대로 즐길 수 있는 우리 사는 가평군이 자랑스럽다. 그래서 봄에 피는 꽃보다는 가을의 단풍이 아름다운 것이다. 글을 쓰는 필자의 나이도 어느 사이에 단풍이 들어가고 있다. 이렇게 세월이 빠른 것인가 뒤를 돌아보면서 글을 쓴다.

환희와 격동의 세월을 함께한 역사를 생각해본다. 인생의 유년기는 봄이 아닐까 생각한다. 봄에는 모든 식물처럼 뿌리를 내리고 어머님과 아버지의 한없는 사랑으로 자라나는 유년기가 있다면 여름은 청년기가 아닐까. 여름에는 푸르도록 잎이 무성하고 성큼성큼 하루가 모자라는 듯이 키를 키워온 식물처럼 우리 인생도 한없는 성장을 한다. 그리고 결실의 계절 가을처럼 우리 인생에서도 인생의 황금기인 가을이 찾아온다. 어깨가 무겁도록 모든 열매를 주렁주렁 매단 가을의 과일나무처럼 우리네 인생의 가을은 모두에게 나누어지는 계절이다. 그래서 글을 쓰는 필자 역시도 넉넉한 마음으로 함께 나누는 그러한 시절을 보내고 또한 맞이하고 싶다.

나누는 인생의 즐거움이 우리에게는 무엇보다도 즐거운 시간이 아닐까 생각한다. 소월의 시처럼 낙엽이 우수수 떨어질 때, 겨울의 기나긴 밤 어머님하고 둘이 앉아, 옛이야기 들어라, 나는 어쩌면 생겨나와 이 이야기 듣는가, 묻지도 말아라, 내일 날에 내가 부모 되어서 알아보리라는 시 구절이 생각나는 계절 가을이 왔다. 그래서 봄에 잠깐 피는 꽃보다는 가을이 아름답지 아니한가. 이렇게 인생의 황금기인 가을 그리고 넉넉한 계절 가을에 나누는 행복이 가장 좋은 것이리라.

그런데 나누어줄 곳이 없고 나누어주지 않으려는 모든 황금기에 있는 우리네 사람들이 우리를 슬프게 한다. 그중에서도 정치인들의 욕심이란 하늘을 찌르고도 남을 만큼 욕심이 있으니 우리는 불행하다. 온갖 억측으로 그리고 사실에 근접해 있으면서도 자리를 탐하고 지키려는 정치인들의 작태를 보면서 가을을 산다는 것이 부끄럽다. 조국이라는 법무부 장관의 임명을 보면서 대한민국에 산다는 것이 이 아름다운 가을을 살아간다는 것이 한없이 부끄럽다. 내로남불의 현실을 보면서 말이다. 내가 하면 로맨스이고 남이 하면 불륜이라는 그들의 사고방식이 무섭다.

무소불위라는 말이 있다. 못할 것이 없이 무조건 밀고 가는 것을 무소불위라 한다. 못할 것도 아무것도 거칠 것 없는 현 정부의 힘이 무소불위의 권력이다. 그런데 무소불위의 권력은 어느 날 힘없이 사라져간다는 역사의 진리를 모르니 겁이 덜컥 나는 것이다. 권불십년(權不十年). 권세는 십 년을 가지 못한다는데 어쩌려고 저러는 것인지 걱정과 근심 투성이이다. 가을에 잔뜩 가지마다 열려 있는 탐스러운 과일도 태풍을 맞으면 땅 위에 떨어진다. 어느 날 이 정권도 국민의 심판을 받을 것이 아닌가. 그때도 지금처럼 오만의 극치를 부릴 것인지 어디 한번 두고 보아야겠다.

봄에 피는 꽃처럼 그리고 여름에 싱싱한 나뭇잎처럼 그리고 지금 찾아온 황금의 계절 가을처럼 나누고 사랑하는 그러한 정치를 보고 싶다. 그런데 지금의 정치를 보면서 그러한 희망을 품는다는 것이 아주 요원한 일이라는 것을 생각하면 슬퍼지는 것이다. 요원이라는 멀고 먼 이야기가 아닌가. 조금만 양보하고 국민을 사랑하는 정치인들이 없다는 것은 대한민국의 앞날에 먹구름이 드리웠다는 이야기이다. 무엇이든지 무상이고 무엇이든지 공짜로 나누어주는 것은 결코 행복한 일이 아니다. 우는 아이를 사탕으로 달래려는 현 정부의 정책을 보면서 느끼는 심정이다. 일하지 않는 사람에게는 사탕을 주어서는 안 된다. 게으른 자는 일터를 주고 일을 하면서 대가를 받는 것이 민주주의이다.

그런데 놀고 있어도 실업수당이고 억지춘향으로 국민을 달래고 좋은 사탕을 나누어주는 행복은 그리 길지 않다는 사실을 우리는 하루라도 빨리 알아야 한다. 건실한 근로자로 가득한 나라, 일하면서 즐거움을 느끼는 그러한 대한민국이 되어야 우리의 미래가 확실히 보장이 되는 것이다. 우리가 살아가는 가정도 흥청망청 낭비를 하면 언젠가는 창고가 비어서 빈 곳간이 되고 만다. 있을 때 저축하고 아껴야 백년가업을 이루어나갈 수 있다. 국가의 백년대계를 책임진 현 정부나 현 국회의원들이 지금 하는 짓은 포퓰리즘의 극치를 이루는 것이 아닐까.

커다란 저수지가 무너지는 것은 작은 구멍 하나에서부터 시작된다. 우리는 지금 작은 구멍이 커다랗게 뚫려서 저수지의 물이 새어 나가는 것을 모르고 있는지 물어보고 싶고 그것이 궁금하다. 작은 쥐구멍 하나로도 온 방에 연기가 자욱한 것이다. 커다란 저수지에 가득한 물도 쥐구멍 하나로 무너지고 저수지에 가득 고였던 물도 말라버린다는 사실을 우리는 알아야 한다.

수출은 곤두박질치고 국가의 기강이 흔들리는 모습이 안타깝고 애처롭다. 이런데도 무엇이든지 무상으로 주면 좋은 것은 아니다. 일하고 노력하고 힘들이는 땀방울의 근로자가 대접을 받는 그러한 세상이 우리에게는 필요하다. 그저 시간만 보내고 그럭저럭 살아가면 정부에서 죽지 않을 만큼 혜택을 주어서는 대한민국의 앞날이 어둡다는 사실을 우리는 알아야 한다. 자동차 노조에는 연봉 1억 원짜리가 수천 명이 된다는 이야기를 들었다. 연봉 1억은 우리들 가평 사람들에게는 꿈같은 이야기이다. 그런데 자동차 노조의 근로자들은 거의 회사의 목을 조이고 무소불위의 노조를 등에 업고 임금 협상으로 툭하면 파업을 벌이는 이러한 나라가 우리들 살아가는 대한민국이다.

우리들은 봄에 꽃을 피웠던 대한민국을 이제는 황금기 가을에 거두어들이는 나라가 되어야 한다. 그래서 아름다운 단풍을 보면서 가을을 즐기는 그러한 대한민국의 여유와 평화가 그리워지는 계절 가을이 되었으면 얼마나 좋을까. 봄꽃보다는 가을의 단풍이 아름답다는 사실을 우리 모두는 알아야 한다. 지금 대한민국의 그리고 우리 살아가는 가평의 가을은 정말 아름다운 가을인지 생각해보자.

●테이블 토크

군민 건강 책임지는 가평보건소 박정연 소장

가평군민의 건강을 책임지는 건강 도우미 박정연 가평군 보건소장을 그의 아들 결혼식장에서 만났다. 만나면 항상 반갑고 정이 가는 사람이다. 매사에 능동적이고 올바른 사고방식과 합리주의가 몸에 배어 있는 가평군의 여성 리더이다. 언제나처럼 기자를 맞아주는 박정연 보건소장. 보건소장님보다는 이웃집의 친근한 아줌마로 또한 가평을 사랑하는 여성으로서의 체취가 풍기는 그의 모습을 보면서 가평에 살고 가평 사람이라는 것이 즐거운 일이다. 박정연 소장, 여러 가지 어려운 일이 있고 힘이 들고 지쳐 있어도 겉으로 자기의 모습이나 아픔을 나타내지 않는 철의 여인이 아닌가 생각을 한다. 이야기 도중 깜짝 놀랄 가평군의 여러 가지 보건 사항의 아픔을 이야기하다가도 자기의 맡은 본분으로 어려움을 헤쳐나가는 지혜가 담겨 있는 지혜로운 여장부가 아닌가 생각을 한다. 청주에서 대학을 졸업하고 보건소에서 근무하며 보건인으로 잔뼈 아니 젊은 청춘을 바치고 마침내 가평군 보건소장 자리에 오른 파워 있는 여성이다. 그런데 일에 있어서는 카리스마가 가득하지만 사람을 대하는 태도는 풋풋한 대학생 같은 해맑은 미소가 있어서 모든 민원인들이 좋아하고 사랑하는 여성이다. 아니 자랑스러운 가평군 보건소장이다. 박정연 보건소장을 만나면 행복하다. 모든 것을 행복으로 변환시켜주는 긍정적인 아이콘의 소유자이기 때문이 아닐까 생각해본다.

기자는 현장의 중심에 서 있다

기자는 늘 현장의 중심에 서 있다. 현장을 중심으로 현장의 중심에서 글을 쓴다. 그래서 기자의 눈은 예리하고 항상 현장의 중심을 떠나지 않으려는 것이다. 기사를 쓰거나 칼럼을 쓰거나 항상 중립적이고 정의의 편에 서서 글을 쓰는 것이 기자나 칼럼을 쓰는 칼럼니스트의 자세이다. 그런데 자기들의 잣대를 들이대고 자기들의 편에서만 글을 아니 기사를 써달라는 주문을 한다. 기자란 공정하고 사물을 객관적으로 보는 눈이 필요하다. 틀린 것을 알고도 맞는 것처럼 기사를 쓰면 독자들이 이미 다 알아버린다.

가평신문사는 정론직필(正論直筆) 애군애민(愛君愛民)이라는 사훈(社訓)을 걸어놓고 지금까지 신문을 발행하고 있다. 이만큼 정확하게 쓰고 가평군민을 사랑하는 좋은 글을 쓰는 것이 가평을 사랑하는 가평신문의 자세가 아닌가 생각한다. 글을 쓰는데 신문사나 개인의 의견이 꼭 올바르고 정확하다고는 할 수 없다. 한 예로 조선일보와 한겨레신문이 현 시국을 보는 눈과 귀가 엄청나게 차이가 난다는 것을 우리 국민들은 알고 있다. 그래서 보수신문이냐 진보신문이냐를 판단하여 독자들은 그 신문을 선택하는 것이다. 지역

신문도 같은 입장이다. 보수지인 가평신문이 있는 것이고 진보지인 다른 신문이 있는 것이 아닌가.

가평신문은 보수지라는 의견이 대부분이다. 맞는 말이다. 진보와 보수 중 보수 쪽에 서서 신문을 만들고 독자들과 생각을 함께하는 것이 가평신문이다. 멀쩡한 원자력 발전소를 마구 폐기시키고 그 대신 아름다운 산하의 허리를 두 동강 내는 태양광 발전소를 건설하는 현 정부를 가평신문의 발행인으로 또는 글을 쓰는 칼럼니스트로 그들의 정책을 지지할 수 없는 것이 필자의 솔직한 심정이다. 무소불위의 권력 남용을 보고만 있을 수 없는 것이 가평신문이다. 이렇게 열악하고 한 줌의 권력조차 없는 군민들과 원전을 찬성하고 태양광 발전소의 건설을 반대하는 것이 가평신문이다.

그렇다고 무턱대고 태양광을 반대하거나 무조건 원자력 발전을 비판하는 것은 아니다. 원자력 발전소가 노후가 되면 정밀검사를 실시하여 손을 보고 그래도 안 되면 폐기하는 것은 국민의 안전을 위해서 찬성하는 기사를 쓸 수도 있다. 그런데 지금처럼 무조건 원자력을 집권자의 눈높이에 맞추어서 진행하는 것을 찬성하는 기사를 쓸 수는 없다. 월성 1호 원자력 발전소는 국민 세금 7,000억 원을 들여서 9,000여 개의 부품을 들여서 완벽하게 사용할 수 있도록 정비해 놓아 2022년까지 아무런 문제 없이 쓸 수 있는 원자력 발전소를 조기 폐기한다는 것을 옳다고 쓸 수는 없는 노릇이다.

그 여파로 전기료가 오르고 무분별한 태양광 발전시설로 수많은 산허리가 파헤쳐지는 것을 반대하는 것이다. 정확한 근거와 주민들이 함께 공유하면 좋은 시설이 되는 태양광 발전시설을 무조건 반대하는 게 아니다. 다시 한 번 말하지만 환경 친화적인 태양광 발전시설을 무조건 반대해서는 안 된다. 좋은 태양광 발전시설은 원자력 발전소에 버금가는 친환경 연료를 사용할 수 있는 이점이 있다는 사실을 우리들은 알아야 한다. 그래서 기자는 공부를 하여야 하는 것이고, 글을 쓰는 칼럼니스트는 더 많은 내용의 지식을 얻기 위하여 현장의 중심에 서 있어야 하는 것이고, 올바른 정책을 홍보하는 것이 글 쓰는 사람의 책임이며 책무가 아닌가 생각한다.

태양광 발전을 반대하는 사람도 지지하는 사람도 그리고 크게 보면 원자력 발전을 반대하는 사람도 찬성하는 사람도 우리 국민이며 군민이다. 찬반(贊反)을 떠나서 무엇이 옳고 그른가를 판단하는 잣대를 너무 한쪽으로 기울여서는 안 된다는 것이다. 저울의 한쪽 추가 기울면 그 기우는 쪽으로 무게의 중심이 있게 된다. 저울에 달아보지도 않고 무조건 목소리 큰 소수가 승리를 하여서는 안 되는 것이 우리들이 살아가는 세상이다.

오늘 조간신문에서 문재인의 지지도가 32.4%로 떨어졌다는 소식을 읽었다. 호남지역 즉 전라도를 제외하고는 거의 지지 세력이 이탈하였다는 기사를 보았다. 이만큼 무게의 축이 민심이 반문(反文) 정서로 빠르게 변해가고 있다는 증거이다. 엊그제까지도 고공행진을 하던 반문재인 세력들의 이야기를 지금쯤은 귀 기울여 들어야 하는 것이 옳은데도 절대로 타협을 안 하는 그들의 세력을 보면서 민심이 이탈하고 있다는 것을 정말로 그들은 모르는 것일까. 벗겨도 벗겨도 양파껍질처럼 계속 나오는 조국이라는 사람의 비리와 거짓을 보면서도 임명을 강행하고 그의 편을 들어주는 사람들의 모습도 그의 임명을 반대하는 사람들의 의견도 허공중에 흩어져버리는 이러한 세상을 우리들 힘없는 백성들은 살아가고 있다.

우리가 살아가는 가평군의 산하는 전국에서 알아주는 자연의 보고(寶庫)이다. 북면의 청정계곡 축령산의 아름드리 잣나무 숲 그리고 이제는 한국인을 넘어 세계인들이 찾아오는 아침고요수목원. 이러한 아름다운 자연의 보고인 가평군이 태양광 발전으로 산허리가 잘리고 흉물스러운 태양광 발전시설 건립을 반대하는 것이다. 하지만 이와는 다르게 친환경 시설로 태양광 발전시설을 건설하는 것을 무조건 반대하는 것은 아니란 이야기이다.

주민들이 합의하고 잘 가꾸어진 숲을 보호하고 나름대로의 조건이 충족한 지역의 태양광 발전을 무조건 필요악으로 규정하는 것은 옳지 않다. 연 3회에 걸쳐서 태양광 시설을 점검하고 찬성과 반대자들의 논리를 정리하면서 내로남불이 참으로 맞다는 생각을 한다. 내가 하면 로맨스이고 남이 하면 불륜이라는 현 정부의 생각처럼 어느 것이 맞는 것이고 어느 것이 틀린 것인지는 독자들의 몫이다. 내가 하는 일이 모두 다 맞는 것은 아니다. 남이 하는 일이 모두 다 틀리는 것이 아니라는 이야기이다.

서로가 믿고 사랑하고 의견을 교환하고 토론의 장에서 협의를 하는 성숙된 시민사회가 필요하다. 원자력도 좋고 태양광도 좋다. 하지만 내 지역은 안 된다는 님비현상이 우리들 사이에 너무 깊숙이 뿌리를 내린 결과가 모두가 반목으로 치닫는 결과를 만든 것이다. 내 지역에는 아무것도 할 수 없다는 님비현상의 말로가 우리들 곁에 너무나 깊게 뿌리를 내린 것이다. 그 결과로 설악면에는 LPG 배관시설을 수십 억을 들여서 시공하였지만 30톤 LPG 저장 창고를 주민들 일부가 반대함으로써 사용을 못 하고 있는 실정이다. 이렇게 내 지역은 안 된다고 무조건 반대하는 풍토로 인하여 대한민국이 힘들어지고 가평군이 힘들어져 살기 어려운 이합집산의 도시로 추락하는 것이 아닌가 생각해본다.

서산에 달이 지면 동산에 해가 뜨는 법

상당한 아니 놀라운 자연의 이치이다. 서산에 해가 지면 아침에 동녘에 해가 뜬다. 자연의 섭리나 인간의 도리나 그 무엇도 자연의 섭리를 비켜갈 수는 없다. 이렇게 자연스러운 섭리를 모르는 사람들이 정치인들이 아닌가 생각한다. 그중에서도 지금의 집권 여당 정치인들이 아닌가 생각한다. 그들은 마치 매일 해가 뜨고 지는 것조차 생각을 하지 않는 모양이다. 무조건 마이웨이로 나가는 그들을 보면서 생각한다. 그들에게는 밝은 태양만 비추이는 좋은 날만 있을 것이라는 생각으로 가득 찬 사람들이 아닌가 한다. 한 달이 길면 또 한 달은 짧은 것이다. 아침이 있으면 저녁이 있다는 사실을 모르는 것일까. 참으로 답답하기 짝이 없는 대한민국의 현실을 보면서 생각한다.

중국을 최초로 다스리던 당(唐) 태종 이세민은 중국의 역사상 가장 성군(聖君)으로 평가를 받고 있는 인물이다. 당 태종 이세민은 어떠한 일이 있어도 신하들이 자기에게 막말을 하거나 모욕을 주면서 정치적인 발언을 하여도 한 번도 화를 내거나 바른 말을 하는 신하들을 나무란 적이 없는 성군이었다. 그래서 그의 빛나는 정치 시대를 우리들은 정관(貞觀)의 치(治)라고 부르는 것이다. 이세민의 정책 중의 한 가지 백성을 얼마나 사랑하였는지는 이 대목으로 충분하다. 백성은 바다요, 군수는 배다. 이 한마디로 모든 것이 함축된 것이 정관의 치인 것이다.

이렇게 역사상 훌륭한 군주를 두었다는 사실만으로도 13억 중국인은 자랑을 하는 것이다. 그리고 세계 4대 성인 중에 한 사람으로 꼽히는 중국의 공자(孔子) 그리고 13억 중국인을 개방정책으로 가난에서 구제한 작은 거인 덩샤오핑[鄧小平] 등 이루 말할 수 없는 정치인들로 인하여 대륙 중국은 무서운 속도로 발전을 하고 있다. 지금 대륙 중국은 시진핑[習近平] 시대이다. 국경절 날 13억 중국인을 호령하는 그의 늠름한 태도와 자신감은 어디서 나오는 것일까. 당당한 국가 아무도 흔들 수 없는 강대국으로 변한 13억 인민의 힘에서 나오는 당당함인 것이다.

천안문 망루에서 열병식을 거행하는 중국의 시진핑을 보면서 중국의 힘을 보았다. 그것도 13억 인민의 단합된 힘을 본 것이다. 그런데 지금 우리 사는 대한민국은 어떤가. 아무나 흔들 수 없는 나라를 만들겠다는 문재인 정부의 이야기가 과연 맞는 것인가. 13억 중국인들이 하나가 되는데 지금 우리 사는 대한민국은 인구 5천만 명의 작은 국민인데도 여와 야로 그리고 크게는 전라도와 반전라도 정서로 금이 가고 깨어지는 모습을 보면서 13억 중국의 단합된 힘을 부러워한다.

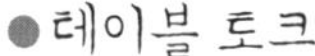

가평의 대표 건축가 김인규 정풍건축 대표

늦은 시간에 행사장에서 가평의 대표적인 건축가 김인규를 만났다. 가평의 가우디, 가평의 베토벤으로 불리는 중후한 남자이다. 늘 자신을 낮추고 겸손과 남을 위한 배려가 몸에 배어 있는 가평군 제1의 젠틀맨이다. 매사에 겸손하고 남을 미워하지 않는 그의 모습을 늘 존경한다. 긍정적인 사고방식과 늘 연구하는 그의 모습이 새록새록 느껴지며 존경하고 싶은 사람이다. 가평의 굵직한 건축 프로젝트에는 항상 김인규가 있다. 그가 지은 가평의 수많은 건축물에는 그의 혼이 담겨 있다. 어느 건축물이든지 그가 설계한 건축물에는 김인규의 혼을 심어 놓는다. 그래서 사람들은 그가 설계하고 시공한 건축물에서 그의 혼을 즐기며 그 건물을 본다. 준공 후에도 하자가 없고 잡음이 없는 그의 결과물을 보면서 기자는 그를 더 존경하게 된다. 매사를 긍정적으로 생각하고 남을 배려하는 김인규를 만나면 행복하다. 그가 가평에 살고 있다는 것만으로도 행복감을 느낀다. 그래서 잠시 시간을 내어서 사진도 함께 찍었다. 베토벤이라 불리어도 좋고 가평의 가우디라 불리어도 손색이 없는 가을 남자, 가평 남자 김인규를 만나서 가평에 산다는 것이 가평의 가을이 있다는 것이 행복한 것이 아닐까.

낙엽은 가을바람을 원망하지 않는다(落葉不怨秋風)

천고마비(天高馬肥)의 계절 가을이다. 낙엽불원추풍(落葉不怨秋風), 참으로 좋은 글이다. 읽으면 읽을수록 생각하면 생각할수록 좋은 글이다. 하루에도 몇 번씩 사무실 한쪽 벽에 걸려 있는 글귀를 보고 되뇌는 것이다. 낙엽은 가을바람을 원망하지 않는다는 이 한 구절을 보면서 지금 우리 사는 대한민국을 생각한다. 이 좋은 가을에 온종일 기다려도 단 한 구절도 대한민국의 좋은 이야기는 들을 수 없으니 이리 좋은 가을을 원망(怨望)하는 것이다. 가을은 얼마나 행복한 계절인가. 시인 묵객들이 천만 번을 칭찬하고도 남는 낙엽 예찬 그리고 우리의 조상들이 가장 좋아하는 계절이 가을이 아니었던가. 그런데 지금 대한민국의 가을은 우리 사는 가평의 가을은 적막강산(寂寞江山)으로 변해가고 있다.

북한은 하루가 멀다 하고 신형 무기로 우리를 위협하는데 우리 대한민국은 전방 사단을 해체하고 병력을 50만으로 줄이고 지소미아를 파기하고 미국을 물러나라고 압박하고, 경기도 성남에서는 김일성 배지를 달고 김일성 찬미하는 시를 읽어가는 캄캄한 세상을 살아가고 있다. 그야말로 국가의 운명이 백척간두(百尺竿頭)에서 있다는 사실을 우리는 우리 대한민국 젊은이들과 우리 가평군민은 얼마나 알고 있을까. 나라를 잃으면 부도 명예도 모두 다 잃어버리는 것이다. 지금 우리나라의 운명을 생각하면 낙엽도 가을바람을 원망을 하지 않을까 생각을 한다.

대한민국은 지금 끝없는 나락으로 추락하고 있다. 이와 함께 우리 사는 가평군도 따라서 끝없는 나락으로 추락하고 있다. 한 예로 지난 십년간 현대 기아차는 171일을 파업하였고 선진국 독일의 폭스바겐은 2시간, 일본의 도요타는 0시간, 한 번도 파업을 하지 않았다는 기사를 보았다. 선진국으로 발돋움하려는 대한민국의 경제를 옥죄고 있는 노조를 보면서 대한민국의 희망이 사라져간다는 생각을 안 할 수가 없다. 그런데도 정부는 민노총 한노총의 사옥 건설비 명목으로 240억을 지원한다는 기사를 보았다. 171일이나 파업을 하는 노조를 위해서 이렇게 국민의 세금을 퍼주는 나라가 대한민국 말고 이 지구상에 또 있을까 생각해본다. 그야말로 무소불위의 문재인 정권이 겁이 덜컥 난다.

세계적인 축구경기인 월드컵 남북 예선전을 무(無) 관중으로 치르고 그 경기를 볼 수도 없는 대한민국이 전방사단을 해체하고 병력을 줄이고 연일 쏘아 올리는 북한의 미사일 발사를 눈 감아주는 나라가 되어간다는 것이 우리를 불안하게 하고 슬픈 국민을 만드는 것이다. 국가가 튼튼하여야 그 국민이 행복하다. 지소미아의 파기로 러시아 중국의 전투기가 영공(領空)을 유린하여도 꼼짝도 할 수 없이 당하는 서러운 대한민국과 대한민국 국민이 되어가고 있다. 이렇게 나라에서 힘을 쭉 빼어 놓으니 경기가 엉망이고 국민들이 불안하여 광화문으로 모이는 것이다.

가을색이 완연하다. 가평의 가을은 전국에서 찾아볼 수 없을 정도로 아름다운 가을이다. 이렇게 아름다운 가평의 가을이 을씨년스러워 보인다. 희망이 없는 가을이 찾아와 있으니 말이나. 사람들은 권력자의 힘이 있는 곳으로 모이는 것이다. 그래서 어떻게 해서든지 힘 있는 자 편으로 줄을 서고 힘 있는 사람에게 의지하여 자기의 운명을 바꾸려는 것이 인간의 본성이다. 그래, 힘 있는 자 편으로 서보아라. 그들도 언젠가는 권좌에서 내려올 것이다. 언젠가는 그들도 그들이 말하는 적폐세력으로 낙인이 찍힐 것이다.

가을이다. 아주 서글픈 계절 가을이 우리 곁을 지나가고 있다. 지금 가평의 가을은 낙엽이 져도 슬프고 노란 은행잎이 휘날리고 아스팔트 위를 아름다운 낙엽이 뒹굴러도 슬픈 계절이다. 대한민국이 슬프니 가평의 가을도 슬프지 아니한가. 이 아름다운 계절 가을에 가을엔 편지를 쓰겠어요, 누구라도 주인이 되어 받아 주세요,라는 한 구절의 노래가 생각난다. 그런데 글을 쓸 사람조차 편지를 보낼 사람조차 없이 정서가 메말라가고 있으니 더 슬프다. 이 가을 햇살처럼 따스하고 아름다운 계절 가을에 편지를 보낼 곳도 아름다운 시 한 수를 짓기도 힘들게 대한민국의 정서가 말라가고 가평의 정서가 극과 극으로 나뉘어 있다는 것이 우리를 슬프게 한다. 너의 잘못 나의 잘못을 따져볼 시간도 없다. 우리 모두의 잘못으로 대한민국이 피멍이 들고 가평군이 양분되었다는 사실이다.

지금 이 시간에도 광화문 광장에서 청와대 앞에서 노숙을 하면서 나라를 구하겠다고 수백만 국민이 간절히 기도를 하고 올바른 정치를 해달라고 소리 높여 외치고 있다. 그들이 감사하고 고마울 뿐이다. 비록 참석은 못 하지만 내 사랑하는 모든 마음을 광화문에 있는 애국 시민에게 보낸다. 고맙습니다, 감사합니다,라는 이야기를 하루에도 몇 번씩 보내고 있다. 필자는 중국이 부럽다. 왜냐고 물으면 하나가 된 중국이 부러운 것이다. 공산당 중국이 부럽다는 이야기는 아니다. 비록 사회주의 국가이지만 그들은 자랑스럽게 천안문 광장에 오성홍기(五星紅旗)를 게양하고 그들의 국기인 자랑스러운 오성홍기를 천안문 광장에서 병사들이 지키는 모습이 부럽다.

우리나라의 대표적 광장인 광화문 광장에는 태극기를 게양할 자리가 없다. 아니 좌파들이 정권을 잡고 서울 광화문 광장에 태극기 게양대를 설치하지 못하도록 서울시에서 허가를 내주지 않는다. 그래서 수백만 시민이 운집하는 광화문 광장에 우리의 자랑스러운 태극기가 휘날리지 못하고 있는 슬픈 현실과 이 사실을 아는 사람이 아는 국민이 아는 가평군민이 몇이나 될까. 참으로 안타깝고 가슴이 아픈 현실을 우리들은 살아가고 있다. 이러니 가평의 가을이 대한민국의 가을이 슬프지 아니한가. 그래도 계절은 어김없이 찾아오는 것이 우리들 살아가는 세상이다. 얼마 있으면 이 아름다운 가평의 강산에도 낙엽이 지고 그 낙엽이 떨어지면 나목이 되어 겨울 추위를 견디는 나무들처럼 우리들도 어쩌면 꽁꽁 얼어붙은 겨울을 보내지 않을까 걱정이 앞선다.

그래, 겨울이 와도 좋고 추워도 좋다. 올바른 나라가 아니 대한민국이 평화스럽게만 된다면 그 까짓 추위쯤이야 얼마든지 이기고 견디어낼 수 있다. 정치적인 추위가 오지 않는 그러한 겨울을 기다려 보자. 그래서 정말로 아름다운 정치판이 펼쳐진다면 추워도 좋다. 가평의 나목처럼 오들오들 떠는 겨울나무가 되어도 이 나라 대한민국에 정치적인 봄이 온다면 추위도 견딜 것이다. 사랑하는 사람들과 사랑스러운 여인을 못 만나고 헤어져도 좋다. 대한민국의 희망이 있다면야 무엇을 바랄 것이 있단 말이냐. 가평을 사랑하고 대한민국이 좋아지는 날에는 어여쁜 미소를 담은 아주 작은 여인들을 만나고 싶다. 그리고 팔등신의 미인을 만나도 좋다. 그보다는 더 좋은 대한민국의 봄을 기다려보자. 그날이 오는 날 나는 말할 것이다. 사랑도 좋고 가평의 낙엽도 가평의 가을도 좋지만 내 사랑하는 조국 대한민국의 가평에서 아름다운 가평의 친구들과 가을의 단풍보다도 더 찬란한 가을을 사랑하는 가평의 여인들과 함께 가평의 가을을 노래하는 그날을 그날을 기다려보는 것이다.

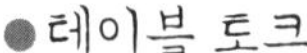

남을 위해 자신을 낮추는 하재선 자원관리센터장

하재선 국장은 소년 같은 감성의 소유자이다. 지금도 생각이 난다. 지난번 경기도 도의원 선거에서 읍소형으로 가평 지역 곳곳을 누비며 무소속 하재선을 지지해달라고 마이크를 잡고 골목을 누비던 그의 모습을 떠올린다. 하재선 참으로 소년 같은 감성의 소유자이다. 전투적이기보다 사람의 마음을 파고드는 그의 여린 눈빛을 보면서 생각을 하였다. 이제는 가평군 자원관리센터의 국장으로 가평군을 위하여 작지만 커다란 일을 하는 하재선 국장을 만났다. 항상 자기보다는 남을 위해 일하고 봉사하는 자리가 하재선 국장이 맡고 있는 자리이며 보직인 것이다. 남을 위하여 자신을 낮추고 그 사람의 복심(腹心)이 될 수 있는 가평에 몇 안 되는 사람, 아니 정치를 꿈꾸는 사람 중의 한 사람이다. 항상 만나면 자기보다는 남의 이야기를 경청하는 하재선을 보아왔다. 가평의 현안과 가평의 정치 구도를 잘 파악하고 또한 그가 맡고 있는 직책에 대하여 미련하도록 충성을 다하는 사람이 하재선 국장이다. 까만 안경테 너머로 보이는 그의 눈을 보았다. 맑은 호수 같은 그의 욕심 없는 눈동자를 보면서 생각하였다.

하재선이 보는 가평의 현실과 그가 꿈꾸어왔던 가평의 비전이 그의 눈에 담겨 있는 것을 보았다. 하재선이 그림을 그리고 꿈을 꾸어왔던 가평을 기자는 알고 있다. 언젠가는 하재선의 꿈이 이루어지는 날이 있을 것이라는 생각을 하였다. 그래, 사람은 꿈을 먹고 크는 동물이라는 것을 하재선도 알고 기자도 알고 있어서 일맥상통(一脈相通)하는 것이 아닐까. 글을 쓰는 기자도 가평에서 아름다운 꿈을 꾸고 가평을 누구보다도 사랑한다. 그래서 가평의 아름다운 꿈을 꾸는 하재선을 만나면 행복한 것이다.

비가 오지 않으면 무지개는 안 뜬다

비가 온 뒤에 땅이 굳어진다는 속담을 우리 어머니께서 늘 말씀하시던 기억이 난다. 그러시던 어머님도 이제는 내 곁에 계시지 않으니 필자도 나이가 들수록 새록새록 아버님과 어머님 생각이 난다. 소월의 시처럼, 낙엽이 우수수 떨어질 때 / 겨울의 기나긴 밤 / 어머님하고 둘이 앉아 / 옛이야기 들어라 // 나는 어쩌면 생겨나와 / 옛이야기 듣는가 / 묻지도 말아라, 내일 날에 / 내가 부모 되어 알아보리라, 하는 시 구절이 생각나는 만추의 계절 가을이다. 이제는 겨울을 준비해야 하는 시간 앞에 우리들은 서 있다. 아니 서 있는 것이 아니라 세월이 계절이 우리를 겨울로 몰고 가는 것이다.

인간은 자연의 이치대로 순리대로 살아간다는 것을 다시 한번 생각하는 계절이 가을이다. 이렇게 좋은 날 가을이 오면 오색 단풍이 들고 오색 단풍 밑으로 흐르는 작은 개울가에는 오색의 낙엽이 작은 개울로 흐르고 또 쌓여가는 그러한 아름다운 계절이 가을이다. 필자는 유년기 시절의 행복을 지금도 생각하면서 아버지에 대한 그리움으로 추억을 먹고 사는 사람이다. 그 어렵던 시절에 보리밥을 모르고 키워주신 감사하고 고마우신 아버지를 하루에도 몇 번씩 생각한다. 초근목피(草根木皮)의 시절에 흰 쌀밥 먹는 것을 필자의 세대들은 생각도 못할 것이다. 풀뿌리 나무껍질을 벗겨 먹던 시절에 흰 쌀밥을 먹고 자란 것은 지금으로는 상상도 못할 호사의 극치(極致)이다. 이렇게 지극히도 지식을 사랑하시고 그 시대의 부를 누리시던 아버지가 늘 자랑스럽고 고맙다.

나이가 들수록 부모님의 생각으로 회개하며 반성을 하고 살아가는 시간을 갖는 것이 우리들 인생이 아닌가 생각한다. 하지만 부자가 3대를 못 간다는 속담이 있듯이 필자는 아버지가 물려주신 재산을 거의 다 탕진하였으니 불효 중의 불효를 저지른 사람이 아닌가 생각하고 늘 반성한다. 그야말로 문전옥답(門前沃畓) 하나도 남김이 없으니 이 얼마나 바보 같은 사람인가. 난 참 바보처럼 살았군요라는 예전의 어느 가수의 노래 제목처럼 살아온 것이 필자의 인생이다. 그래, 비가 오지 않으면 무지개를 볼 수 없다는 평범한 진리를 이제야 느끼고 깨닫는 시간이 온 것을 지금에서야 알았다. 그래서 이렇게 사색의 계절 가을을 좋아하는 것이다.

헌 배낭도 필요없다. 그저 발길 닿는 대로 훌쩍 여행을 떠나고 싶은 계절 가을이다. 국내이든 해외이든 이 좋은 시절 가을에 한 권의 책과 작은 노트를 챙기고 어디론가 가고 싶은 남자의 계절 가을이다. 그래서 가을을 사색하고 아름다운 경치를 눈에 담고 여행길을 걷다가 크레파스처럼 아름다운 색깔의 황금빛 나는 여인을 만나면 얼마나 좋을까. 아니 그러한 가을의 여인을 만나지 못한들 이 계절 가을을 즐기는 것이 더 좋지 않을까 생각을 한다. 또한 길을 가다가 머리가 하얀 노인을 만나서 그곳의 이야기를 그 동네의 전설을 들을 수 있는 시간이 허락된다면 이것이야말로 금상첨화(錦上添花)

가 아니고 무엇이겠는가.

만 권의 책을 읽는 것보다는 만 리 길을 여행하는 것이 이롭다는 속담을 알고 있다. 그래서 여행이란 좋은 것이다. 세상을 바로보고 세상 사는 이야기를 들을 수 있는 것이 여행인 것이다. 그래서 여행에 대하여 생긴 이야기가 무궁무진하다. 여행이란 정답게 둘이서 떠났다가 혼자서 돌아올 수 있다는 말도 그래서 생겨난 것이다. 아무리 좋은 곳을 둘이서 여행하여도 의견의 일치를 볼 수 없기 때문에 서로의 마음이 상하여 돌아올 때는 남이 되어 혼자 돌아올 수 있는 것이 여행이다. 그래서 여럿이 함께 떠나는 여행은 자기를 내려놓고 함께 여행하는 일원으로서 배려와 예의가 필요한 것이 여행이다. 혼자 많이 우기고 아는 체하고 시간을 어기는 것은 현대 여행에서는 절대로 하여서는 안 되는 금기 사항이다. 또한 함께 식사하는 자리에서 음식을 투정하고 지나치게 잔소리를 늘어놓는 것도 함께 떠난 사람들의 심기를 어지럽히는 일이다. 함께 떠나는 여행 단체 여행의 정의는 배려와 존중이다. 남을 배려하고 함께하는 여행이 가장 아름다운 여행이다.

비가 온 뒤에 땅이 굳어지고 비 온 뒤의 무지개는 아름다운 것이다. 날마다 날씨가 좋으면 얼마나 좋을까. 날마다 태양이 아름답게 비추는 날이 계속된다면 얼마나 좋을까. 그런데 날마다 태양이 내리쬐는 날이 계속되면 우리 사는 땅은 사막이 된다. 날마다 날이 좋으면 사막이 되는 것이다. 그래서 무지개를 볼 수 없다. 이것이 자연의 이치이다. 그런데도 사람들은 날마다 좋은 날을 기다린다. 날마다 날이 좋으면 사막이 된다는 사실을 모르고 망각 속에 인생을 살아간다. 비가 와야 비가 내려야 만물이 소생하고 비온 뒤에 태양이 비추어야 우리들은 아니 모든 자연이 살아 숨 쉬는 것이다.

지금 우리들 살아가는 대한민국 그리고 경기도 가평군도 암혹(闇惑) 속에서 어두운 밤거리를 헤매고 있다. 서민들은 울상인데 정부의 발표는 항상 무지개를 띄우니 이 정부의 발표를 믿고 사는 사람들이 몇이나 될까 생각해본다. 급조된 일자리를 만들어서 자화자찬을 늘어놓는 현 정부를 어떻게 믿을 수 있는가. 믿음이 없는 정부 믿음이 없는 정책 속에서 속고 속아 사는 우리들 같은 서민들은 겨울나기를 준비하여야 하는데 현 정부는 무조건 비도 오지 않았는데 무지개를 띄우니 문제가 있는 것이다. 맑은 하늘에 비가 오지도 않았는데 무지개가 뜰 수 없는 것이다. 세상이 캄캄하고 어두울수록 사람들은 모두 다 밝은 태양을 그리워한다. 이렇게 어둠 속에 살아가는 우리들 모두는 불행한 국민이며 군민이다.

그래도 어김없이 가을은 지나가고 또 겨울은 우리 곁에 성큼 다가서 있다. 더위도 견디기 어렵지만 서민들이 가장 힘들고 어려운 시절이 겨울이다. 겨울을 나기가 막막한 많은 서민들이 근심 걱정으로 하루를 보내고 있다. 연료비도 걱정이고 겨울에 먹을 김장도 서민들에게는 힘겨운 일이다. 그런데 고용률이 61%라는 정부의 발표가 있다. 고용률이 60%가 정말로 넘는 것인지 생각해본다. 고용률이 60%가 넘으면 잘 먹고 잘살아야 되는데 국민의 삶의 질이 그리고 우리들 살아가는 가평군의 삶의 질이 나아졌다는 이야기는 들어볼 수 없으니 정부의 고용률이 믿기지 않는다.

비도 오지 않았는데 무지개만 뜨는 세상을 살아가고 있는 것이다. 정말로 그 언덕에서 무지개 뜨는 날이 올 것인가 생각해봐도 우리들에게는 우리 6만 군민에게는 무지개가 뜨지 않을 것 같으니 걱정이고 문제이다. 비가 오지 않았는데 무지개가 뜰 수 없다는 사실을 필자는 누구보다도 더 잘 알고 있다. 그래도 한 번쯤 기다려 보자. 언젠가는 이렇게 힘이 없고 가진 것 없는 사람들도 잘살고 일하는 사람들로 가득 찬 대한민국 그리고 우리 사는 가평군의 무지개가 뜨는 날을 기다려보자. 그래서 그날이 오면 무지개 뜨는 날이 오면 이렇게 아픈 세월을 살았던 우리들의 응어리와 글을 쓰는 필자의 응어리를 무지개에 실려 보내는 그날을 기다리는 것이다.

●테이블 토크

행복한 미소의 정종원 농업클린대 동문회장

정종원 농업클린대 동문회장을 만났다. 가끔씩은 만나보고 싶고 그리워지는 사람이다. 성격도 원만하고 매사에 긍정적인 사람이다. 그래서 그를 만나면 정다운 인사와 격의 없는 농담을 한다. 그의 아들 정우영은 작년도에 LG트윈스에 피처로 입단하여 올해(2019) 신인이라면 누구나 받고 싶은 한국 프로야구 신인상을 받았다. 참으로 자랑스러운 아들이며 가평의 자랑스러운 아버지이며 자랑스러운 가평의 아들이다. 이제는 만나면 자기의 이야기보다는 아들 우영의 이야기를 먼저 물어보고 먼저 이야기하는 아들 바보가 되었다. 얼마나 자랑스러운 아버지이며 아들인가. 아들이 야구에 소질이 있다는 것을 알고 야구에 미치고 야구를 위하여 모든 것을 바친 산물의 결과가 올해 KBO신인상을 받은 것이다. 정말로 자랑스럽다는 생각을 하였다. 가평읍 금대리 강가에서 커다란 캠핑장과 펜션을 하고 있는 정종원 회장. 이제는 정종원보다는 야구에 몸을 바친 정우영 선수의 아버지로 더 유명하다. 어릴 때 함께 금대리 북한강에서 헤엄치며 놀던 정우영. 그가 훌쩍 자라서 프로야구선수가 되어 꿈에 그리던 LG트윈스에 입단하여 올해 신인상을 받았다. 그래서 정종원은 이제 프로야구선수 정우영의 아버지 정종원으로 불리게 되었다. 까만 피부의 정종원 농업클린대 동문회장의 행복한 미소가 우리 사는 가평의 미소로 변하였으면 얼마나 좋을까 생각을 하였다. 기자가 찾은 북한강 변 정종원의 집에는 자랑스러운 아들을 위하여 축하 잔치가 벌어지고 있었다. 정종원을 만나고 아들 정우영을 만나고 돌아오는 발걸음이 북한강의 저녁노을만큼이나 아름답고 행복한 하루였다.

북풍한설(北風寒雪)보다도 무서운 정치와 경제

북풍한설보다도 무서운 대한민국의 정치와 경제로 서민들의 그리고 가평군민들의 정서가 꽁꽁 얼어붙고 있다. 오늘은 올 들어서 가장 추운 날씨라는 기상청의 예보가 정확히 들어맞았다. 필자가 아는 사람은 오늘 아침에 수도가 얼어서 수도를 녹이느라고 한참 고생하였다는 이야기를 하였다. 이렇게 추운 날에 정치와 경제까지 꽁꽁 얼어붙으니 정말로 살기가 힘들고 모든 의욕을 상실하는 사람들이 늘어나는 것이다. 정치가 풀려야 경제가 풀리고 경제가 풀리면 정치도 풀리는 것이 아닌가 생각한다. 정부의 통계를 믿을 수 없는 현실이 안타까울 뿐이다. 20년 30년 만에 이러한 불경기를 본 적이 없다는 것이 상인들과 기업을 하는 사람들의 이야기이다. 모두가 어렵다는 소리가 이구동성으로 들리는 것이 지금 대한민국의 현실이며 또한 우리들 살아가는 가평의 현주소가 아닌가 한다. 그런데도 정부의 발표는 오색무지개 가득한 청사진으로 도배를 하고 있으니 문제가 심각하다.

대통령의 특보라는 사람이 미국이 철수하면 중국으로부터 핵우산을 빌려 우리를 보호하면 될 것이라는 믿음이 없는 정부를 보면서 정말로 하루하루가 한겨울의 동장군(冬將軍)보다도 무서운 세상을 우리들은 살아가고 있는 것이다. 대한민국 안보에 절대적인 주한미군 철수와 아울러 사드를 철거하라는 중국의 왕이 장관의 말을 들으면서 등골이 송연해진다. 겨울의 추위보다도 무서운 것이 무엇인지 우리들은 똑똑히 알고 있다. 그것은 바로 나라의 주권을 잃은 국민이라는 것이다. 나라를 잃으면 국민의 행복도 주권도 모두 다 없어져버린다.

월남의 패망의 교훈을 아니 그보다도 불과 70여 년 전 6·25동란으로 우리나라 대한민국이 북한군에게 낙동강까지 밀려서 공산화가 바로 눈앞에 있을 때 미국의 유엔군의 참전으로 꺼져가는 대한민국의 불씨를 살린 기억이 있는데도 어쩌다가 나라가 이 모양으로 변해가는지 참으로 답답한 심정이다. 그 당시 미군이 참전하여 대한민국을 구해주지 않았다면 지금의 잘사는 대한민국은 없는 것이다. 6·25전쟁으로 미국의 젊은 피 3만6천여 명이 대한민국 이름 모를 고지에서 전선에서 목숨을 바쳐 지켜준 대한민국이라는 사실을 우리들은 절대로 잊어서는 안 된다.

삼국지에 결초보은(結草報恩)이라는 말이 있다. 죽어서 혼령이 되더라도 은혜를 갚겠다는 이야기이다. 신세를 지면 목숨을 바쳐서라도 은혜를 갚는 것이 도리란 이야기이다. 그런데 그렇게 고마운 나라 미국을 욕하고 미 대사관을 침범하는 작자들에게 눈뜨고 미 대사관을 월담하는 것을 구경만 하고 있는 나라가 지금의 대한민국이다. 그야말로 공권력을 비웃는 웃지 못할 나라는 우리들 스스로가 만든 결과물이다. 흔히들 의리 이야기를 하면 삼국지의 조자룡, 유비, 관우, 장비 등 수많은 역사 속의 인물들을 나열할 것이다. 그리고 책사로 명성을 날린 제갈공명은 그의 주군(主君) 유비를 위하여 유비의 유지(遺志)를 받들기 위하여 지는 전쟁이고 죽는 줄도 알면서 사지(死地)에 뛰어든 수많은 역사 속 인물들이 떠오른다. 주군을 위하여 하나뿐인 목숨을 바치는 그러한 것을 의리라고 표현해야 하나 아니면 바보라고 표현해야 하나. 현대를 살면서 참으로 생각을 정리할 수 없는 일이 아닌가 생각한다.

미국이 없으면 오늘의 대한민국이 존재할 수 없는데 적어도 그들에게 등을 돌리고 그의 등에 비수를 꽂는 것은 옳지 않은 일이 아닌가. 그들도 그들의 귀한 아들이 이름 모를 한국전쟁에서 피를 흘리고 죽어가는 가슴 아픈 역사를 안고 살아가야 한다. 이렇게 고마운 나라 미국이 과연 우리들에게 적이 될 수 없는 것이다. 관우는 조조에게 포로가 되어서 조조가 온갖 황금보화에 미녀들을 수십 명씩 안겨주어도 의리를 지키기 위하여 모든 유혹을 뿌리치고 그의 주군인 유비에게로 돌아갔다는 삼국지의 이야기가 있다. 이것이 잘한 일인지 못한 일인지는 지금의 잣대로는 어떻게 평가를 할 것인지 그것이 또한 궁금하다. 옳다고 생각하는 사람들과 부귀영화가 보장된 조조의 수하에서 평생 호의호식(好衣好食)하고 사는 것이 낫다는 의견으로 양분될 것이다. 그런데 우리는 의리를 지켰던 관우를 지금은 더 숭상하고 영웅으로 대접하고 있다는 사실이다.

지금 같은 세태에는 배반하고 조조의 수하로 평생을 잘 먹고 잘 살고 호의호식하는 사람들이 영웅으로 대접을 받고 뻔뻔스럽게 거짓으로 진실을 왜곡하고 잘사는 작자들이 많은 것을 보면서 절대 진실과 절대 거짓말을 분간하기도 어려운 세상을 우리들은 살아가고 있는 것이 아닌지 묻고 싶다. 지금의 대한민국 현실을 보면서 옳고 그름을 판단하기 어렵다는 이야기이다. 목소리 큰 자가 승리하고 좌우 이념 논쟁에서 한 발짝도 전진할 수 없는 대한민국의 현실이 우리 앞을 가로막고 서 있다. 성웅 이순신은 열두 척의 배로 나라를 구하였는데 지금의 정권은 세월호 한 척으로 나라를 얻었다는 우스개 소리인지 진실인지도 모를 소리를 들으며 우리들은 살아가고 있다. 그래서 성웅 이순신 장군 같은 훌륭한 역사적 인물이 지금은 필요한 때가 아닌가 생각한다. 구국의 영웅이 이 땅에 있는지 정말로 답답하기가 그지없다. 말만 하면 거짓말로 가득한 정치인들을 보면서 대한민국에 정말로 살아 있는 진실이 있는지 묻고 싶다.

우리들은 구소련의 관영 통신사인 타스 통신사를 기억하고 있을 것이다. 필자는 그 시대를 살았고 그 시대에 민주화를 외쳤던 사람이다. 그런데 소련의 타스 통신은 얼마나 믿음이 없고 공산당의 헛소리를 하는지 타스 통신에는 진실도 없고 거짓도 없다는 이야기가 들릴 정도로 공산 매체인 타스 통신을 불신임하는 은어가 생겨났다. 지금의 우리 사는 대한민국도 여론 조사를 믿는 국민이 없다는 것이 문제가 아닌가 생각한다. 정말로 타스 통신만도 못한 여론조사가 아닐까 생각한다. 국민들이 군민들이 이렇게 살기가 어려운데 어떻게 저들의 지지도가 한 번도 내려오지 않고 고공행진을 하는지 정말로 그것이 알고 싶은 것이다. 그래, 그래도 믿어주자. 그들의 이야기를 그들의 고공행진 지지도를 믿어주자. 그 대신 그 지지도를 믿어줄 터이니 나라다운 나라 국민이 행복한 안보가 튼튼한 경제가 발전하는 나라를 만들어달라는 부탁을 하는 것이다.

권력이란 남에게 나누어주기 싫은 것이 만고불변의 법칙이다. 그런데 절대 권력은 절대로 부패한다는 사실을 알려주고 싶다. 박근혜 대통령이 탄핵을 받은 이유는 절대 권력의 맛을 들이고 또한 남의 말을 듣지 않아서 외로운 공주라서 자기의 편이 반란을 일으켜서 탄핵을 당한 것이다. 그런데 지금 모든 사람들이 탄핵한 그 당시 새누리당의 반란피로 박근혜 대통령 탄핵을 동조한 국회의원을 역적으로 생각한다는 사실을 알아야 한다. 그래서 그 굴레를 벗지 못한 포천, 가평의 국회의원 자유한국당의 국회의원인 김영우 의원의 불출마 선언을 보면서 인과응보(因果應報) 아니면 역지사지(易地思之)를 생각하지 못한 그들에게 철퇴를 가하는 것이 아닌가 생각한다. 하지만 김영우 국회의원은 비록 탄핵에 동조를 하였지만 용서할 수 있는 정치인이라 생각한다. 왜냐하면 그는 의리를 알고 자기의 잘못을 아는 정치인이기 때문에 사랑하는 것이다.

●테이블 토크

미남형의 이종록 가평JC 특우회장

영화배우 같은 얼굴의 미남형인 가평JC 특우회장인 이종록을 만났다. 선이 굵고 매너가 좋아서 모든 이들이 선호하는 사람 중의 한 사람이 이종록 회장이다. 만나면 항상 반갑고 예의 바르고 인사성이 올바른 JC 맨 중의 JC 맨이다. 언제나처럼 반가운 그의 미소를 보면서 같은 가평에 살고 같은 가평인이라는 것이 자랑스럽다. 바쁜 일정 중에서도 그는 행사장을 찾아다니며 선배에게는 예의를 후배들에게는 존경받는 사람으로 살아가고 있다. 사람이 그렇게 살기가 힘든 것인데 참으로 인생을 잘 살아가고 아름답게 살아가는 사람이라는 것을 그를 만나면 생각하게 된다. 세상의 아름다움을 세상의 모든 일을 그와 같이 처리한다면 얼마나 좋을까 생각해본다. 무슨 큰 잡음도 없고 조용히 맡은 바 임무와 책임을 다하는 매력 있는 남자임에 틀림이 없다. 오만하지도 않고 나서지도 않으며 모든 것을 뒤에서 숨어서 살아가는 그의 모습이 자랑스럽다. 그래서 그를 따르는 후배들이 많이 있는 것이다. 가끔씩 이종록이 정치를 했으면 참으로 잘하겠다는 생각을 해본다. 하지만 그는 정치를 하지도 또한 하기도 싫은 사람이라는 것을 기자는 알고 있다. 저런 사람이 정치를 하였으면 얼마나 좋을까. 하지만 남이 하라 해서 정치할 사람도 아니라는 것을 기자는 이미 알고 있다. 그런데 그의 주위에 있는 칭송받지 못하는 사람이 정치를 꿈꾸는 모습을 보면서 세상은 참으로 불공평하다는 생각을 하였다. 신년 하례식장이나 어느 행사장에서도 가평JC 특우회장 이종록을 만나면 하루 온종일 기분이 좋다. 그는 행복을 함께 나눌 줄 아는 사람이기 때문이다. 남을 미워하지 않는 그가 있어서 가평은 행복하다.

동학란(東學亂)이 변하여 동학혁명(東學革命)이 되었다

전봉준이 고부군수인 조병갑의 학정을 비판하고 농민들의 혈세를 빨아먹는 고부군수를 상대로 일으킨 민란(民亂)이 바로 우리가 역사에서 배웠던 동학란이다. 그 당시 필자 세대들은 동학란을 이렇게 역사에서 배웠다. 참고로 지금 필자의 나이(70)를 이야기하는 것이 옳은 글을 쓰고 독자들이 읽는 데 참고가 되었으면 한다. 그렇던 동학란이 정권이 바뀌고 세월이 흐르다보니 지금은 동학혁명으로 기록되었다. 전두환 시절에는 5·18 광주폭동(光州暴動)으로 불리던 것이 역사가 흐르고 바뀐 뒤에는 광주민주화운동으로 자리를 잡은 것과 같은 이치이다.

동학란이든 광주폭동이든 어찌 되었든 간에 우리 민족의 슬픈 역사이다. 그런데 동학란이 끝난 지 100여 년이 넘었는데 동학란에 참여한 후손들에게 정읍에서는 월 100,000원의 위로금을 지급한다는 이야기를 뉴스에서 신문에서 보았다. 참으로 대한민국이 살 만한 나라구나 생각하였다. 아니 기가 막힌 이야기가 아닌가 생각한다. 이렇게 돈이 많은 대한민국에 산다는 것이 행복한 것인지 한 번쯤 생각하여야 한다. 좀 억지논리이지만 동학란의 논리라면 대한민국의 거의 모든 국민이 월 100,000원의 급여를 받아야 할 것이다. 삼일운동 때 만세를 부른 가평군민들도 의적 일지매의 후손들과 그 잔당들도 그리고 양반의 폭정을 견디다 못해 난을 일으킨 임꺽정의 부하들과 후손들도 상당한 이유가 있다고 생각한다. 그리고 전두환 시절에 전국 방방곡곡에서 군부독재를 타도하자고 최루가스를 먹으며 민주화에 동참한 모든 사람들에게도 혜택을 주어야 할 것이고 물론 필자 역시도 군부의 탄압을 받았으니까 민주화 성금을 수령하여야 하는 것이 아닌가 묻고 싶다.

이러한 억지 논리는 국익에 도움이 되지 않는다. 정말로 돈이 남아도는 나라이면 다른 곳에 적법한 절차와 공감대가 형성되는 곳에 예산을 사용하여야 한다. 지금도 탈북자들과 독거노인들이 추운 겨울에 연료비 걱정으로 하루하루를 힘겹게 살아가고 있다는 사실을 우리들은 애써 외면하고 있다. 가평군 곳곳의 사각지대에서 고생하는 많은 사람들이 있다는 사실을 우리들은 얼마나 알고 있을까. 거리의 폐지를 주워 모으며 밤에는 공공화장실에서 잠을 자는 사람도 있다. 이렇게 어려운 이웃이 있다는 사실을 우리들은 알면서도 외면을 하는 것이다.

동학란의 후손 월 100,000원 보상보다는 이러한 어려운 이웃들에게 자립의 의지와 겨울을 지낼 수 있는 공공시설 마련하는 것이 더 시급하다. 밤이면 추위에 떨어야 하는 우리들의 이웃 그리고 거리의 폐지를 수집하기 위하여 새벽을 헤매는 그들을 보면서 참으로 대한민국이 OECD 선진국인지 묻고 싶다. 탈북자 모자(母子)가 먹을 것이 없어서 굶어 죽었는데 우리들은 아니 정치인들은 제 밥그릇 챙기기에 혈안이 되어 민생을 뒷전에 두고 있으니 우리는 참으로 원망스럽고 한심한 나라에서 살아가고 있다는 사실을 생각하지 않을 수 없다. 빈익빈(貧益貧) 부익부(富益富) 현상으로 양극화를 치닫는 지금의 대한민국이 문제이다. 부자는 잘사는 것이 만고불변의 법칙이다. 가난한 사람은 못사는 것도 만고불변의 진리이다. 그런데 엉뚱한 곳으로 눈을 돌리는 정치인들로 인하여 지금의 대한민국호가 표류하고 있다.

중국의 작은 거인 덩샤오핑(등소평)의 어록에는 개방은 하되 커튼은 열지 말라는 대륙의 깊은 죽의 장막이 있었던 것이다. 그로 인하여 즉 개방정책으로 인하여 지금의 중국은 세계인이 부러워하고 세계를 호령할 군사력과 경제력을 키우며 태양이 지지 않는 나라를 만들어가고 있다. 그리고 흑묘백묘(黑猫白猫)라고 검은 고양이든지 흰 고양이든지 쥐만 잘 잡으면 된다는 논리로 지금의 거대한 중국을 하나로 통치하는 놀라운 통치력과 군사력을 배경으로 사회주의를 완성해가고 있다. 그들의 무서운 존재가 언젠가는 세계 역사의 판을 흔들어 놓을 것이다.

그런데 우리는 지정학적으로 중국과 아주 가까운 이웃에 있으니 그들의 일거수일투족에 감기를 알아야 하고 기침을 하는 슬픈 운명의 국가인 것이다. 대륙 중국을 여행할 적마다 그들의 발전을 보면서 경외감을 느낀다. 중국은 우리의 우방(友邦)이 아니다. 북한의 우방이지 대한민국의 우방이 아니다. 그러니 문재인 방문 시에 한국의 기자들을 집단폭행하고 카메라의 디스크를 빼앗아가며 집단폭행을 당하는 수모를 겪은 것이다. 이것이야말로 대한민국의 대통령을 대한민국을 우습게 보는 그들의 모습을 전 세계에 보여준 것이다.

지금 우리들은 이렇게 서러운 세상을 살아가고 있다는 것을 알아야 한다. 이렇게 설움을 당하면서도 미국이 철수하면 중국의 핵우산을 빌리자는 어리석은 사람이 대통령 특보의 생각이란다. 기가 차고 혀가 찰 노릇이 아닌가. 중국은 사회주의 국가이다. 모든 것이 권력자의 말 한마디로 통치가 가능한 공산주의 국가이다. 중국의 상징인 천안문 광장에 있는 천안문에는 붉은 천에 흰 글씨로 세계인민대단결만세(世界人民大團結萬世)라는 문구가 커다랗게 걸려 있다. 즉 인민이 공산당이 만세라는 이러한 나라가 과연 우리 대한민국을 보호하고 사랑하고 그들과 함께 가는 나라라고 생각을 할 것인가. 어림도 없는 이야기이다. 그들의 말대로 공산주의 만세가 그들의 목표이다. 그런데 어리석게도 미국을 몰아내고 중국과 가깝게 지내자는 이야기를 들으니 중국을 자주 방문하는 필자로서는 아니 대한민국 국민의 한 사람으로 전봉준 장군과 그의 후손들 아니면 동학란에 가담한 자를 찾아서 월 100,000원의 위로금을 보상한다는 대한민국의 정통성이 흔들리는 모습에 가슴이 아픈 것이다.

역사는 승자가 쓰는 것이다. 승자가 쓰는 역사가 올바르든 아니든 우리는 승자의 역사를 지켜보아야 한다. 잘못된 역사는 후세 사가들이 평가한다. 천안함 격침으로 수십 명의 병사가 죽어갔는데도 천안함 침몰로 역사가 기록되는 것을 보면서 이 나라 대한민국에 산다는 것이 슬퍼진다. 천안함은 명백한 북한의 공작으로 침몰된 것이다. 그런데 승자의 역사에는 천안함의 침몰이라는 것이다. 승자의 역사 쓰기가 극치를 달리는 시대를 우리들은 살아가고 있다. 역사를 쓰는 승자들은 전봉준의 난을 동학란에서 동학혁명으로 올려놓았다. 이만큼 역사는 승자가 기록을 하는 것이다.

동학혁명 그 당시에는 동학란의 주인공인 전봉준은 고부군수 조병갑의 폭정을 견디다 못한 전봉준의 아버지 그 당시 훈장이 고부군수 조병갑을 찾아가서 올바른 선정을 베풀어달라고 탄원을 하였고, 터무니없는 세금으로 농민들이 아사 직전이니 더 이상 세금을 걷지 말고 올바른 조세를 하라고 하였다가 고부군수 조병갑의 노여움을 사서 곤장을 맞고 그로 인하여 한 달 만에 목숨을 잃은 것이 계기가 되고 도화선이 되었다.

이만큼 정치란 중요한 것이다. 그런데 지금 우리들 살아가는 대한민국과 가평군에는 이보다 억울한 일이 없을까 뒤돌아보는 시간이 필요하다. 경자년 새해가 밝았다. 올해 2020년 새해에는 국민이 행복하고 우리 사는 가평군민이 행복한 정치가 상생의 정치가 아름다운 화합의 정치가 펼쳐지는 그러한 원년(元年)이 되었으면 얼마나 좋을까.

●테이블 토크

예리한 판단력의 이상현 청평설악면 군의원

이상현 군의원을 만났다. 까만 안경테 너머로 반가운 눈길을 준다. 잘 웃고 사람들과의 친화감이 넉넉해 보이지만 그는 군정에서는 날카로운 질문으로 예리한 판단력으로 군정을 살피고 감시하는 자기의 본분과 책임감이 강한 사람이다. 그의 웃음 뒤에는 날카로움이 있고 그의 미소 뒤에는 서늘한 차가움을 겸비한 사람이다. 문무를 함께 다룰 줄 아는 군의원 이상현이다. 행정부를 견제하고 가려운 곳을 긁어줄 줄 아는 선량한 사람이다. 그래서 그는 일하는 것을 두려워하지도 두려워할 줄도 모르는 탱크형의 블도저식의 카리스마가 있지 않은가 생각한다. 기자와 격의 없는 농담으로 아니면 진실을 이야기하는 그의 눈동자가 정겹다. 하지만 자기의 책무를 맡은 바 소임을 잘하는 주가를 상승시키고 있는 군의원 중의 한 사람이다. 정치인은 인기를 먹고 사는 것이다. 작은 정치인이건 큰 정치인이건 정치인이란 인기를 먹고 표를 먹고 지리는 것이다. 그래서 자기의 표현을 숨기고 표를 얻기 위하여 허리를 구부리고 읍소를 하는 것이 모든 정치인들이다. 하지만 당선이 되고 나면 사람이 달라지는 것이 모든 정치인들이다. 세상에서 가장 거짓말을 많이 하는 것이 정치이며 정치인이다. 하지만 거짓말 안 하고 올바로 정치를 할 수 없는 것이 사회가 안고 있는 모순인 것이다. 그중에서도 올바른 정치를 하고 있는 이상현 군의원이 있어서 가평은 행복한 것이고 그를 믿고 그에게 당선의 영광을 준 청평설악면민들이 있어서 이상현 군의원은 행복한 것이 아닐까 생각한다.

친구란 불타고 있는 석탄과 같은 것이다

친구나 사람이나 불타고 있는 석탄과 같은 것이다. 너무 가까이 있으면 뜨거워서 화상을 입고 멀리 떨어져 있으면 추워서 동상을 입는다. 탈무드의 잠언에 나오는 이야기이다. 이렇게 인간관계가 어렵다는 이야기가 아닌가 생각한다. 우리들은 하루도 사람을 만나지 않으면 또한 사람들과 일상을 함께하지 않으면 살아갈 수 없는 사회적인 동물이다. 인간관계의 성패가 성공의 지름길이 될 수 있다. 좋은 사람을 만나면 좋은 것을 배우게 되고 나쁜 사람을 만나면 나쁜 길로 접어드는 것이 우리들이 살아가는 세상의 이치이다. 그래서 친구를 잘 사귀라는 말을 우리들은 듣고 자라난 것이다.

친구를 위하여 대신 감옥에 가 그 친구가 돌아오지 않으면 그를 대신하여 죽을 각오로 있는데, 그 친구가 약속을 어기고 안 돌아오자 그를 대신 처형하겠다는 재판관의 말에 '내 친구는 무슨 사정이 있어서 약속을 못 지킬 뿐이지 그 친구는 꼭 약속을 지켜서 돌아올 것'이라는 믿음을 가졌던 사람. 그 친구는 돌아오는 중에 홍수를 만나서 시간을 지킬 수 없었다고 친구가 처형 직전에 돌아왔다는 이야기가 있다. 이런 친구의 의리에 감동한 재판관이 친구의 우정을 높이 사서 두 친구를 모두 석방해주었다는 이야기가 있다. 이만큼 친구나 사람이나 누구를 만나냐에 따라서 우리들의 일생이 좌우되는 것이다. 불타고 있는 석탄과 같은 뜨거운 우정의 친구가 필요하고 그런 사람들이 필요하다. 하지만 너무 뜨거우면 화상을 입는다는 사실도 우리들은 살아가는 지혜로 알아두어야 한다.

오늘자 조간신문에 지금 대한민국은 미래가 없는 나라라는 기사를 보면서 이 글을 쓰고 있다. 미래가 보장되지 않는 나라에서 산다는 것이 슬프고 불안하다. 정치도 경제도 미래가 없다는 이야기가 아닌가. 불타는 친구 같은 희망도 없는 나라로 누가 이 나라 대한민국을 끌고 가는 것인가. 참으로 답답하고 근심 걱정이 하나둘이 아니다. 기업을 하는 기업인들도 의욕을 잃어가고 군민들도 희망이 없다는 사실을 이곳저곳에서 한숨 섞인 푸념을 하고 있다. 악마가 인간들을 찾아다니기가 힘들 때에는 대신 술을 보낸다는 말이 있다. 이만큼 인간은 술에 미치도록 민감하고 그 술이 좋은 술인지 나쁜 술인지도 모르고 술을 가까이하고 술에 취하는 것이다. 정말로 이렇게 미래가 없는 대한민국에서 살다니, 술에 의지하고 사는 것이 현명하다는 생각을 한다. 그러나 술에 취한다고 술을 마신다고 현실을 도피할 수 없는 것이 우리들 인생이다.

우리가 흔히 마시는 모 제약회사의 박카스는 희랍 신화에 나오는 주신(酒神)이다. 즉 술의 신(바쿠스)이다. 이렇게 경기가 어렵고 국가에 위기가 오면 술 판매량이 늘어난다는 이야기가 있다. 그만큼 술에 의지하여서라도 현 시국을 현 상태를 피하고 싶은 것이 아닐까 생각한다. 믿음, 소망, 사랑, 그중에 제일은 사랑이라는 성경 구절이 있다. 아니다. 지금은 사랑보다는 믿음이 더 중요한 시기가 아닐까 생각한다. 믿을 수 있는 정부, 미래가 있는 국가라는 믿음이 더 중요한 때가 아닌가 생각한다. 그래서 미래가 있는 국가로 탈바꿈하고 믿음이 있는 정부가 들어설 때 그다음에 사랑을 하는 것이 옳은 순서가 아닌가 생각한다. 믿음이 없는 정부에 미래가 없는 국가에 무슨 사랑을 줄 수 있다는 말인가. 아가페적인 무조건적인 사랑이 필요 없는 시대를 우리들은 살아가고 있다. 사랑보다도 더 귀해지는 것이 믿음이라는 사실이 우리를 불안케 하고 슬프게 한다.

대한민국은 지금 여와 야로 아니 극우 좌편향 이념 논쟁에 파국으로 내닫고 있다. 그래서 너와 내가 아닌 우리와 적으로 완전히 양분된 국가에서 살아가고 있다. 참으로 불행한 시대를 우리들은 살아가고 있는 것이다. 이념 논쟁으로 한 발짝도 전진을 못하고 있다. 그러니 경제는 엉망이고 수출은 10년 만에 최악의 상태란 이야기를 듣는다. 말로만 국민소득 3만 불 시대를 우리들은 힘겹게 살아가고 있다. 수출은 전년보다 10.3% 감소되고 10년 만에 두 자릿수 하락이라는 놀라운 충격적인 소식을 우리들은 얼마나 알고 있을까.

정부의 핑크빛 공약과 정책을 믿고 살 수가 없으니 걱정과 근심이다. 그렇게 잘나가던 대한민국이 정치와 경제가 실종이 되어가는 시기를 우리들만 모르고 살아가고 있다. 논에 벼를 심지 않고도 미리 풍년가를 부르는 정책을 우리들은 얼마나 알고 있는지 문제이다. 가을에 거두어들일 곡식이 없는데 창고를 치워놓고 텅 빈 창고를 무엇으로 채운다는 이야기인지 참으로 국가의 비어 있는 곳간을 모두가 우리들이 다시 채워야 하기에 걱정이다. 그런데도 20세가 되면 5천만 원을 주겠다는 정치적인 망언과 망동으로 우리의 소중한 젊은이들을 선거용으로 끌어들이려는 정치인을 보면서 대한민국 청년의 앞날이 걱정된다. 일하지 않고 놀고먹는 젊은이들로 만들려는 정책을 펴는 그들이 무섭다. 어떻게 해서든지 젊은 청년들의 표를 모아서 당선이 되고 그 표로 국회의원이 되어 자기들만 편하면 된다는 이러한 정치인들과 한 하늘 아래서 살고 있는 것이 자괴감이 들고 일상을 탈출하고 싶은 마음으로 가득하다.

일하지 않는 자, 놀고먹는 자, 노동의 대가를 모르고 자라나는 청소년들이 많을 때 우리 사는 대한민국의 미래는 암울한 것이다. 희망이 없는 것이다. 절망보다는 희망을 잃는 것이 더 무서운 것이다. 미래가 없는 대한민국이라는 정치인의 말이 가슴을 아프게 한다. 미래가 없다는 것은 희망이 없다는 것이다. 희망을 잃으면 모든 것을 다 잃고 만다. 친구란 불타고 있는 석탄과도 같다는 말을 다시 한번 생각해본다.

아직 꺼지지 않는 대한민국의 불씨를 다시 살려야 하는 것이 우리들의 몫이다. 오늘은 비록 괴롭고 힘이 들더라도 내일은 다시 태양이 뜬다. 그래서 봄이 오고 새로운 만물이 소생하는 것이다. 정치적인 봄이 온다면 얼마나 좋을까 생각한다. 그래서 국민들이 신이 나고 국가의 정책을 지지하며 한마음으로 대한민국호를 세계 정상으로 올려놓는 그날은 언제쯤 찾아올 것인가. 기다려보자. 그리고 인내하고 참으며 기다려보자. 그날이 오면 대한민국도 우리 사는 가평군에도 행복의 그림자가 넘실대는 그날을 기다려본다.

나이 들수록 내려놓고 시간을 지키는 것이 아름다운 것이다

나이 들고 경륜이 쌓이면서 모든 것을 내려놓고 양보하며 살아가는 아름다운 모습을 그려본다. 필자도 나이를 먹어가면서 무엇보다도 중요한 것이 약속이고 그중에서도 시간을 가장 중요시하고 정확하게 지키려고 노력하고 있다. 그리고 내려놓고 살아가야 한다는 생각을 한다. 내가 누군데 내가 좀 늦으면 어때 하는 생각을 아예 버리고 산다. 그래서 글을 쓰면서도 이 귀중한 시간을 허비하는 것이 너무나 아깝다는 생각을 한다. 촌음(寸陰)을 아끼며 살아온 선조들의 지혜를 본받아야 한다.

필자는 어떠한 경우이든 시간을 어기는 사람을 가장 싫어한다. 이것은 필자의 지론이다. 돈은 없어서 약속을 어길 수가 있지만 시간은 남을 무시해서 지키지 않는 것이기에 돈을 빌리고 안 주는 사람보다도 시간을 안 지키는 사람을 더 미워한다. 왜 그렇게 자기 마음대로 약속 시간을 어기고 만남의 장소에 늦게 나오는지 도무지 이해할 수가 없다. 나이가 들었든 젊었든 간에 시간을 안 지키는 사람은 야만인이다. 야만인 중에서도 아주 추악한 야만인에 불과하다. 그래서 올해는 무엇보다도 시간을 안 지키는 사람들하고는 모든 약속을 안 하기로 하였다.

시간과 약속을 안 지키는 사람은 기다릴 필요가 없다. 시간은 금이다. 황금을 나누어준다면 시간을 어길 사람은 없을 것이다. 그래서 황금보다도 더 중요한 시간을 안 지키는 사람들하고는 상종을 할 필요가 없다는 사실을 알았다. 기다리는 시간에 한 줄의 글을 읽는 것이 신체적으로 그리고 마음의 수양으로 얼마나 좋은데 그 아까운 시간을 사람을 기다리는 데 허비할 수 없다는 생각이다.

시베리아에서 막차를 놓치면 얼어 죽는다. 영하 50도가 넘는 설원에서 얼어 죽는 것이다. 그렇게 막차를 놓치면 얼어 죽는다는 생각으로 시간을 지켜야 한다. 그런데 사람들은 대부분 5분 정도 늦는 것을 당연시하고 10분 정도 늦는 것을 대수롭지 않게 생각한다는 데 문제점이 있다. 시베리아 열차가 다섯 시 정각에 떠나는데 5분 후에 역사에 도착하면 얼어 죽는다는 강박관념으로 시간을 지켜야 한다. 그래야 선진사회가 이루어지고 믿음이 생기는 것이다. 하지만 약속을 안 지키는 사람들은 5분은커녕 2~30분 정도는 보통으로 생각하니 문제이다. 2~30분이면 얼마나 긴 시간이고 기다리는 시간이 얼마나 지루한지 모르는 사람들하고 어울린다는 것은 불편한 일이다.

나이가 들어 시간이 얼마 남지 않았다는 사실을 나이가 든 사람들은 알아야 한다. 시간은 우리를 기다려주지 않는다. 우리들이 시간에 맞추어 살아가야 한다. 나이가 들면서 예전에 아름다운 추억 즐거운 일만 연상하여야 한다. 나이가 들수록 남을 미워하는 마음이 적어져야 성공적인 삶을 살아가는 것이다. 나이가 들어서도 남을 미워하고 아집을 부리고 시간을 지키지 못하면 인생을 살아가는

데 크게 실패한다는 사실을 알려주고 싶다. 나이가 들수록 시간을 지키고 내려놓고 약속을 잘 지키는 사람이 후배들이나 모든 사람들의 존경을 받고 칭찬을 받는다는 사실을 알아야 한다.

인간은 보통 60년, 70년, 80년, 100년을 산다. 그러나 100년을 산다 하여도 100년을 한꺼번에 사는 것이 아니다. 인간은 하루하루를 살고 있다. 나아가 시간 시간 1분 1분을 살고 있는 것이다. 그러므로 하루가 인생의 전부이며 1초가 우리들의 전 인생이다. 이렇게 귀한 것이 시간이다. 그래서 시간은 황금보다도 더 귀중한 것이다. 이렇게 황금보다도 더 소중한 시간을 허비하고 약속 시간을 어기는 사람들로 인하여 사회가 혼란스러워지고 정의가 바로설 수 없는 것이라고 생각한다. 왜 시간 때문에 사회가 혼란스러워질까라는 의문을 품는 독자들도 있을 것이다. 시간은 약속이기 때문이다. 약속을 안 지키는 것은 시간을 안 지키는 것이기에 약속과 시간은 동질감으로 표현할 수가 있다. 이만큼 우리들이 살아가는 데 시간과 약속은 중요한 것이다.

좀 더 다르게 표현해보자. 내가 공무원이라고 가정하고 생각해보자. 그 고을의 군수가 내일 열두 시에 ○○에서 만나 둘이서 점심을 하자는 연락을 받았다면 그 공무원은 적어도 한 시간 전에 그 약속장소에서 군수를 기다릴 것이다. 이러한 마음으로 인생을 살아가야 한다. 그렇게 약속을 지키고 시간을 지키기 위하여 노력을 해야 한다. 만일 군수하고 약속을 한 공무원이 5분이나 한 2~30분 후에 나타나면 그 공무원은 인생의 치명상을 입을 수 있다는 사실을 알기 때문에 약속을 지키는 것이다. 그래서 모든 약속을 공무원이 군수를 만나러 가는 기분으로 약속과 시간을 지키자는 것이다. 5분

정도나 2~30분 늦고도 아무런 반성이나 느낌이 없는 사람은 인간이 아니다. 그야말로 동물에 불과한 것이다. 개나 돼지는 시간을 모르니까 할 수 없는 것이 아닌가. 하지만 인간은 시간을 지켜야 하는 것이고 시간을 지키라고 1분 1초가 틀리지 않는 시계를 발명한 것이 아니겠는가.

2020년 경자년이다. 쥐처럼 빠르고 또한 인간에게는 필요 없는 동물이지만 그래도 동양의 12간지(干支)의 제일 첫머리에 나오는 것이 쥐다. 그만큼 욕을 먹고 미움을 받지만 쥐가 없는 배는 선원들이 타지를 않는다는 속설이 있다. 배의 구멍이 나거나 침몰의 징조가 보일 때는 숨어 있던 쥐들이 제일 먼저 갑판으로 올라온다는 이야기가 있다. 이만큼 미물의 짐승이지만 쥐는 영리한 동물이다. 쥐만도 못한 인간이기보다는 시간을 지키며 모든 사람들의 칭찬을 받고 내가 시간을 지킴으로써 모든 사람들이 즐거워한다는 사실을 잊지 말아야 한다. 비행기를 타는 마음으로 시베리아 마지막 밤 열차를 타는 마음으로 인생을 살고 시간과 약속을 지키면서 살아가는 경자년 한 해가 되었으면 얼마나 좋을까 생각한다.

경자년 새해가 빠르게 지나간다. 벌써 2월이다. 2월 4일이 입춘이다. 입춘이 오면 봄이 온다는 이야기이다. 절기는 속일 수 없다. 얼음장 밑으로 흐르는 물에 봄이 찾아온다는 동요가 있다. 이렇게 어김없이 찾아오는 절기. 그 계절이 오면 그 계절마다 특색이 있다. 봄은 씨를 뿌리는 시기이다. 봄에 씨를 뿌리지 않으면 가을에는 아무것도 거두어들일 것이 없는 것은 진리가 아닌가. 시간을 어기면 다음에는 만날 수 없다는 이치와 같은 결론이다. 시간을 어기는 것은 봄에 씨를 뿌리지 않는 것과 똑같은 이치이다.

시곗바늘처럼 정확하게 살 수는 없지만 그래도 올 한 해 경자년에는 시간을 지키는 사람이 되고자 약속은 황금이라는 생각을 가지고 살아가는 한 해가 되기를 모든 사람들과 함께 약속해보자. 시작이 있으면 끝이 있는 법이다. 시작 시간과 끝나는 시간을 정확히 지킬 수 있는 모든 사람들이 되고자 하는 마음으로 글을 써내려갔다. 시간은 황금이다. 이보다 더 소중한 이야기는 없다.

●테이블 토크

쾌남형의 배영식 상면 조종면 군의원

배영식 군의회 의원을 자주 만난다. 많은 지식과 알고자 노력을 많이 하는 공부하는 군의원이다. 잘생긴 외모에 특유의 언변은 많은 사람들에게 호감을 주는 쾌남형의 배영식 군의원이다. 군의원을 하기 전부터 지역의 여러 단체의 봉사직을 두루 역임한 사람이다. 그래서 넓은 인맥과 아울러 전 주민들과 호흡을 함께하는 사람이다. 운동에도 소질이 있어서 중장년층 조기축구회의 상임 멤버로 각종 여러 가지 경기를 즐기는 스포츠맨이다. 군의원에 당선이 된 뒤에는 지역의 여러 가지 현안들을 찾아서 두루 챙기는 날카로운 매의 눈을 가진 사람이다. 이렇게 칭찬을 하다보니 여러 가지 이야기를 한번 써보고 싶은 생각이 든다. 배영식 군의원은 군의원이 되기 전부터 지역의 봉사를 하면서 기자와 늘 군의원을 한 번 해야 하는데 어떻게 할까라는 많은 질문과 의견을 나누었다. 지지난번 선거에 출마를 하면 어떻겠느냐고 기자에게 질문을 한 기억이 난다. 그 당시 기자의 답변은 한 마디로 절대 안 된다였다. 다음 기회를 기다리면 어떠한 변수가 있을 수 있다는 기자의 말을 참고로 잘 들어주던 배영식 군의원.

그리고 노심초사 4년을 기다린 끝에 단 한 번의 출마로 군의원에 당선이 된 초선의원이다. 초선이지만 재선만큼 일을 잘하는 군의원 배영식 의원에게 주민들이 거는 기대는 크다. 하지만 이번의 민주당 녹색 바람으로 당선이 되었다는 전국의 많은 군의원 중의 한 사람이 안 되기 위해서는 부단한 노력을 기울일 필요가 있다. 정치는 바람이라는 것을 아는 배영식 군의원이기에 이 말을 전하는 것이다. 배영식을 보면 행복하다. 잘생긴 외모만큼이나 모든 주민을 포옹하는 아름다운 배영식 군의원을 보면서 생각하였다. 기다림의 끝은 행복하다는 것을……

상인(商人), 개성상인(開城商人), 가평상인(加平商人)

우리들이 이야기하는 상인, 장사꾼에 대하여 알아보자. 춘추전국시대에 중국에서 가장 장사를 잘하는 민족으로 구성이 되었던 나라가 상국(商國)이다. 상나라 사람들이 신용도 있고 장사를 잘하기에 불리어진 이름이 상인(商人). 그리고 상회 가게로 변하여 모든 상거래의 표준이 된 것이 상나라에서 나온 것이라는 것을 아는 독자들은 그리 많지 않을 것으로 생각된다. 중국의 고대사 이야기이니 말이다. 이렇게 장사를 잘하는 민족이 중국 고대의 상나라 사람들이었던 것이다. 그래서 지금도 중국인과 유태인들이 세계의 모든 상권을 주름잡고 있는 것이다. 유대인의 상술에 대하여서는 다음에 기회가 있을 때 논하기로 하자.

중국의 이러한 상술과 상권 그리고 신용은 오늘의 중국이 있게 한 밑거름이 아닌가 생각한다. 중국의 상거래 역사는 할 말이 없을 정도로 길고 긴 이야기이다. 장안(長安)에서 출발한 비단 상인들이 유럽에까지 진출한 실크로드 그리고 꾼밍[昆明]에서 출발하여 티베트까지 무역을 한 차마고도(車馬古道)는 지금도 역사적으로 중요한 곳이다. 이렇게 일찍이 장사를 잘하는 민족이 있었기에 지금도 전 세계적으로 유명한 화상들이 큰돈을 벌어들이고 있으며 세계 어느 곳을 가든지 그들만의 독특한 문화와 삶의 방식으로 차이나타운을 건설하며 잘 살고 있는 민족이 중국 민족이다.

중국은 한족을 중심으로 56개 소수민족이 연합을 이룬 한 개의 국가이다. 모든 시간을 베이징 즉 북경(北京) 시간으로 통일하여 그 넓은 대륙을 하나의 중국으로 다스리는 세계 최고의 사회주의 국가이다. 인민 위에 군림하는 공산당이 있기에 가능한 것이 아닐까 생각한다. 우리나라도 법 위에 군림하는 공수처가 생겼으니 참으로 두렵고 무서운 세상을 우리들은 살아가고 있다. 이번에 새로 생긴 공수처가 얼마나 무서운지는 우리들은 아직도 실감을 하지 못하고 있는 것이 문제이다. 우는 아이도 공수처 이야기만 나오면 울음을 뚝 그치는 그러한 날이 제발 오지 않았으면 얼마나 좋을까 생각한다. 이렇게 중국의 공수처를 배우는 것이 우리 민족이 아닌가 생각한다. 중국의 공수처보다는 중국인의 상술을 배우자는 것이다.

중국은 베이징 올림픽 메인 스타디움을 건설할 당시에 세계 도처에 퍼져 있는 화교(華僑)들의 성금으로 메인 스타디움을 건설하였다. 외국에서 돈을 벌어서 자기들 나라에서 열리는 올림픽의 메인 스타디움을 건설하는 민족이 중국 민족이다. 그런데 우리 민족은 눈만 뜨면 싸우고 있으니 문제이다. 중국의 상술을 가장 많이 본받은 것이 개성상인이다. 오줌을 거름으로 사용하던 시절 개성상인은 오줌에다 물을 탈까봐 오줌을 찍어보고 오줌을 사서 사용하였다는 이야기가 있다. 이만큼 개성상인들이 정직하고 신용을 잘 지키기에 대한민국 장사꾼의 표상이 되었던 것이다.

지금은 남북 분단으로 사라져버린 개성상인이지만 남북이 갈라

지지 않았더라면 개성에서 대한민국을 대표하는 큰 기업인이 여러 명 탄생하였을 것이다. 하기야 통천이 고향인 정주영 전 현대그룹 명예회장도 개성이 가까운 통천이 고향이 아닌가. 남북의 잘린 허리로 인하여 대한민국의 부자들이 모여 있던 개성이 지금은 어떻게 변하였는가. 공산주의 국가로 변한 북한에서는 기업을 할 수도 하기도 어렵기 때문에 개성상인은 그야말로 전설 속으로 사라져버렸다. 그래서 나라가 이렇게 어렵고 경제가 곤두박질을 치는 대한민국의 현실을 보면서 우리나라에서 장사를 가장 잘하고 가장 신용이 있었던 개성상인이 그리워진다. 그나마 개성공단으로 명맥을 유지하던 남북교류가 지금은 바늘 틈 하나 들어갈 수 없을 정도로 국제정세로 인하여 개성공단에 투자를 하였던 수많은 기업인이 죽어가는 안타까운 현실에 발을 동동 구를 뿐이다.

개성공단과 전설 속의 개성상인은 그렇다 치고 우리 사는 가평군에는 장사꾼다운 장사꾼이, 기업인다운 기업인이 한 사람도 없는 것이 지금 우리들 살아가는 가평군의 현주소이다. 가평을 대표할 기업인도 없고 가평을 대표할 그 흔한 음식점 하나 없는 것이 지금 우리들 살아가는 가평군이다. 작은 도시 인근 춘천에는 그래도 대한민국이 알아주는 춘천닭갈비가 있는데 가평은 무엇 하나 먹거리 볼거리가 있는지 묻고 싶다. 가평 하면 제일 먼저 떠오르는 것이 잣이다. 이러한 1차 산업을 가지고 지금과 같은 글로벌 시대를 살아가기란 트랙터 없이 소를 가지고 논밭을 가는 원시적인 이야기와 같은 것이다. 가평 잣이라는 브랜드는 1차 산업에서도 아주 뒤떨어지는 이야기이다. 가평의 대표적인 먹거리는 무엇인가. 아무리 생각해보아도 가평을 자랑하고 가평을 대표할 먹거리조차도 없는 것이 지금 우리 사는 가평의 현주소이다.

그러면 볼거리라도 있는가. 이것 또한 진무한 상태가 아닌가. 먹거리 볼거리 즐길거리 없는 가평 원시적인 가평군이다. 그렇다고 태고의 신비를 간직한 가평인가. 이도 저도 아닌 곳이 가평이기에 우리는 숨 쉬는 공간마저 남의 땅에서 남의 지역에서 사는 것처럼 가평을 자랑할 아무것도 없는 땅 가평에서 살아가고 있다. 인구 6만의 가평. 서울보다도 넓은 땅 가평에 먹거리 하나 볼거리 하나 즐길 것이 아무것도 없다는 것은 무엇을 의미하는가. 가평에는 백년 기업이 하나도 없다는 것이 문제점인 것이다. 길어야 3~40년 전통의 지역의 특색 없는 음식점이 명맥을 유지하고 있다. 우리 지역 가평으로 특색 있는 맛있는 음식점이 있다고 외지인이 찾아오는 음식점이 단 한 곳도 없다.

인근에 있는 동두천 떡갈비와 비교해보자. 1942년에 가난한 할머니가 고기를 주물러서 판 것이 동두천 떡갈비의 시초이다. 그런데 지금은 3대째 영업을 하고 있다. 이곳에는 주말에는 앉을 자리조차 없이 떡갈비를 찾는 외지인들로 북새통을 이룬다. 떡갈비가 맛이 있다기보다는 그저 오래된 전통의 음식점인데도 노점포(老店鋪)이기 때문에 손님이 줄을 잇는 것이다. 동두천시도 우리 가평군과 비슷한 지역이다. 그런데도 명물 떡갈비가 전국적으로 알려져 있는데 가평군은 1차 산업의 대명사인 잣 하나 가지고 지금의 이 글로벌한 시대를 살아간다는 것은 문제점이 아닐 수 없다. 백년을 넘는 기업을 유지하고 꾸려 나가기가 힘든 것이다.

이웃 국가인 일본에는 백년 가게가 8만여 곳이나 된다는 이야기를 들었다. 그런데 우리 사는 대한민국에는 백년 기업을 손으로 셀 수 있다는 사실을 우리들은 부끄럽게 생각해야 한다. 우동 한 그릇조차도 혼을 담는 일본의 우동가게들 그리고 손님을 왕처럼 대하는 일본인의 상술을 우리는 어떻게 생각을 하는가. 질서 정연한 일본의 거리를 보면서 참으로 일본이 부럽다. 또한 두 시간씩 줄을 서서 기다려야 먹을 수 있는 북경의 오리구이 베이징 덕. 그렇게 맛이 좋은 것도 서비스도 좋은 편이 아닌데 두 시간씩 줄을 서가며 한 마리 오리를 기다리는 모습을 보았다.

이유는 단 하나다. 백년 기업(百年 企業)이고 전통을 고수하는 그들이기에 두 시간씩 번호표를 받으며 기다리는 것이다. 맛이 있고 그 가격대에 비하여 가성비는 좀 약하다는 생각을 하였다. 하지만 전통이 있는 백년 가게 오래된 점포에서 오리구이 한 마리를 먹었다는 만족감은 무엇인가. 전통이 있고 속지 않았다는 믿음 때문이다. 중국의 화상(華商) 그리고 개성상인 그리고 무엇보다도 바꿀 수 없는 가평의 백년 가게 백년 기업의 탄생이 요원하다는 사실이 가평의 앞날을 어둡게 만든다. 현재가 없으면 미래가 없다. 미래가 없는 기업이나 식당은 불행하다. 지금 우리가 살아가는 가평의 현실이기에 미래가 없는 가평은 불행한 것은 아닐까 생각해본다.

난파선(難破船)에선 쥐들이 제일 먼저 도망을 간다

배를 운행하다 배에 물이 들어오거나 기울기 시작하면 쥐들이 가장 먼저 알고 갑판으로 기어오른다는 이야기가 있다. 12간지(干支) 중 첫 번째 동물인 쥐는 인간에게는 백해무익(百害無益)한 동물이지만 나름대로 영리한 동물이다. 그래서 쥐를 논(論)하면서도 친근감이 없는 것이 우리가 가장 멸시하고 천대시하는 동물이 쥐이기 때문이다. 올해는 경자년(庚子年) 쥐띠의 해이다. 하지만 쥐는 참으로 부지런히 굴 속을 헤집고 시궁창이나 더러운 환경 속에서도 살아가는 희귀한 습성과 지저분하고 흉측한 생김새로 인하여 사람들이 가장 싫어하는 동물 중의 하나이다. 이 더러운 쥐가 배가 침몰하는 것을 제일 먼저 안다고 하니 참으로 영리한 동물이 아닌가.

우리가 사는 세상도 어려운 일이 많고 그 어려운 시국을 가장 빨리 아는 사람들이 기업을 하는 기업인이다. 하지만 일반 사람들도 기업인들과 마찬가지로 어려운 시국을 금방 알아본다. 우리나라에서 기업을 하다보면 각종 규제와 강성 노조로 인하여 힘이 드니까 난파선을 타느니 쥐들처럼 영리하게 외국으로 기업을 이전하려 하고, 또 돈 있는 사람들은 외국에 자본을 투자하고, 살기 힘이 드니 외국으로 이민을 가서 살겠다는 사람이 많아지는 등, 이렇게 외국으로 나가겠다는 기업이 늘어나는 것이 지금 우리가 살고 있는 대한민국의 현실이다.

그런데 가평에는 돈 있는 사람들이 없으니 외국으로 갈 수도 없고 이곳 가평에 살자니 어렵고 힘이 들고 그나마 가지고 있는 가평군의 부동산은 실질적으로 이미 거래가 뚝 끊겨버렸다. 이러니 이러지도 저러지도 못하고 우리들은 가평에 살아야 하는 것이다. 정말로 노랫말처럼 아름다운 가평에서 살아야 하는 것이다. 그런데 가평에 살기가 점점 더 힘이 드는 것이다. 이렇게 살기가 점점 어려워지는 것은 정부의 정책이 잘못된 탓이다.

오늘 조간신문에는 인천시 부평구에 사는 한 80세 영세민이 나라에서 김치까지 그리고 쌀까지 주니 너무 많이 받아서 미안하다며 인천동구 한 사무소에 500만 원을 맡기고 나보다 더 어려운 이웃에 써달라며 현금을 맡기고 갔다는 기막힌 기사를 보았다. 포퓰리즘의 극치를 달리고 있는 현 정권이 눈여겨보아야 할 대목이 아닌가 생각한다.

그리고 정부에서 우한폐렴이 걱정이 없다며 중국의 문을 활짝 열어버린 결과로 오늘 하루에만 우한폐렴 확진자가 102명이 새로 발견되었다는 기사를 보았다. 우한폐렴 발원지인 중국을 빼면 확진자 수가 세계 2위의 우한폐렴 국가이다. 사태가 이런데도 수수방관만 하는 정부를 보면서 근심 걱정이 이만 저만이 아니다. 지금 대한민국이 우한폐렴으로 온 국민이 그리고 우리 사는 가평군에도 경기가 바닥이 나고 사람들이 모이지 않으며 서로를 경계하고 조심을 하는 시기에 청와대에서는 봉준호 감독을 불러다 놓고 점심을 먹으며 파안대소(破顔大笑)하고 있는 뉴스와 신문기사를 보았다. 참으로 이럴 수가 있다는 말인가. 중국의 눈치를 보다 대한민국 국민의 안전은 어디로 간 곳이 없는 국가로 전락해버린 현실에 봉준호 감독의 오스카상은 뒤에 치하해도 되는 것이 아닌가. 눈앞이 캄캄하다. 메르스 사태 때는 박근혜 대통령 책임이라고 선전과 선동을 하던 사람들이 지금 집권을 해 무엇을 하고 있는가. 지금 이 어려운 시기에 봉준호 감독을 초대해 점심을 먹고 파안대소하는 저들의 모습을 보면서 대한민국의 국민이라는 것과 가평군민이라는 자긍심이 산산이 부서져내린다.

대구에 사는 내가 사랑하고 존경하는 지인이 있다. 동공화(洞空化)된 도시 대구의 집 안에서 꼼짝도 하지 않고 힘겹게 살고 있다는 전화를 하루에도 몇 번씩 주고받는다. 대구 그들의 아픔은 우리들의 아픔이다. 광주의 아픔만 그들의 아픔인가. 하루라도 대구에서 한 명의 환자라도 더 발생하지 않고 청정 클린 대구가 되기를 바라는 마음을 전한다. 대한민국은 안전하다고 중국발 여객기를 중국인들의 입국을 무한정 받아들이는 현 정부의 정책으로 대한민국이 우한폐렴 기피국으로 여행 금지국으로 지정되면서 아니 그보다도 더한 국민의 목숨을 담보로 중국에 고개를 숙이는 모습이 지금 우리 정부가 하고 있는 현실이다.

이미 자유중국 즉 대만에서는 한국을 여행 기피국으로 발표하고 그 밖의 여러 나라가 동참을 할 것으로 생각이 된다. 중국 눈치 보다가 우한폐렴 2위국으로 등장한 대한민국, 우리는 누구를 믿어야 하는 것인가 묻고 싶다. 지금부터 중국인 입국을 중지시킨다 해도 이미 소 잃고 외양간 고치는 격이라는 어느 학자의 이야기를 들었다. 우리는 이미 소를 잃어버린 것이 아닌가 말이다. 중국 눈치 보다가 코리아 보이콧 현상으로 발전하고 있는 것이다.

지금은 작고(作故)하신 우리나라의 초대 기업인이신 고 김우중 회장님의 자서전 『세계는 넓고 할 일은 많다』라는 저서를 읽은 적이 있다. 한 나라의 운명을 한 기업인에게 맡길 정도로 어려웠던 대한민국의 기업인이었던 김우중 회장의 앞날은 세계는 넓고 할 일은 많은데, 우리는 지금 무엇을 해야 하는 것인가를 잃어버린 채 살아가고 있는 것은 아닌지 생각해본다. 누가 무어라 하여도 지금 대한민국은 난국(亂國)의 시대이다. 정치도 경제도 민심도 다 떠나버린 국민들의 마음을 하나로 묶을 지도자가 없는 것이 우리를 슬프게 한다. 서로가 서로를 믿지 못하는 세상을 우리 국민들은 그리고 우리 군민들은 이러한 암울한 시대를 함께 살아가고 있다.

배의 선장이 올바른 항해를 하지 못하면 그 배의 조타수라도 바로잡아서 그리고 전 선원들이 협력을 하여 배 안에 있는 승객들을 안전한 곳으로 모시려고 파도를 넘고 풍랑을 헤치며 항해를 해야 하는데, 승객들의 안전을 염려하지 않고 자기들의 주장대로 배를 몰고 가는 그러한 배를 타고 있는 기분으로 사는 것이 지금 우리들의 현실이 아닐까 생각한다.

난파선에서는 쥐들이 제일 먼저 도망을 친다는 이야기를 들으며 또 다시 한번 생각해본다. 난파선의 쥐들보다도 사람이 먼저 내리고 싶은 배를 우리들은 타고 있는 것이 아닐까. 국민이 우선이고 군민이 우선인 대한민국 가평군이 되었으면 하는 것이다. 그래서 아름다운 대한민국 자유민주주의가 길거리에 벚꽃처럼 활짝 피어나는 무궁화 삼천리 금수강산에서 아름다운 가평에서 근심 걱정 없이 자기의 맡은 바 책무를 다하며 국민은 국가를 믿고 군민을 가평군을 믿는 상생의 시대를 그려본다.

이 글을 쓰고 있는 동안에 인근 춘천에도 우한폐렴 환자가 두 명이나 발생하였다는 소식을 전해 들었다. 포전에는 대구로 휴가를 다녀온 군인이, 인근 춘천에는 새로운 우한폐렴 환자가 발생하였다. 가평군도 안전지대는 아니다. 그야말로 세계는 넓고 전염병은 국경을 넘나들며 마음대로 돌아다니는 세상이다. 뚜렷한 치료제나 예방약이 없는 우한폐렴의 무서움을 우리는 얼마나 알고 있을까. 심각한 문제이다. 인근 포천이나 춘천은 우리와 상습 왕래 지역이다. 강 건너 불구경이 아니다.

이 글이 활자화되어 신문이 인쇄되어 배포가 될 때에는 어쩌면 우리 지역에도 우한폐렴으로 고생하는 그러한 시간이 오지 말기를 그리고 우한 폐렴이 더 이상 확산이 되지 않고 종료되기를 비는 마음으로 이 글을 쓴다. 그래도 봄은 온다. 우한폐렴의 공포를 진달래 꽃망울이 실어갈 그 아름다운 봄이 우리나라 삼천리 방방곡곡에 찾아오는 봄을 기다려보자.

꽃이 지고서야
봄인 줄 안다

봄이다. 꽃잎이 떨어지고서야 봄인 줄 알았다는 이야기가 생각난다. 정말 지금이 봄인지 아니면 우한폐렴의 공포로 인하여 전 국민이 전전긍긍(戰戰兢兢)하는 모습을 보면서 봄 같지 않은 봄을 지내는 우리 대한민국 온 국민이 그리고 6만 가평군민이 기다리는 봄은 언제나 올 것인가. 꽃이 져도 봄이 오지 않을 것 같으니 걱정이다. 너무나 절망적인 이야기는 독자들에게 희망을 전할 수 없다는 사실을 알고 있다. 그래서 생각해본다. 〈내일을 향해 쏴라〉 영화 제목이다. 그리고 또 하나 〈우리에게 내일은 없다〉 이것 역시도 영화 제목이다. 〈내일도 해가 뜬다〉 이 역시도 영화 제목이다.

이중에서 제일 좋은 게 〈내일도 해가 뜬다〉가 마음에 와닿는다. 그래, 내일도 그리고 그 다음 날도 해가 뜨는 것이다. 날마다 좋은 날이면 얼마나 좋을까. 매일처럼 밝은 태양이 뜬다면 모든 사람들은 얼마나 좋을까 생각을 한다. 하지만 매일 해가 뜨면 사막이 된다는 사실을 모르고 있다. 구름이 있고 눈비가 내려야 좋은 세상을 살 수가 있는 것이 자연의 법칙이다. 장마 뒤에 비가 개고 무지개 뜨는 날이 가장 좋은 날인 것이다.

그런데 지금 우리 사는 대한민국은 장마철일까, 아니면 홍수와 비바람이 부는 날일까, 아니면 추위에 꽁꽁 얼어붙은 동토(凍土)의 땅일까 생각해본다. 그래, 지금은 모두가 어려운 시기를 살아가지만 언젠가는 장마가 개고 홍수와 비바람도 멈추고 동토의 언 땅이 녹아내리는 좋은 날이 올 것이 아닌가. 그날을 기다려보자는 것이다. 꽃이 지고 나서야 봄인 줄 알고 세상을 살아가는 시기가 지금이 아닌가 생각한다. 문득 〈바람 불어 좋은 날〉이라는 영화 제목도 생각이 난다. 이렇게 바람이 잘 날 없는 현 정부의 모진 바람을 우리들은 견디며 살아가고 있다. 무슨 바람이 불어도 바람 불어 좋은 날이 오지 않을까 역으로 생각하는 것이다.

희망을 가져보자는 이야기이다. 절망보다도 무서운 것은 무엇인가. 그것은 바로 희망을 잃는 것, 그것이 가장 무서운 이야기이다. 사막에도 오아시스가 있고 태풍이 부는 바다도 태풍이 자고 나면 잠잠해진다. 고요한 바다가 있으면 태풍전야(颱風前夜)라 하는 것처럼 고요한 바다는 한편 태풍을 준비하는 것이다. 이것이 우리들 살아가는 자연의 순리이고 섭리가 아닌가. 지금 우리들이 살아가고 있는 세상을 참으로 잘 표현한 것이 아닌가 생각한다.

창밖은 완연한 봄이다. 그런데 봄이 오지 않은 것 같으니 문제가 아닌가. 지금 이 시절은 상춘객(賞春客)으로 매화꽃을 구경하고 이 지역 저 도시를 다니면서 봄을 즐기던 시절이 아니기 때문이다. 지금 이 시간에도 전국에 우한폐렴으로 고통을 당하고 있는 국민들이 있지 않은가. 우리 사는 가평군도 강 건너 불구경이 아닌 것이다. 우리 사는 가평에도 만약에 한 사람의 환자라도 생기면 가평군 전체가 마비가 되는 그러한 시간이 올 수 있다는 사실이 우리를 두렵게 한다. 유일한 방법이 될 수 있으면 사람을 만나지 않고 멀리서 대화를 해야 하고, 이 우한폐렴이 종식되어야 봄다운 봄을 즐기고 맞이할 수가 있지 않을까 생각한다.

봄이 오면 산에 들에 진달래 피고 이러한 동요를 부르던 생각이 난다. 조금 있으면 정말로 산에 들에 진달래 피는 봄다운 봄이 올 것이다. 연분홍 진달래의 아름다운 꽃잎이 흩날리는 그러한 봄, 마음 놓고 대자연을 숨 쉬는 그러한 봄날이 왔으면 얼마나 좋을까. 바위 틈에 피어 있는 진달래가 아름답고 평화로운 가평의 봄 아니 대한민국 전체가 우한폐렴의 공포에서 벗어나는 그러한 봄이 빨리 왔으면 하는 생각이다. 대한민국 전체가 우한폐렴이라는 전염병으로 꽃샘추위보다도 무섭게 무겁게 얼어붙어가고 있다. 이 공포를 녹여줄 뾰족한 묘안이 없다는 것이 우리들을 불안과 공포로 몰아가고 있다.

처방약도 없고 치료약도 없는가보다. 최선의 방책은 사람들과 접촉하지 않기, 손 잘 씻기 등, 기본적인 수칙만 가지고 정말로 속수무책(束手無策)의 질병으로 인하여 전 국민이 공포에 떨고 있다. 인간의 의학보다도 항상 먼저 질병이 앞서가고 있는 게 사실이다. 그래서 페스트로 수백만 명의 사람이 죽어가고 콜레라로 또는 요즈음에는 돼지 아프리카 열병으로 양돈 농가가 타격을 받고, 조류독감으로 인하여 양계장이 황폐화되고 수십만 마리의 소를 한꺼번에 죽이는 이름 모를 괴질로 인하여 어려운 축산 농가들이 시름을 앓는 시절을 우리들은 함께 살아가고 있는 것이다.

이렇게 힘든 세상이 될 줄 그 누가 알고 있었을까. 이 모두가 하늘의 뜻이 아닐까 생각한다. 그래서 꽃이 지고 나서야 봄을 알았다는 이야기가 탄생된 것이 아닌가 생각한다. 너무 바빠서 너무 힘들어서 꽃이 지고 나서야 봄이 지나간 것을 알았을 때는 이미 봄은 우리 곁에 없다. 지금은 봄이다. 아직은 이르지만 조금 있으면 가평의 아름다운 산하가 이름 모를 꽃들로 울긋불긋 아름다운 가평의 봄을 만들어갈 것이다. 이렇게 꽃이 피는 봄이 오기 전에 우한폐렴으로부터 전 국민이 해방이 되었으면 하는 바람을 전한다.

그래도 대한민국의 의술과 의료 시설은 세계 최고이며 의료진 역시도 세계에서 알아주는 의료 선진국이다. 그런데도 이렇게 속수무책으로 당하고 있다는 사실이 두렵다. 지금도 대구에서 가족과 격리되고 모든 수단을 통하여 우리들의 건강을 지켜주는 참된 의료진이 있다는 사실을 우리들은 알아야 한다. 방호복과 마스크로 무장하고 환자를 돌보는 의사와 간호사 그리고 그들을 돕는 전 의료진에게 6만 군민과 함께 감사를 그리고 고맙다는 말을 글로써나마 전한다.

이렇게 세상을 살다보면 인간의 힘으로는 도저히 할 수 없는 일들을 만나게 된다. 그래서 예전에는 이런 병을 역병(疫病)으로 취급하였다. 역병이라는 말은 악성의 유행병을 의미한다. 그동안 알지도 못하고 듣지도 못하였던 새로운 역병이 생겨난 것이다. 공기 중으로 전염이 되고 사람과 사람 사이 또는 동물의 사체에서 일어나는 모든 바이러스의 세균이 침투하여 생기는 것을 역병이라고 정의할 수가 있다.

예전에도 역병은 하늘이 절기에 따라서 스스로 치료를 해주고 역병을 사라지게 하는 그러한 일은 우리 역사나 세계사에 자주 나오는 대목이다. 필자는 의료전문가가 아니다. 그래서 들은 상식 아는 지식을 총동원하여 글을 쓰고 또한 우한폐렴 문제로 걱정하는 군민들과 함께 이 어려운 시기를 이기고 정말로 무지개 뜨는 그런 아침을 맞이하고파 이렇게 글로써 표현을 하는 것이다.

엊그제가 우수였다. 우수 경칩이면 얼었던 대동강 물도 풀린다는 속담이 있다. 남북관계도 좋아지고 세계인들이 두려워하는 코로나19(우한폐렴)의 공포에서 하루라도 빠르게 해방이 되고 더 이상의 환자나 사망자가 생기지 않는 그날을 기다린다. 진인사대천명(盡人事待天命), 모든 일을 준비하여 놓고 하늘의 뜻을 기다린다는 말이다. 정말로 하루라도 빠르게 우한폐렴 종식 선언을 하는 그날을 기다린다. 꽃이 지고 나서야 봄이 지난 걸 아는 아쉬운 봄이 아니라 꽃이 활짝 피어 있는 봄을 즐기는 기쁜 봄날이 왔으면 한다.

● 에필로그

봄비가 추적추적 내린다. 나는 봄비를 좋아한다. 만물이 소생하는 근원이 봄비가 아닌가 생각한다. 봄비처럼 왔다가 봄비처럼 떠난 사람도 그리워진다. 이 한 권의 책을 만들기 위하여 봄부터 소쩍새는 울었고 천둥 번개가 치고 비바람이 몹시도 불었나보다.

가슴에 담아둔 이야기, 못 다한 이야기들이 아직도 많이 남아 있는데 어느 날 봄비처럼 훌쩍 고향 초등학교 후배 김익진 교수와 이인북스 대표 이정란 시인이 함께 가평을 찾아와 가평의 살아가는 이야기를 함께 나누었다. 그 짧은 만남에서 우리는 약속을 하였다. 가평에 사는, 가평을 담은 진솔한 이야기를 책으로 만들자고 의기투합을 하였다. 그 결과 태어난 것이 바로 이 책 『어둠이 짙어야 별이 빛난다』이다.

이 책이 만들어지기까지 많은 격려와 성원을 보내주신 모든 분들에게 진심으로 감사를 드린다. 산악인은 산이 있어서 그곳에 가고 나는 글이 좋아서 내 자리를 지키고 앉아 글을 쓴다.

아무런 잡념이 없다는 것은 거짓말이다. 잡념 속에서 글을 쓰는 것이고 이 글을 쓰는 동안에도 잡념은 사라지지 않는다. 어느 고승도 어떤 종교인도 잡념을 버릴 수는 없고 어느 시인도 어느 철학자도 잡념 속에서 살아가는 것이 인간이 아닌가. 그 잡념을 시인은 시로 쓰는 것이고 나 같은 사람은 산문으로 쓰는 것이다.

살아가면서 사랑을 빼어놓고는 아무것도 할 수 없는 것이 인간이다. 사랑, 무슨 말보다도 사랑이라는 말을 들으면 행복한 것이 인간이다. 아가페적인 숭고한 사랑도 있지만 우리 같은 속인들의 인간적인 사랑이 고귀하지 않다고 누가 말할 수 있겠는가. 그리하여 아가페적인 사랑보다 인간미 넘치는 로맨틱한 사랑을 포기하지 못하는 것이 바로 우리 인간들의 속성이다.

이 글을 쓰면서 내가 사랑했던 수많은 사람들 아니 좀 더 솔직히 표현하면 많은 여인들 그리고 나를 미워하고 사랑했던 모든 이들에게 사랑을 넘겨주고 나누어주고 싶은 마음이다. 이제는 사랑을 나누어주는 나이가 된 것이다. 바바리코트 깃을 세운 아름다운 여인이 가을 길을 걸어가면 그 여인이 누구든지 사랑을 하고 싶은 것이 남자의 마음이다. 또한 잘생긴 남자가 우수에 젖어 혼자 길을 걸으면 그 남자를 사랑하고픈 것이 여자의 마음이다. 다만 그 감정을 표현 못 하고 속에 숨기고 사는 것이 인생이 아닌가 생각한다. 그래서 사랑은 무죄이다.

이 한 권의 책이 나오기까지 나를 사랑해준 모든 가평인 그리고 나를 아는 모든 사람들에게 사랑을 보낸다. 그리고 바쁜 가운데 시간을 내어 틈틈이 격려해준 김익진 교수와 책을 멋지게 편집해준 이인북스 이정란 대표에게 고맙다는 말 대신 사랑합니다라는 말을 전하고 싶다.